고구려의 본디 이름

고구리

高句麗

【麗】

㈠리〔一屑〕
㈡여 麗〔齊〕
㈢이리 麗〔支〕

㈠고흘(美)。빗날(華)。걸릴(附)。베풀
(施)。짝(偶數)。무릇(一謙的雄)。나라
이름 朝鮮國名 高一。李氏朝鮮 前으로聞
城에 建都)。㈢나라이름 高一高句一高麗一
句一 平安南北道·滿洲 一部(海東國名 高
句一 平安南北道·滿洲 一部·黃海道 一

【麗】附著 부듸칠〔左傳〕 射麋一
麗○高一東國名고리나라〔魏志〕
高句一在遼東之東○陳名魚一〔支〕
〔러〕美也고흘〔楚辭〕被文織一而不
奇○華也빗날〔書經〕敖化奢一萬世同

麗音 高高高麗也。
猜忌害 嗇 殺諸將。

고구려의 본디 이름
고구리

1판 1쇄 찍은날 2019년 12월 16일
1판 1쇄 펴낸날 2019년 12월 30일

글쓴이 서길수
펴낸이 조영준 | 편집 여유당출판사 편집부 | 디자인 홍수진
펴낸곳 여유당출판사 출판등록 395-2004-00068
주소 서울 마포구 동교로 27길 53, 201호
전화 02-326-2345 전송 02-326-2335
전자우편 yybooks@hanmail.net
블로그 http://blog.naver.com/yeoyoubooks

ⓒ 서길수, 2019
협약에 따라 인지는 생략합니다.

ISBN 978-89-92351-82-9 93910
책값은 뒤표지에 있습니다.
잘못된 책은 구입하신 서점에서 바꾸어 드립니다.

이 도서의 국립중앙도서관 출판시도서목록(CIP)은 e-CIP 홈페이지(http://www.nl.go.kr/ecip)와
국가자료공동목록시스템(http://www.nl.go.kr/kolisnet)에서 이용할 수 있습니다. (CIP제어번호:CIP2019051030)

고구려의 본디 이름
고구리
高句麗

보정 서길수

【麗】
㊀려
㊁리
麗
㊀려
㊁리
麗
远
魏

㊀고울(美)。빛날(華)。짝(偶散)。㊁나라이름〔朝鮮國名高句〕。㊂나라이름〔海東國名高句〕。㊃안남북도(安南北道)。만주일부(滿洲一部)·황해도일(黃海道一)·平安南北道·滿洲一部·黃海道一

魏〇高ㅣ東國名고리나라〔魏志〕
高ㅣ在遼東之東〇陳名魚ㅣ〔支〕
【려】美也고흘〔楚辭〕被文纖ㅣㅣ而不奇〇華也빗날〔書〕敷化奢ㅣ萬世同

【리】附著부딪칠〔左傳〕射麋ㅣ

麗運之衰將受九圜西水之辭如市之歸。九圜者區九分天下為九圜也為九圜亦猶之九圜也辭呼五切水尾也

商德之衰將受九圜西水之辭如市之歸

商德이衰ᄒᆞ거든天下를맛ᄉᆞ시릴쌔西水ᄉᆡᄉᆡ져재ᄀᆞᆯᄒᆞᆫ듸

麗運之衰將受大東東海之濱如市之從方大東謂之東

麗運이衰ᄒᆞ거든ᄂᆞ라ᄒᆞᆯ맛
져재ᄀᆞᆯᄒᆞᆫ듸

麗音高음高·麗麗也。精忌奢敎諸將

【麗】
40320
㊀리〔集韻〕鄰知切
㊁려〔集韻〕郞計切
麗
小篆

㊀㊀부딪칠려〔附著〕。㊁나라이름리〔高ㅣ、東國名〕。㊀고울려〔美也〕。㊁高句ㅣ在遼東之東。〔左傳〕射麋ㅣ、東國名〕。〔魏志〕高句ㅣ在遼東之東。㊁㊀고울려〔美也〕。㊁高句ㅣ〔楚辭〕被文纖ㅣ而不奇。㊁빛날려〔華也〕。〔書經〕敷化奢ㅣ萬

여유당

책머리에

高句麗가 '고구려' 인가 '고구리' 인가?

高麗가 '고려' 인가 '고리' 인가?

여기에서 가장 중요한 것은 '우리가 지금 어떻게 부르고 있는가?' 하는 문제가 아니라 당시, 곧 高句麗＝高麗 때 스스로 자기 나라 이름을 어떻게 불렀는가 하는 진실의 문제이다.

여러 시험을 준비하는 수험생들은 틀리기 쉬운 한자를 공부한다. 보기를 들면 다음과 같다.

降伏 : 강복 × 항복○ (【降】❶ 내릴 강 　❷ 항복할 항)

龜鑑 : 구감 × 귀감○ (【龜】❶ 땅이름 구 ❷ 거북 귀)

度支 : 도지 × 탁지○ (【度】❶ 법도 도 　❷ 헤아릴 탁)

標識 : 표식 × 표지○ (【識】❶ 알 식 　❷ 적을 　지)

敗北 : 패북 × 패배○ (【北】❶ 북녘 북 　❷ 달아날 배)

橫暴 : 횡폭 × 횡포○ (【暴】❶ 쬘 폭 　❷ 사나울 포)

憎惡 : 증악 × 증오○ (【惡】❶ 악할 악 　❷ 미워할 오)

遊說 : 유설 × 유세○ (【說】❶ 말씀 설 　❷ 달랠 　세)

만일 대학 입시를 비롯한 시험에서 귀감을 구감으로, 균열을 구열로, 유세를 유설로,

중오를 증악으로 읽는다면 틀린 답이 된다. 그렇기 때문에 옥편이나 자전에서는 두 개 이상의 소리가 있는 낱말은 친절하게 그 두 음을 다 설명하고 있다.

한편 우리는 한문으로 된 홀이름씨(固有名詞)를 다르게 부르는 경우가 꽤 있다.

樂浪(악랑) → 낙랑

玄菟(현토) → 현도

契丹(계단) → 글안·거란

이런 이름들은 모두 처음부터 한문으로 지은 게 아니고 다른 나라의 이름을 한자로 바꾸는 과정에서 생긴 것이다. 다시 말하면 본디 한자 낱말이 아니라 다른 나라 말이 들어온 외래어(外來語)들이다. 한자는 기본적으로 뜻글자(表意文字)여서 다른 나라의 이름을 정확한 소리로 표현하기가 어렵다. 따라서 반절법(半切法), 독약법(讀若法), 직음법(直音法) 같은 여러 방법으로 주를 달아 본디소리를 정확하게 표현하려고 노력하였다. 위의 낙랑, 현도, 거란 같은 소릿값은 모두 그런 방법으로 외래어에 정확하게 주를 달아 놓았기 때문에 제 소리(正音)를 찾은 결과이다. 만일 대학 입시를 비롯한 시험에서 낙랑을 악랑, 현도를 현토, 거란을 계단이라고 쓴다면 물론 틀린 답이 된다.

이처럼 高句麗와 高麗도 본디 한자가 아니고 이웃나라인 '고구리'와 '고리'를 한자로 옮긴 것이므로, 당시 한나라에서는 외래어였다. 따라서 본디 말과 같이 '고구리', '고리'

라고 읽어야 한다.

　高句麗 : ×고구려 ○ 고구리 (【麗】❶ 빛날 려 ❷ 나라이름 리)

　高麗 　: ×고려 　○ 고리 　(【麗】❶ 빛날 려 ❷ 나라이름 리)

　옥편을 보면 우리나라에는 틀리기 쉬운 한자음이 있다. 다시 말해 '麗' 자에는 '❶ 빛날 려'와 '❷ 나라이름 리'라는 두 가지 읽는 법이 있는데, 高句麗와 高麗는 '❷ 나라이름 리'로 읽어야 한다는 것이다.

　이 문제는 이 책 제목에 대한 당위성을 뚜렷하게 해 주는 아주 중요한 문제일 뿐 아니라 우리나라 옛 이름을 정확히 알고 사용해야 한다는 점에서 반드시 바로잡아야 할 부분이다. 읽는 이들은 이 주장이 낯설지 모르겠지만 이 난제의 열쇠를 풀 수 있는 아주 명확한 자료들이 중요한 사서에 자주 등장하고 있다. 이 내용은 글쓴이가 이미 10년 전에 논문을 발표하여 많은 논의가 있었다. 이 책에서는 그 논문을 바탕으로 새로운 자료를 더하고 순서도 바꾸었다.

　글쓴이는 이 문제를 고구리 연구를 시작할 때부터 제기했다. 그리고 1998년 『서길수 교수의 고구려 역사유적 답사』(사계절, 1998)에 처음으로 이 사실을 밝혀 호응과 활발한 토론을 이끌어 냈다. 그 뒤 학술적으로 뒷받침할 수 있는 자료들을 모아 2007년 「'高句麗'와 '高麗'의 소릿값(音價)에 관한 연구」(『高句麗研究』 20) 논문을 발표했으며, 실제로 4~5편의 논문에 '고구리'라고 실용화하면서 학계에도 작은 학설로 자리 잡게 되었다. 이 책은 논문 발표 후 12년 동안 제기된 문제와 새롭게 발굴한 자료들을 보탠 것이다. 이 책을 계기로 학계에서 토론을 이어 나가고, 고구리·고리라는 이름이 일반화되고 교과서에서도 바뀌기를 바란다.

이 책의 첫 장에서는 고구리 당시 서녘의 나라인 당나라를 비롯하여 여러 나라의 경전 해설서와 『신당서』 같은 사서에서 특별히 고구리(高句麗)·고리(高麗)의 소릿값에 대해 기록한 내용을 정리한다. 이는 고구리 당시 나라이름을 고구리(高句麗)·고리(高麗)라고 읽었음을 이론적으로 확고하게 뒷받침해 준다.

그렇다면 언제 고구리·고리를 고구려·고려라고 잘못 읽게 되었는가? 이 사실을 밝히기 위해 조선시대 고구려·고려로 잘못 읽은 보기들을 정리해 본 결과 조선 초기에 시작하여 조선 중기 이후 일반화했음을 알 수 있었다. 그런데 고구리·고리를 고구려·고려라고 잘못 읽는 것을 지적하고 바로잡은 자료들이 수없이 많았다. 그 가운데 가장 이르고 대표적인 것이 훈민정음 창제 후 최초로 한글로 엮어낸 『용비어천가』이다. 1447년(세종 29) 5월에 간행된 『용비어천가』에서 '高麗=고리'라고 읽어야 한다고 했다. 이는 그때 이미 '高麗=고려'라고 잘못 읽는 사람들이 있었고, 다른 한편 그것은 틀린 것이라고 보았음을 분명하게 보여 준다.

아울러 조선 후기에는 이런 잘못을 바로잡으려는 실학자들의 노력이 잇달아 나온다. 성호 이익은 『성호사설』에서, 안정복은 『동사강목』에서, 이덕무는 『청장관전서(靑莊館全書)』에서, 박지원은 『열하일기』에서, 김정호는 『대동지지』에서 모두 고구리(高

句麗)와 고리(高麗)의 어원을 깊이 연구하여 고구리(高句麗)와 고리(高麗)로 읽어야 한다고 강력하게 주장하였다.

한자를 읽을 때 반드시 찾아보는 수많은 옥편이나 자전에 고구리(高句麗)·고리(高麗)로 읽어야 한다고 명명백백하게 밝혀 놓았음을 알 수 있었다. 조선 후기『강희자전(康熙字典)』과『전운옥편(全韻玉篇)』을 비롯하여 일제강점기에 나온『신자전(新字典)』에는 高麗國을 '고리나라(高麗東國)'라고 읽어야 함을 분명히 밝히고 있다. 해방 후 나온 한글학회의『큰사전』을 비롯하여『명문신옥편』(1952),『한한사전』(1956),『최신홍자옥편』(1958),『한한대자전』(1964),『새한한대사전』(1963)은 물론『(라이브 한+)한자사전(2007)』같은 최근의 자전까지, 모두 '麗' 자는 '려'와 '리' 두 가지로 읽는다는 것을 밝히고, '리'로 읽는 경우 가운데 '나라이름' 고구리(高句麗)와 고리(高麗)는 반드시 '리'로 읽어야 한다고 명기하고 있다.

1권에서 본 "고구리(高句麗)·고리(高麗)로 읽어야 한다"는 주제는 글쓴이가 고구리사에 대해 연구하려는 여러 가지 주제 가운데 하나이고, 그 첫 번째 연구 결과다. 우선은 앞으로 2년 안에 6권의 〈고구리·고리사 연구〉 총서를 완성하고, 이를 바탕으로 7권과 8권에서 고구리사가 어떻게 왜곡되고 있으며, 역사적 진실은 어떤 것인지를 다루고, 9권과 10권에서는 통일 뒤 코리아의 이름과 연관지어 연구하려고 한다.

글을 쓰는 것도 어렵지만 이 책을 어떻게 낼 것인가 하는 출판도 문제였다. 지금처럼 학술서적 수요가 없는 시장에서 위험부담을 안고 선뜻 10권이나 되는 총서를 내려는 출판사가 없기 때문이다. 결국은 그동안 글쓴이의 책을 냈던 조영준 사장과 논의하여 어려운 출판환경이지만 함께 나누어 짊어지고 가기로 했다.

다음은 어렵게 나온 책들을 보급하고 책에서 주장한 내용을 널리 알리는 것이 중요했다. 그래서 생각한 것이 출판기념회고, 이 출판기념회를 '살아서 하는 장례식'과 함께 하기로 했다. 출판기념회를 통해서 글쓴이가 내세운 논리를 일반화시킬 수 있고, 아울러 그동안 닦아온 죽음에 대한 화두도 함께 생각해보는 기회가 만들 수 있기 때문이다.

11월 초쯤 책 2권을 내기로 합의하고 한 달 반쯤 뒤인 12월 21일(토) 살아서 하는 장례식 및 출판기념회 날짜를 잡고 추진하였다. 그러나 한 달 반이란 기간은 학술서 2권을 내기에 턱없이 부족한 시간이었다. 사진도 많이 들어가고, 어려운 한자들이 너무 많으며, 발음기호나 사전 약물 같은 특수 부호가 많이 들어가기 때문이다. 책 나오기 10일 전인 오늘까지도 밤새우며 몸소 모든 출판 준비를 하는 조영준 사장에게 감사를 드린다.

2019년 12월 세밑 창천동에서

보정 서길수

차례

들어가는 마당
〈고구리·고리사 연구〉총서를 펴내며

1. 나는 처음부터 역사학자였다. · 17
2. 왜 고구려사를 연구하게 되었나? · 19
3. 고구려연구회의 고구리사 연구와 보급활동 · 21
4. 한중 역사전쟁, 고구리는 중국 역사다? · 22
5. 학계를 떠나며 · 24
6. 고구리 연구를 다시 시작한 까닭 · 25

첫째 마당
고대 경전 석문과 사서에 나타난 高句麗와 高麗의 소릿값 · 29

1. 550~630년(당) 육덕명『경전석문』의 구리(駒麗)에 대한 소릿값 · 32
  1)『경전석문』에 나온 구리(駒麗)에 대한 분석 32
  2) 육덕명의 구리(駒麗)에 대한 주석이 주는 의의 37

2. 550~630년(당)『상서주소』의 구리에 대한 소릿값 · 40

3. 747년(당)『진서음의(晉書音義)』의 고구리에 대한 소릿값 · 43
  1)『진서음의』3권에 나온 고구리(高句驪)에 대한 소릿값 · 43
  2)『진서음의』3권에 나온 고구리(高句麗)에 대한 소릿값 · 43
  3)『진서음의』중권,「열전」에 나온 구리(句驪)의 소릿값 · 47

4. 931년(後唐)『신집장경음의수함록』의 고리高驪에 대한 소릿값 · 49

5. 1005~1013년(송)『책부원귀』에 나타난 '고구리(高句驪)'에 대한 소릿값 · 49

6. 1042~1091년(송) 『법화경삼대부보주』의 고리(高麗)에 대한 소릿값 · 50

7. 1039년(송) 『집운』의 '麗' 자 보기(例)의 고구리(高句麗)에 대한 소릿값 · 54

8. 1106년(송) 『당서석음』에 나타난 고리(高麗)의 소릿값 · 56

9. 1285년(원) 『자치통감주』에 나타난 구리(句麗)·고구리(高句麗)·고리(高麗)에
   대한 소릿값 · 60

둘째 마당
고구리(高句麗)·고리(高麗)의 소릿값에 대한 음성학적 분석 · 67

1. 고구리(高句麗)·고리(高麗)는 외래어였다. · 69

2. 경서와 사서에 나타난 高句麗, 高麗 소릿값의 음성학적 검토 · 73
   1) 【麗】 자의 소릿값(音價) · 73
   2) 【句】 자의 소릿값(音價) · 79
   3) 【高】 자의 소릿값(音價) 읽기 · 82

3. 高麗의 음의(音義)에 대한 기존 연구에 대한 검토 · 84
   1) Bernhard Karlgren의 '高麗 = Kau-li' · 84
   2) 신채호의 '高句麗=가우리' · 85
   3) 이병도의 '高麗=Kauli' · 86
   4) 시라토리 쿠라키치(白鳥庫吉)와 이병도의 구루(溝漊)=구리(句麗) · 88
   5) 공명성 『조선의 력대 국호』의 고구리에 대한 뜻풀이 · 93

셋째 마당
역사에 관련된 다른 홀이름씨(固有名詞)의 소릿값 · 97

1. 고대 한국의 나라와 민족 이름의 소릿값 · 100

　　1) 朝鮮 · 100　2) 夫餘 · 101　3) 沃沮 · 101　4) 濊貊 · 101　5) 靺鞨 · 102

2. 한국사에 나타난 왕·강·지방의 이름 · 103

　　1) 장수왕의 이름 璉 · 103　2) 강 이름 浿水 · 104　3) 지방 이름 磨米 · 104

3. 한사군 각 군의 소릿값 · 105

1) 樂浪 · 105　2) 玄菟 · 106　3) 眞番 ·

4. 주변국의 나라이름과 사람이름 · 107

　　1) 突厥 · 107　2) 可汗 · 108　3) 契丹 · 108　4) 回紇 · 109

　　5) 당나라 장군 이름 契苾何力 · 109

넷째 마당

왕건이 세운 高麗도 '고리'라고 읽어야 한다.

1. 高麗를 '고리'라고 읽어야 한다는 명백한 자료 · 113

　　1) 『용비어천가(龍飛御天歌)』의 고리(高麗) · 113

　　2) 리(麗)와 리(离)는 같은 소릿값이다. · 116

　　3) '麗'를 '리'로 읽지 않고 '려'로 읽게 된 까닭 · 119

2. 조선시대 '高句麗＝고구려', '高麗＝고려'라고 잘못 읽은 보기 · 122

　　1) 1481년(성종 12) 『삼강행실도(三綱行實圖)』 언해본 · 122

　　2) 1517년(중종 12년) 이전에 나온 『번역노걸대(飜譯老乞大)』 · 129

　　3) 1617년(광해군 9)의 『동국신속삼강행실도(東國新續三綱行實圖)』 · 130

　　4) 1677년(숙종 3)의 『박통사언해(朴通事諺解)』 · 130

　　5) 1797년(정조 21년)의 『오륜행실도(五倫行實圖)』 · 131

3. '高麗＝고려'는 틀렸고, '高麗＝고리'가 옳다. · 135

　　1) 1525년(중종 20년), 성현(成俔), 『용재총화(慵齋叢話)』의 고리(高麗) · 136

　　2) 1740년(영조 16년) 경 『성호사설(星湖僿說)』의 고구리(高句麗)와 고리(高麗) · 139

　　3) 1778년(정조 2) 『동사강목(東史綱目)』의 고리(高麗) · 141

　　4) 1741~1793년 『청장관전서(靑莊館全書)』의 고구리(高句麗)와 고리(高麗) · 144

　　5) 1780년(정조 4), 연암 『열하일기(熱河日記)』의 고리＋내(高麗臭) · 146

6) 1861년『대동지지』의 고구리(高句麗)와 고리(高麗) · 148

7) 1903(고종 40년)~1908(광무 45년)『증보문헌비고』의 고구리(高句麗)와 고리(高麗) · 150

8) 1908(순종 2년)『동언고(東言考)』·『동언고략(東言攷略)』의 구리(句麗)와 고리(高麗) · 152

9) '高麗 적 이야기'와 '고리(高麗) 적 이야기' · 159

다섯째 마당

1. 조선시대 자전에 나타난 '麗' 자 · 168

1) [1716년] 청나라의『강희자전(康熙字典)』에 나온 고리(高麗)와 고구리(高句麗) · 168

2) [1796년(추정)]『전운옥편(全韻玉篇)』의 고리(高麗) · 170

3) [1846년]『어정시운(御定詩韻)』의 고리(高麗) · 171

2. 한말, 일제강점기의 자전(字典)에 나타난 '麗' 자의 소릿값 · 172

1) [1909년] 지석영 편,『자전석요(字典釋要)』· 172

2) [1915년] 조선광문회 편,『신자전(新字典)』의 고리나라(高麗國)와 고구리(高句麗) · 173

3. 1950년대 자전과 사전에 나온 고구리(高句麗)와 고리(高麗) · 176

1) [1952년]명문당『명문신옥편』과『한한대자전』의 고리(高麗)와 고구리(高句麗) · 176

2) [1956]사서출판사 편집부 편,『한한사전(漢韓辭典)』의 고구리(高句麗) · 179

3) [1957(3판)]『한글학회 큰사전』의 고구리 · 181

4) [1958년] 홍자출판사『최신홍자옥편(最新弘字玉篇)』의 고구리(高句麗)와 고리(高麗) · 181

4. 1960년대 자전과 사전에 나온 고구리(高句麗)와 고리(高麗) · 184

1) [1964년] 장삼식(張三植)『대한한사전(大漢韓辭典)』의 고리(高麗)와 고구리(高句麗) · 184

2) [1967년] 이상사『한한최신표준옥편』과 [1968년] 권영달(權寧達)『(국한전초)최신옥편』의 고구리(高句麗)와 고리(高麗) · 187

3) [1963년] 동아출판사『한한대사전(漢韓大辭典)』의 고구리(高句麗) · 189

4) [1965년] 민중서관『한한대자전(漢韓大字典)』의 고려(高麗)와 본음 고리(高麗) · 192

5. 2000년대 사전에서 사라져 가는 고구리(高句麗)·고리(高麗) · 197

1) '나라이름 리' 는 이어진다 · 197

2) '나라이름 리' 가 사라져 간다 · 198

3) 포털사이트의 한자자전에서 고착되어 가는 '나라이름【려】' · 204

4) 한국 자전(字典)의 결정판, 단국대학교『한한대사전(漢韓大辭典)』· 207

6. 중국과 일본의 자전에 나타난 고구리(高句麗)와 고리(高麗) · 212

1) [1926년] 중화민국『사체대자전』의 고리(高麗) · 212

2) [1936년] 중화민국『사해(辭海)』의 고리(高麗) · 213

3) [1959년] 일본『대한화사전』의 고구리(高句麗) · 216

4) [1972년] 대만『중문대사전(中文大辭典)』의 고구리(高句麗) · 218

5) [1982(민국 71)년] 대만(臺灣) 중화서국『사해(辭海)』· 219

6) [2000년] 베트남『고금한월어자전』· 220

7) [2002년] 일본『신한화사전』의 고구리(高句麗) · 221

8) 중화인민공화국에서 출판된 대자전(大字典)의 '麗' 자 · 221

여섯째 마당

고구리(高句麗)·고리(高麗)의 소릿값에 대한 종합 고찰

1. 나라 안팎의 자료들 : '高句麗=고구리·高麗=고리'라고 읽어야 한다 · 229

1) 고구리(高句麗)·고리(高麗) 시대 경전과 사서에 나타난 소릿값 · 229

2) 조선시대 선비들의 고구리(高句麗)·고리(高麗) 소릿값 복원 노력 · 231

3) 조선후기 이후 자전과 옥편에 나타난 고구리(高句麗)·고리(高麗)의 소릿값 · 233

4) 다른 나라 자전·옥편에 나타난 고구리(高句麗)·고리(高麗)의 소릿값 · 235

2. 진지한 토론을 거쳐 '高句麗=고구리, 高麗=고리' 로 바꾸어 써야 한다. · 236

1) 이제 바로 잘못을 바로 잡을 수 있는 때가 되었다. · 236

2) 중국 자료만 쓰고 고구리(高句麗) 때 자료가 없다. · 237

3) 지금 와서 '고리(高麗)' 라고 할 필요가 있는가? · 241

나가는 마당

〈고구리·고리사 연구〉 총서 둘러보기 · 243

들어가는 마당

〈고구리·고리사 연구〉 총서를 펴내며

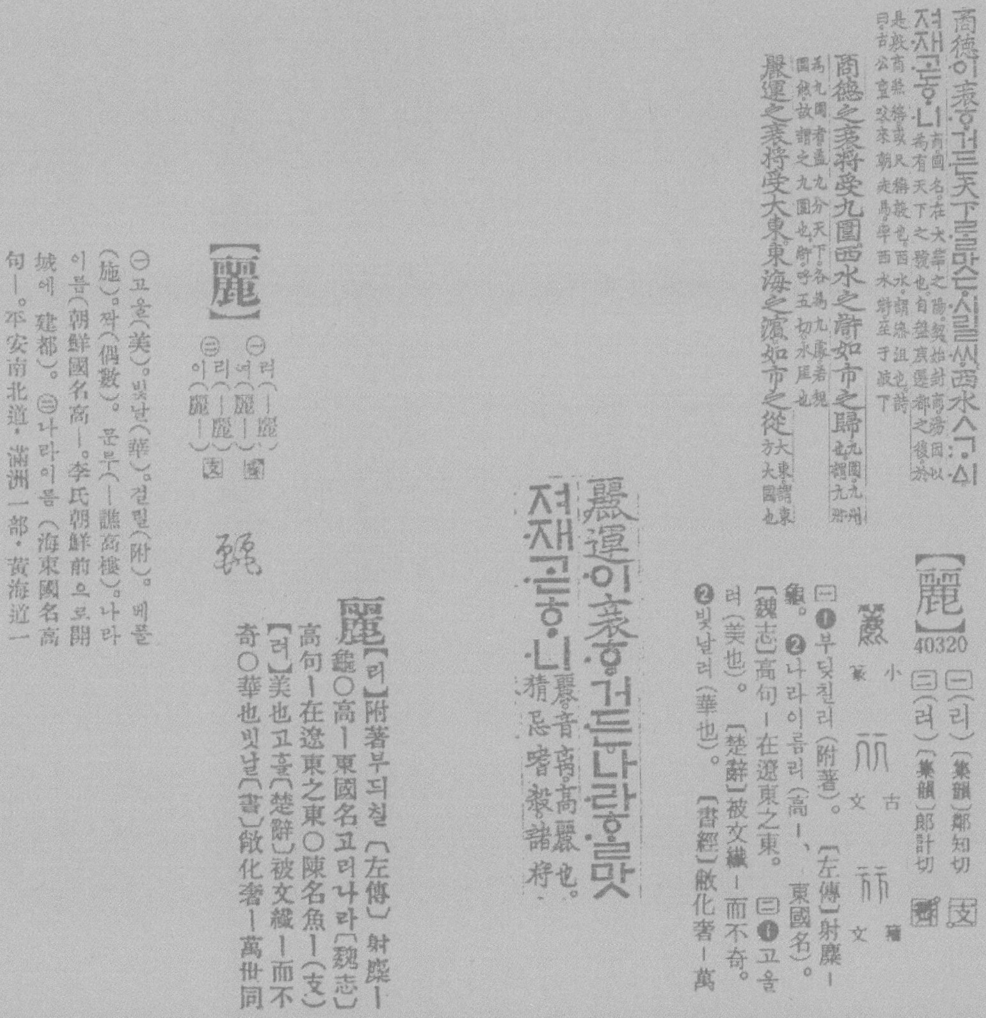

1. 나는 처음부터 역사학자였다.

"경제학 박사가 어떻게 고구리사를 연구하게 되었습니까?"

지난 30년 동안 고구리사를 연구하면서 가장 많이 받은 질문이다. 이에 대한 답은 이렇다.

"경제학은 크게 두 가지로 나뉩니다. 하나는 경제이론이고 다른 하나는 경제역사(經濟史)입니다. 그 가운데 나는 한국 경제사를 전공하여 박사학위를 받았습니다. 미술에는 미술사가 있고 문화에는 문화사가 있고 정치에는 정치사가 있듯이, 경제학에서 경제사는 아주 중요한 부분입니다. 1973년 대학원에 들어가 경제의 역사를 연구하기 시작한 나는 그때부터 45년 동안 역사 공부에서 벗어나 본적이 없는 역사학자입니다."

실제로 석사학위 논문 「이이의 사회경제사상 연구」를 쓰면서 『율곡전서』 44권은 물론 그 시대적 배경을 알기 위해 조선시대사를 공부해야 했고, 박사 논문은 고대부터 근대까지 모든 시대를 아우르는『한국 이자사 연구』로 원고지 1,600매 분량을 제출하였다. 심사위원들이 "학문 시작한 지 10년도 안 되어 통사를 쓰는 것은 무리다"라며, 그 가운데 개항 후만 떼어서 제출하라고 해서「개항 후 대차 관계 및 이자에 관한 연구」로 박사학위를 받았다. 그 뒤 몇 년에 걸쳐 박사학위 청구논문을 다시 다듬어 발표한 논문을 보면 대학원 6년(1973~1979) 동안 얼마 나 치열하게 한국사 공부를 했는지 알 수 있다.

「고대 한국의 창름제도에 관한 연구」,「고대의 대차관계 및 이자에 관한 연구」 를 연구하기 위해『삼국사기』나『삼국유사』를 철저하게 검토해야 했고,「고려시 대의 상평창에 관한 연구」,「고려시대 대차관계 및 이자 연구」을 위해『고려사』· 『고려사절요』같은 기본서와 논문들을 검토해야 했으며,「조선전기의 대차관계 및 이자에 관한 연구」,「조선후기 대차관계 및 이자에 관한 연구」를 위해『조선 왕조실록』52권을 사다 놓고 많은 시간을 들여 대차관계 및 이자에 관한 기사를 찾아 번역하고 분석하였다. 당시 백수였던 관계로 아내의 월급을 끌어다 12개월 할부로『조선왕조실록』을 산 것은 대단한 투자였다. 또한 조선 후기 대차 관계를 연구하기 위해 서울대 규장각 문서와 관련 서적들을 꽤 많이 복사해 분석하였다. 당시 규장각에 근무하던 이상은 선생의 개봉동 집을 계속 드나들었던 기억이 지 금도 생생하다. 돌이켜보면 대학원 6년은 내 역사 공부의 기반을 탄탄하게 다지 는데 결정적인 시기였다.

이렇듯 나의 역사 연구는 일관되게 '돈놀이(貸借)'와 '길미(利子)'에 집중하고 있 었고, 적어도 이 문제에 관한 한 고대부터 근대까지 전 시대사를 꿰뚫었다고 할 수 있다.

2. 왜 고구리사를 연구하게 되었나

1980년대 나는 일본이 박은 쇠말뚝을 뽑으러 다니는 쇠말뚝 교수로 유명했다. 당시 일본의 한 TV 인터뷰에서 이렇게 대답했다.

"나는 일본을 미워하기 위해 쇠말뚝을 뽑은 것이 아닙니다. 일본이 오랫동안 우리 겨레의 가슴에 박은 열등의식을 뽑는 것입니다."

그런데 1990년 처음으로 고구리의 옛 서울 국내성에서 웅대한 광개토태왕비를 만나고, 영혼을 홀리는 벽화를 마주하며 흥분을 감추지 못하다가, 무려 7㎞에 달하는 환도산성 꼭대기에서 압록강 가에 자리잡은 국내성을 바라보며 소리쳤다.

"바로 이것이다. 열등의식이란 없애려고 노력해서 되는 것이 아니라 큰 역사를 만나서 스스로 자부심을 가질 때 비로소 벗어나는 것이다. 광개토태왕비는 현재 중화인민공화국에 있는 비석 가운데 가장 크고, 벽화는 세계에 유례가 없이 찬란하며, 당나라에서도 '고구리는 산성을 잘 쌓기 때문에 쉽게 이길 수 없다고 했다.' 바로 이런 고구리 역사가 우리의 자존심이다."

그리고 그때부터 고구리 역사를 연구하기로 결심하고 정말 미친 듯이 고구리 유적을 찾아다니면서 닥치는 대로 자료를 수집하였다. 시골 산꼭대기에 있는 산성을 찾아 시골집에서 밥을 얻어먹고, 마부들이 자는 빈대가 있는 주막집에서 자며 4년간 만주 전역을 돌아다녔다. 1주일씩 세수도 못 하고, 손바닥에 나뭇가지가 박혀 마취도 없이 수술하고, 이질에 걸려 죽을 고비도 넘겼다. 그리고 "종로에서는 길을 잃어버려도 만주에서는 길을 잃어버리지 않는다"라고 소리 칠 만큼 신들린 사람처럼 산을 올라 103개의 고구리 성을 찾아내 사진을 찍고 평면도를 그려냈다.

그리고 1994년 초 그렇게 찍어낸 사진을 중심으로 경복궁 민속박물관에서 KBS와 함께 '고구려 특별대전'을 열었다. 그때만 해도 중국이나 평양에서 나온 고구리·발해 자료를 가지고 입국하면 공항에서 모두 압수당해 몇 주가 지난 뒤에야 돌려받을 정도로 고구리사는 우리에게 낯선 것이었다. 그래서 6개월 전시하는 동안 매주 수요일 '고구리 특강'을 맡았다. 그 강의에 대한 밑줄 광고가 KBS에서 100회나 나갔기 때문에 갑자기 서길수는 고구리에 관한 스타 강사가 되었고, 나도 모르게 고구리사 전문가가 되었다.

한국 학계는 박사학위를 무엇으로 땄느냐에 많은 가치를 두어 다른 주제를 연구하거나 인접 학문에 관한 연구를 하면 마치 큰 일탈인 양 질색을 하는 경향이 있어 융합 연구에 큰 장애가 된다. 그러나 글쓴이로서는 경제사 연구가 고구리사 연구에 큰 발판이 되었고, 인접 학문과의 합동연구를 통해 큰 성과를 낼 수 있었다. 먼저 고구리사는 물론 신라·백제사 연구자와 함께 연구하고, 고대사뿐 아니라 고리·조선시대사를 연구하는 학자들과도 함께 토론하는 자리를 만들었으며, 나아가 많은 동양사학자들이 고구리 연구회 발표회에 참석하였다. 광개토태왕비와 충주고리비(高麗碑)를 연구할 때는 한학자(漢學者), 서예가, 일본학 전공자들이 참여하였고, 벽화를 논의할 때는 화학자와 보존과학자가 참여하였다.

이 모든 것은 글쓴이가 역사학자이면서 동시에 경제학자였기에 가능했다. 박사학위는 운전면허증에 불과하다. 중요한 것은 그 면허증으로 어디를 가느냐가 중요하다. 지금은 한국 면허증으로 세계 여러 나라에서 운전할 수 있는데 면허증을 어느 구청에서 땄느냐가 무엇이 중요하겠는가? 실제로 글쓴이는 경제사로 박사학위를 땄지만 지난 25년 동안 『고구리 축성법 연구』, 『고구리 성』, 『백두산 국경 연구』 같은 10권의 고구리 관련 책을 쓰고, 「중국의 역사왜곡 현장에 관한 사례 분석」을 비롯하여 80편에 가까운 논문을 썼다. 이는 경제사 논문 22편의 4배가 되는 분량이다. 석박사학위 논문 쓴 5~6년보다 그것을 바탕으로 일생 동안 얼마나 많은 연구성과를 냈느냐가 중요할 것이다.

3. 고구리연구회의 고구리사 연구와 보급 활동

고구리연구회를 설립, 전시 기간인 1994년 6월에 발족하여 본격적인 연구 활동을 시작하였다. 글쓴이가 2009년 정년퇴임 할 때까지 15년 동안 고구리 연구는 전성기를 맞이하였다.

1995년부터 시작한 국제학술대회는 2009년까지 한 해도 거르지 않고 이어졌다. 14회 동안 남북한(155명), 중국(58명), 일본(31명), 몽골(15명), 러시아(8명)을 비롯하여 대만, 터키, 프랑스, 미국, 호주에서 참석하여 모두 247편의 논문이 발표되었고, 토론자 및 사회자까지 합하면 607명의 학자들이 참여했다. 주로 세종문화회관 컨퍼런스 홀에서 열린 국제대회는 시민들까지 몰려 500석이 꽉 차는 성황을 이루었다. 국내학술대회도 48차례 열어 190편의 논문이 발표되었다.

이런 연구 성과들은 『고구려연구』라는 학술지를 통해 체계화되었는데, 모두 29집에 403편의 논문이 실려 무려 15,375쪽이 인쇄되었다. 이런 논문 편수는 고구리연구회 설립 이전에 발표된 모든 고구리 관련 논문의 편수를 넘는 것이었다. 고구리연구회는 집안지역 산성과 벽화 조사를 시작으로 2007년 일본 조선식 산성 조사에 이르기까지 중국, 러시아, 몽골, 일본을 모두 34차례 답사하여 조사하였다.

고구리연구회는 연구에 머무르지 않고 고구리 역사를 국민들에게 알리는 데 많은 힘을 쏟았다. 고구리 성과 벽화를 비롯하여 '발해의 역사와 유적', '대륙에 남은 고구리', '세계유산 고구리' 같은 전시회를 통해서 고구리 문화의 넓이와 깊이를 시각적으로 알리려 노력하였다. 온달산성, 장미산성, 호로고루산성 같은 고구리사 관련 유적지 답사를 31회 실시하여 연인원 826명이 참석하였다. 또한 일반 시민들을 대상으로 만주의 고구리와 발해 유적 답사를 해마다 실시하여 1,000명에 가까운 시민들이 직접 고구리 역사유적을 답사할 수 있었다. 이때 쓴 『고구리 역사유적 답사』(사계절, 1998)는 9쇄를 찍을 정도로 호응이 좋았다.

4. 한중 역사전쟁, 고구리는 중국 역사다?

1996년 여름 고구리의 첫 수도 홀본성이 있는 환인에 갔을 때, 본계시 문물관리위원회에서 각 기관의 임원, 시위원회 선전부, 시공안국(경찰서), 국가안전국(국가정보원) 시 지부로 보낸 공문을 한 장 볼 수 있었다. "고구리는 조선의 역사가 아니고 중국의 역사"라는 글이 실려 첨부되어 있고, '고구리 프로젝트 조직회' 통신록에 연구자 15명의 명단과 소속이 실려 있었다. 고구리가 중국사라는 손진기의 논문은 꽤 충격적이었고, 이때부터 중국이 지방연구자 위주로 고구리사 왜곡 프로젝트를 시작했음을 알았다. 이에 고구려연구회에서는 이 문제에 대한 연구를 차분히 시작하면서 대중강연이 있을 때마다 중국의 논리를 알렸다. 하지만 심각하게 받아들여지지 않았으며, "말도 안 된다. 그렇다고 고구리사가 중국사가 되는가?"라는 반응이었다.

국내에서 이 문제가 크게 이슈화한 것은 2003년 6월 26일자 『광명일보(光明日報)』에 실린 「고구려는 중국 동북지역에 있던 변방민족 정권이다」라는 논문이 신동아에 실리면서부터이다. 그리고 같은 해 7월 14일 『중앙일보』가 중국이 동북공정(2002~2007)이란 프로젝트를 진행하고 있다는 사실을 보도하면서 한국 사회는 한중 역사전쟁 속으로 들어간다. 이에 2003년 12월 17일 고구려연구회는 그동안 축적한 연구 성과를 바탕으로 '고구려 = 중국사, 중국의 논리는 무엇인가?'라는 학술토론회를 국내 최초로 열었다. 한일역사공동연구위원회가 후원한 이 대회에서 고구려연구회 주요 연구자들이 「고구려＝중국사이다. 중국의 논리와 국가 프로젝트 "동북공정"」(서길수), 「고구려와 수·당전쟁은 중국의 국내전쟁인가?」(윤명철), 「고구려족＝중국 소수민족, 그 논리는 무엇인가?」(서영수), 「발해＝중국사, 중국의 논리는 무엇인가?」(한규철)에 대해 발표하여 한중 역사전쟁의 핵심주제가 무엇인지를 분명하게 밝혔다.

2004년에 들어서면서 한국은 온통 동북공정과 중국의 역사왜곡에 대한 성토로 들끓었다. 많은 국민들이 들고일어나 중국대사관 앞에서 날마다 시위를 했하고, 역사학계는 공동으로 대처하는 연구를 시작했으며, 정부는 2004년 3월 교육부 산하에 고구려연구재단을 발족했다. 필자는 1월 19일부터 EBS에서 중국의 역사 왜곡, 고구려 역사와 유적, 발해사 같은 주제로 18회 연속 특강을 하고 각종 매스컴에서 중국의 왜곡 내용과 고구리가 중국사가 될 수 없다는 논리를 밝히느라 생애에서 가장 바쁜 나날을 보냈다. 그러나 2004년 8월 한중 양국이 구두양해를 통해 휴전상태로 들어가자 그토록 타오르던 국민적 분노는 한순간에 수면 아래로 가라앉아 버렸다.

5. 학계를 떠나며

2009년 정년퇴직 기념 강연회에서 필자는 정부와 학계에 "한국이 아무리 규탄해도 중국의 역사침탈은 계속된다. 따라서 언제 토론하고, 공동 연구하고, 공동 교과서를 만들더라도 당당하게 내놓을 수 있는 한국적 사관과 논리를 정립하는 것이 시급하다"고 강조하고 다음과 같은 의견을 냈다.

1) 국가는 국경문제, 민족사 문제가 핵폭탄보다 더 중요하다는 것을 깊이 인식하고 장기적으로 대응해야 한다. 그러기 위해서는 중국 사회과학원처럼 전문적으로 국경문제와 민족사를 연구하는 대형 연구소를 설립해야 한다. 학술연구와 정책 연구를 분리해서 해야 한다.

2) 학계는 중국 논리에 대한 대응 논리도 중요하지만 한국 자체의 논리 개발이 시급하다. 다시 말해 새로운 강역·국경이론과 역사관 정립이 필요하다. 구체적으로 한국사의 기준(패러다임다임paradigm, 틀)은 무엇인가? 라는 질문을 던졌다.

① 중국은 청나라 영토(중국사에서 가장 큰)를 기준으로 한다. 한국은 현재 한국의 영토가 기준인가? 남북한이 기준인가? 고구리 영토가 기준인가?

② 중국은 한강 이북 고구리 땅은 두 나라가 공유할 수 있는 역사, 곧 일사양용(一史兩用)을 내세울 가능성이 크다. 이에 대한 한국의 입장은 무엇인가?

③ 중국은 다민족통일국가(중화민족)론을 완전히 이론화하였는데, 한국은 단일민족(한민족, 조선민족, 고려인)인가?

④ 일본 제국주의는 만선사상, 만몽사상, 내선일체를 내세웠고, 현재 중국은

다민족통일국가(중화민족)를 내세우는데, 한국은 어떤 논리를 가지고 있는가?

잘못된 것이나 부족한 것은 고칠 수 있다. 그러나 없는 것은 고칠 수가 없다. 이제 한국학계는 역사 연구와 방법에 대한 피드백이 필요하고, 중국의 새로운 국가민족주의에 대한 장기적이고 전략적인 대응 논리 개발 필요하며, 무엇보다도 한국사와 영토에 대한 분명한 패러다임을 세워야 한다. 만일 그러지 않으면 머지 않아 중국이 만든 변강학(邊疆學)이나 민족이론을 번역해서 학습이나 하는 한심한 사태가 벌어질 것이다.

이 퇴임 강연을 마치고 열흘 뒤 강원도 영월에 있는 해발 800m 산사로 들어가 3년 동안 삶과 죽음에 관한 공부를 하면서 내 머리에서 고구리 문제는 완전히 떠나 버렸다.

6. 고구리 연구를 다시 시작한 까닭

2012년 10월, 3년 만에 산에서 내려와 보니 세상은 많이 변해 있었다. 하산하자마자 찾아온 한 일간지와의 인터뷰에서 나는 "남은 생, 책을 쓰면서 자리이타의 삶을 살겠다"고 하면서 "중국의 고구리사 편입 시도에 대한 학술적 대응에 더이상 참여하지 않겠다. 나의 고구리 연구는 끝났다. 학문도 세대의 순환이 있어야 하는 법이니 이제 후배들의 몫으로 넘기려 한다"라고 했다. 그리고 실제 그 뒤로 2016년까지 4년 동안 불교에 관한 5권의 책을 펴내면서 고구리 문제는 완전히 잊고 있었다.

불교 관련 책 출간을 마친 뒤 '통일 뒤 코리아의 이름을 무엇으로 할까?'라는 주제로 들어갔다. 이것은 내가 일생을 살아온 조국에 대한 마지막 이바지라고 생각하고 입산하기 전부터 마음속에 품고 있던 연구 주제였다. 이미 오랫동안 생각해 왔고 자료도 많이 수집해 놓았으므로 가볍게 책 한 권이면 될 거라고 생각하며 시작했다. 그런데 나라 이름이 고구리 역사와 관계가 깊기 때문에 다시 고구리 관련 책들을 꺼내 검토해야 했다. 그 과정에서 자연스럽게 중국의 검색 포털에 들어갔고, 고구리(高句麗)를 비롯한 동북공정과 관계되는 관련 단어를 검색한 결과 깜짝 놀라지 않을 수 없었다. 하산 후 인터뷰한 기자가 "중국의 고구리사 편입 시도에 대한 학술적 대응을 계속하겠느냐?"고 물었는데, 고구리사 편입 '시도'가 아니라 '완료'한 상태였기 때문이다.

2004년 우다웨이 부부장이 한국에 와서 역사전쟁을 휴전으로 마무리하고 돌아간 뒤 우리나라는 아직도 순진하게 휴전 속에 있지만, 중국은 이미 침략전쟁을 소리 없이 마친 상태였다. 휴전할 때 이미 70%를 침략했는데 그 자리에서 휴전했으니, 처음부터 우리나라는 수도권만 남기고 다 빼앗긴 상태에서 협상을 멈춘 것이고, 그 사이에 중국은 나머지 30%까지 해치운 것이다. '큰일 났다.' 그런데 우리나라는 이런 사실도 모르고 있지 않은가? 시진핑이 미국 대통령에게 "한국은 사실상 중국의 일부였다"고 하는데도 아무런 대응도 못하면서 앞으로 함께 대응해야 할 일본과는 사사건건 부딪치고 있다. 몸통이 끊어진 것을 모르고 지난 일을 가지고 에너지를 소비하고 있는 것이다.

필자는 2016년부터 다시 고구리사 자료를 검토하며 특별히 25사 16권에 나오는 고구리·고리사 관련 기사들을 철저하게 검토하기 시작했다. 그리고 10권의 책을 쓸 계획을 세우고 자료를 정리했다. 10권 가운데 나라이름에 관계되는 6권은 3~4년 안에 마치기로 마음먹고 지난 2~3년간 집중한 결과 이번에 1, 2권을 함께 펴내게 되었다. 3, 4권은 2020년에, 5, 6권은 2021년에 펴낼 계획이다. 이 연구가 이미 완료된 동북공정을 되돌리기에는 턱없이 부족하지만 할 수 있는 몫만큼 최선을 다하여 문제를 제기하고 적어도 2~3년 안에 한 줄기 작은 대응 논리라도 내놓는 것이 나의 의무라고 생각한다. 그러므로 죽어서 하는 장례식을 반납하고 살았을 때 책을 한 권씩 낼 때마다 한 번씩 장례식을 하기로 했다. 될 수 있으면 많은 장례식을 할 수 있길 바란다.

첫째 마당

고대 경전 석문과 사서에 나타난
高句麗와 高麗의 소릿값

고구리(高句麗)·고리(高麗)의 소릿값 연구에서 가장 중요한 것은 고구리(高句麗) 때 스스로 자기나라 이름을 어떻게 불렀는가 하는 진실의 문제다. 이처럼 가장 핵심적인 문제를 풀기 위해서 먼저 학계가 인정하고 있는 경서와 사서들에서 '句麗＝구리, 高句驪＝고구리, 高麗＝고리'라고 읽어야 한다고 기록한 자료들을 검토해 보기로 한다.

지금까지 글쓴이가 연구한 결과, 고구리·고리·구리에 대해 언급한 가장 오래된 자료는 수당(隋唐) 때 육덕명(陸德明)이 지은 『경전석문(經典釋文)』이다.

한나라 때 중국에 불교가 전해지는데, 불경은 모두 산스크리트로 되어 있어서 뜻글자(表意文字)인 한자로는 소리글자(表音文字)인 산스크리트(梵文)를 그대로 옮겨 적기가 어려웠다. 그래서 산스크리트의 소리를 가능한 한 비슷하게 적기 위해 고안해 낸 방법이 반절법(半切法)이다. 반절법이란 바로 외래어를 정확히 기록하기 위한 방법의 하나로, 운서(韻書)들이 대표적이다. 이런 운서는 삼국시대(魏蜀吳)부터 나오기 시작했으나 현재까지 남아 있는 사료는 없다. 지금까지 남아 있는 가장 오래된 운서는 육법언(陸法言)이 지은『절운(切韻)』이다. 이 책은 그 뒤 당나라 때는『당운(唐韻)』, 송나라 때는『광운(廣韻)』(1006년)·『집운(集韻)』(1039)이란 이름으로 더하고 고쳐졌다.『절운』 서문에 수나라 문제 인수(仁壽) 원년(601)이란 연대가 적혀 있어서 시기를 수나라 때까지 거슬러 올라갈 수 있다. 따라서 현재 우리가 한자의 정확한 음운(音韻)을 연구할 수 있는 상한선이 7세기 초라고 할 수 있다.

1. 육덕명^{陸德明(당)}『경전석문』^{經典釋文}의 구리^{駒麗}에 대한 소릿값

1)『경전석문』에 나온 구리^{駒麗}에 대한 분석

『경전석문(經典釋文)』은 유명한 음운학자 육덕명(陸德明, 550?~630년)이 여러 경전에 나온 낱말의 소리와 뜻(音義) 및 다른 글자(異字)들을 모아 만든 30권의 책이다. 14가지 경전을 편찬 순서에 따라 주석을 달았는데,『주역(周易)』,『고문상서(古文尙書)』,『모시(毛詩)』,『주례(周禮)』,『의례(儀禮)』,『예기(禮記)』『춘추좌씨(春秋左氏)』,『공양(公羊)』,『곡량(穀梁)』,『효경(孝經)』,『논어(論語)』『노자(老子)』,『장자(莊子)』,『이아(爾雅)』 순이다.

이 가운데『고문상서(古文尙書)』「주관(周官)」에 나오는 동이(東夷)에 대한 주석에서 다음과 같이 각 나라의 소릿값을 기록하였다.

肅愼 馬本作息愼云北夷也. 駒俱付反 又如字, 麗力支反, 駻戶旦反 地理志 音寒, 貊孟白反 說文作 貉北方豸種. 孔子曰 貉之言貊 貊惡也.

숙신(肅愼) : 마본(馬本)은 식신(息愼)이라고 했는데 북이(北夷)를 말한다.

【구(駒)】: 俱+付의 반절(反切) 음이나, 또는 글자 그대로 읽는다.

【리(麗)】: 力+支의 반절(反切) 음이다.

【한(骭)】: 戶+旦의 반절(反切) 음이다. 「지리지」에는 '한(寒)' 자와 같은 소리라고 했다.

【맥(貃)】: 孟+白의 반절(反切) 음이다. 『설문』에서는 '맥(貉)'으로 북방 짐승의 한 종류

　　　　(豸種)다.

공자는 '맥(貉)은 맥(貃)을 말하는 것이고, 맥(貃)은 사납다(惡)' 고 했다.[1]

『지리지(地理志)』에는 음이 한(寒)이라 했고, 맥(貃) 음은 孟+白의 반절음이라고 했다.

『설문(해자)』에서는 맥(貉)은 북방이라고 했다.[2]

　여기 나오는 駒麗는 추모(주몽)의 高句麗가 건국되기 이전에 존재했던 句麗임을 쉽게 알 수 있다. 句麗의 '句' 자를 같은 소리가 나는 '망아지 구(駒)' 자를 써서 깎아내린 것이다.

　이제 육덕명이 설명한 소릿값을 좀 더 분석해 보기 위해 먼저 반절(半切)에 대한 이해가 필요하다. 한자에 대한 문자학은 일찍이 고대부터 시작되었다. 『이아(爾雅)』 같은 고대 사전에서는 어떤 한자의 음을 표기하기 위해서 그 한자와 음이 같은 다른 한자를 보기로 들었다. 이 경우 보통 문장 형식이 'A, 讀若B(A는 B와 같이 읽는다)' 라고 하거나 'A, 音B(A는 음이 B다)' 같이 표기하였다. 앞 형식을 '독약법(讀若法)'이라 하고 뒤 형식을 '직음법(直音法)'이라 했다.

　이와 같은 방법은 어려운 한문의 음을 읽거나 달리 나는 소리를 읽는 방법으로

---

1) 악(惡)이란 그밖에 나쁘다, 추하다는 뜻이 있다.
2) 『상서주소(尙書注疏)』(17) 漢 孔(安國) 氏 傳, 唐 陸德明 音義, 孔穎達 疏, 「周書」.

쓰였지만 후한 때 불교가 전해지면서 '반절법(反切法)'이라는 새로운 기록방법이 쓰이기 시작했다. 이는 불교의 전래와 함께 인도의 음운학적 지식이 중국으로 들어온 것과 관계가 있다. 불경은 모두 산스크리트로 되어 있어서 뜻글자(表意文字)인 한자로는 소리글자(表音文字)인 산스크리트(梵文) 낱말을 그대로 옮겨 적기가 어려웠다. 그래서 산스크리트의 소리를 가능한 한 가깝게 적기 위해 고안해 낸 방법이 반절법(反切法)인 것이다.

삼국시대 위나라(220~265)의 손염(孫炎)이 『이아음의(爾雅音義)』를 쓰고 이 책에 처음으로 반절을 학술적인 표음 방법으로 채택했다고 하며, 위진 시대 (317~581)에 들어서 반절이 널리 쓰이기 시작했다. 그러나 반절이 사용된 현존하는 가장 오래된 자료는 6세기의 『옥편』[3]과 육덕명(陸德明)이 지은 『경전석문(經典釋文)』이다. 그런데 남북조시대의 고야왕이 543년에 편찬한 『옥편』은 이미 없어졌고, 북송 때인 1013년 칙명으로 만든 『증수옥편(增修玉篇)』이 전해지고 있어서 실질적으로 『경전석문(經典釋文)』이 가장 오래되었다. 그런 측면에서 『경전석문(經典釋文)』에 나온 구리(駒麗)에 대한 소릿값은 현존하는 자료 가운데 가장 오래된 사료에서 볼 수 있다는 점에서 큰 의의가 있다고 할 수 있다.

그 이후로도 601년에 만들어진 운서(韻書) 『절운(切韻)』이 있는데, 운서 가운데는 가장 오래되었다. 이 책은 그 뒤 당나라 때는 『당운(唐韻)』, 송나라 때는 『광운(廣韻)』(1006)·『집운(集韻)』(1039)이란 이름으로 더하고 고쳐졌다. 1716년에 완성된 『강희자전』에서도 한자음을 표기하기 위해 반절이 이용되었다.

반절(反切)은 한자사전에서 한자의 음(音)을 표기하는 방법의 하나로, 두 글자를 가져오고 그 글자의 음을 조합해서 본디 글자 음을 표기하는 방식이다. 반절

---

3) 남북조시대의 고야왕이 543년에 편찬한 『옥편』은 없어졌고, 북송 때인 1013년 칙명으로 만든 『증수옥편 (增修玉篇)』이 전해지고 있다.

이라는 이름은 반(反)과 절(切)을 합친 것으로, 수나라 이전에는 '반(反)' 혹은 '번'(飜)이라고 부르다가 당 태종 때 반역을 두려워한 황제가 '반(反)'이라는 글자를 피해야 하는 글자(避諱)로 지정하여서 당대 이후에는 '절(切)'이라고 불렀다.

　이상에서 반절법의 역사를 살펴보았지만 고대 음운법을 공부하지 않은 사람은 너무 낯설기 때문에 이 반절법을 좀 더 쉽게 설명을 하려고 한다. 반절법은 주로 다음과 같이 표시한다.

　　보기 : 無分反(無와 分의 反이다)·無分切(無와 分의 切이다)·無分飜(無와 分의 飜이다)

이것은 '무(無)' 자와 '분(分)' 자를 반절법으로 읽는 것인데, 다음 같이 읽는다.

① 무(mu) : 여기서 첫 낱소리(音素) 'ㅁ(m)'을 고른다.
② 분(bun) : 여기서 가운데 낱소리(中聲音) 'ㅜ(u)'와 끝소리(終聲音, 받침) 'ㄴ(n)'을 고른다.
③ 그리고 ①+②하여 읽는 것이 반절법이다.
　여기서는 ① m(ㅁ)+② un(ㅜ)=mun(문)이 된다.

이제 육덕명의 구리(駒麗)에 대한 반절음을 같은 방법으로 보기로 한다.

(1)【구(駒)】: 俱+付의 반절(反切) 음이나, 또는 글자 그대로 읽는다.
　① 구(俱, ku)에서 ㄱ(k) 음을 따고
　② 부(付, pu)에서 ㅜ(u) 음을 따서
　③ ㄱ(k)+ㅜ(u)=구(ku)가 된다.

그림1 『經典釋文』【리(麗)】力+支의 반절(反切) 음

'구(駒)' 자 음은 또 글자 '그대로 읽는다'고 해서 당시에 일반적으로 읽는 음과 별 차이가 없다는 것을 알 수 있다. 그리고 '구' 자는 현재 한국에서 읽은 소릿값과도 일치한다는 것을 알 수 있다.

(2) 【리(麗)】: 力+支의 반절(反切) 음이다.

　① 력(力, li)에서 ㄹ(l) 음을 따고

　② 지(支, ti)에서 ㅣ(i) 음을 따서

　③ ㄹ(l)+ㅣ(i) = 리(li)가 된다.

이렇게 해서 駒麗는 '구레[4](우리나라 음의 구려)'라고 읽지 않고 '駒麗 = 구리'라고 읽어야 한다고 분명히 밝히고 있다. 여기서 구(俱)·부(付)·력(力)·지(支) 같은 글자들이 당나라 당시 어떤 소릿값을 지녔는지가 중요한데, 이 문제에 대해서는 다음에 보는 음성학적 분석에서 자세히 보기로 한다.

이처럼 육덕명이 '駒麗 = 구리'라고 읽도록 주을 단 것은 그 뒤 후세까지 큰 영향을 미쳐서 계속 이어져 왔고, 이를 통해서 당시 '구리(句麗)'를 비롯한 고구리(高句麗)·고리(高麗)에 나오는 '麗' 자의 정확한 소릿값을 알 수 있도록 해 주었다는 점에서 높이 평가해야 할 업적이다.

2) 육덕명의 구리駒麗 에 대한 주석이 주는 의의

그렇다면 육덕명(陸德明)은 어떤 사람인가? 『당서(唐書)』 열전을 보면 유학자 가운데 서문원(徐文遠) 다음으로 소개되는 당나라 최고 학자였다.

육덕명은 소주(蘇州) 오나라 사람으로, 처음 주홍정(周弘正)한테서 공부하였는데 언행이 바르고 이치에 밝았다. 진나라 태건(太建) 연간(569~582년) 태자가 전국의 저명한 유학자들을 뽑아 승광전에서 강설할 때 육덕명은 아직 어린 나이에 나아가 참석하였다. 시흥왕이 나랏일을 할 때 항상 모시고 보필했으며 국자감 조교로 천거하였다. 진나라가 망하자 고향으로 돌아갔다. 수나라 양제가 즉위하자 비서학사가 되었다.……

왕세충(?~621)이 스스로 황제라 징하고 사신의 아들을 한왕(漢王)으로 봉하였다. 육덕명을 태자의 스승으로 삼고 육덕명의 집에 선물을 올리는 예를 드리러 가려 하자 그는

---

4) 당시 거성(去聲)은 '레'라고 읽었고, 평성은 '리'로 읽었다. 자세한 것은 다음에 다시 설명한다.

부끄럽게 여겨 옷과 머리를 흩뜨리고 동쪽 벽 아래 누워있었다. …… 왕세충의 난을 평정하자 태종이 불러들여 진왕부(秦王府)의 문학관 학사가 되었고 중산왕(中山王) 승곤(承乾)의 일을 잇도록 하여 태학박사에 임명하였다. 뒤에 고조가 친히 문묘에서 공자에게 제사지내는 석전에 참석하였을 때, 서문원이 효경을 강설하고, 스님 혜승이 파약경을 강설하고, 도사 유진희가 노자를 강설하는데, 육덕명이 이들을 가로막고 따졌다. 각각 종파의 취지 때문에 그에 따른 뜻을 세웠지만 모두 육덕명에게 무릎을 꿇었다. 고조가 기뻐하며 비단 50필을 내리셨다. 정관(貞觀, 627~649) 연간 초에 국자박사란 벼슬을 내리고 오현남에 봉했는데 얼마 되지 않아 죽었다.

『경전석문(經典釋文)』 30권, 『노자 주석』 15권, 『주역 주석』 20권을 짓고……태종이 나중에 육덕명의 경전석문을 견주어 본 뒤 매우 기뻐하며 육덕명의 가속들에게 비단 200필을 내릴만큼 권위 있는 책이라는 것을 알 수 있다.[5]

『중문대사전(中文大辭典)』에서도 '여러 경전의 음독에 관한 주를 달아 『경전석문』 30권을 완성하여 후세에 경자(經字 : 經書와 諸子)를 바로잡는 바탕이 되었다'[6]는 평가만 보더라도 당시 당나라에서 학자 육덕명의 위상을 알 수 있다.

글쓴이가 이처럼 육덕명을 자세히 언급한 것은 그가 생존했던 진·당나라 시기가 바로 고구리(高句麗) = 고리(高麗)7)와 이웃하던 시기였고, 수·당 시기에

---

5) 『舊唐書』 권 189 上, 「列傳」 139 上, 儒學 上, 陸德明. 〈陸德明 蘇州吳人. 初受學周弘正 善言玄理 陳太建 中 太子徵四方名儒 講于承光殿 德明年始弱冠 往參焉. 始興王國左常侍 遷國子助教. 陳亡 歸鄕里. 隋煬帝 嗣位 以爲秘書學士…. 王世充僭號 封其子爲漢王 署德明爲師 就其家 將行束脩之禮 德明恥之 因服巴頭散 臥東壁下 … 王世充平 太宗徵爲秦府文學館學士 命中山王承乾從其受業 尋補太學博士 後高祖親臨釋奠 時徐文遠講孝經 沙門惠乘講波若經 道士劉進喜講老子 德明難此三人 各因宗指 隨端立義 衆皆爲之屈 高祖善之 賜帛五十匹 貞觀 初 拜國子博士 封吳縣男 尋卒. 撰經典釋文三十卷 老子疏十五卷 易疏二十卷 … 太宗後嘗閱德明經典釋文 甚嘉之 賜其家束帛二百段.〉

6) 中文大辭典編纂委員會, 『中文大辭典』, 台灣省立師範大學國文研究所 所藏, 景仁文化社 1981년 초판 영인. 〈注諸經音讀 成經典釋文三十卷 爲後世治經子所宗〉

38_ 고구려의 본디 이름 고구리(高句麗)

이르러서는 (高句麗) = 고리(高麗)⁷⁾와 수많은 전쟁을 치렀기 때문에 당시 육덕명은 '高句麗 = 高麗'를 어떻게 불렀을지 정확히 알고 있는 학자였다는 것을 밝히기 위해서다.

■ 육덕명 생존 : 550 ?~630

581년(31살) : 수나라가 전국을 통일하고 나라를 세움.

598년(38살) : 고리(高麗)가 말갈병을 거느리고 수나라 요서(遼西)를 치다.

612년(62살) : 수나라 1차 고리(高麗) 침공(2월). 7월 을지문덕 살수대첩에 참전하다.

613년(63살) : 수나라 2차 고리(高麗) 침공(4월). 113만 정규병 패해 6월 돌아가다.

614년(64살) : 수나라 3차 고리(高麗) 침공(6월). 실패하고 8월에 돌아가다.

618년(68살) : 수나라는 결국 고리(高麗) 침공의 후유증으로 수 양제는 강도(江都)에서 살해되고 37년 만에 망했으며, 이연(李淵)이 당(唐)나라를 세우다.

625년(75살) : 고리(高麗), 사신을 당(唐)에 보내 불교와 도교의 교법을 배우게 하다.

626년(76살) : 당나라, 고리(高麗)에 사신을 보내 3국이 화해할 것을 권유하다.

육덕명은 태어난 해가 분명하지 않지만 당시 동아시아는 세 차례에 걸친 고·수(高隋) 전쟁을 통해서 수·당의 백성들 대부분은 고리(高麗)라는 나라를 모를 수 없었을 거라는 추측만큼은 의심할 여지가 없다.

따라서 당시 최고의 석학 육덕명 역시 고구리(高句麗)·고리(高麗) 사람들은 수

---

7) 수·당 시대보다 200년쯤 앞선 413년에 고구리(高句麗)가 나라이름을 고리(高麗)로 바꾸어 수·당 시대는 고구리(高句麗)라는 이름을 사용하지 않았다. 자세한 내용은 〈고구리 고리사 연구〉 총서 2권에서 다룬다.

나라나 당나라 사람들이 자기 나라 이름을 어떻게 부르는지 정확히 알았을 것이고, 당시뿐 아니라 후세 사람들을 위해 '고구리(高句麗)·고리(高麗)'의 정확한 소릿값을 적어 놓았던 것이다. 그리고 이런 작업은 후대에서 계속 인용되어서 영향력이 매우 컸다는 것은 다음에 이어지는 사료들이 증명한다.

2. 550∼630년(당)『상서주소(尚書注疏)』의 구리(駒麗)에 대한 소릿값

『상서(尚書)』는 동아시아에서 가장 오래된 역사서이자 공문서이다. 이는 유교에서 가장 으뜸가는 경전으로 우리가 흔히 말하는 4서 3경 가운데 3경에 들어가는 경전이기 때문에『서경(書經)』이라고도 한다. 전설의 성군인 요(堯)와 순(舜)부터 춘추(春秋)시대 기록까지 다양하게 실려 있다. 오래된 이런 경서들은 원본만 보고는 그 뜻을 알기 어려워 후대에 많은 학자들이 해설서를 내놓았다.『상서(尚書)』주해본으로는『십삼경주소』가운데『상서주소(尚書注疏)』에 들어 있는 「공안국전(孔安國傳)」(13권)이 가장 유명하다.『상서주소』는『상서』의 내용에 주(注)와 소(疏)를 단 책이라는 뜻이고,「공안국전(孔安國傳)」이란 그 가운데 공안국이 '전(傳)'을 썼다는 뜻인데, 공안국이 기원전 사람이기 때문에 그만큼 사료 가치가 크다. 그런데『상서』에 대한 「공안국전」은 공안국이 집필한 게 아닌데 그렇게 알려져 왔다고 하여 '위(僞)' 자를 붙여 '위공안국전(僞孔安國傳)'이라고도 한다. 이처럼 전(傳)이 유명한 공안국의 이름을 빌려 쓴 가짜라는 주장도 있지만 이미 이 책은 2,000년 넘게『상서』를 이해하는 지침서가 되었다. 여기서 글쓴이가 얻고자 하는 것은 바로 당나라 때 육덕명(陸德明, 550年 ?∼630年)이 단 '소리와 뜻(音義)', 공영달(孔穎達)이 덧붙인 소(疏)에 나타난 내용들이고, 이들 주석은 틀림없는 역사적 사실이기 때문에 진위문제와는 큰 관계가 없다.

『상서(尚書)』에는 다음과 같은 문장이 나온다.

序成王旣伐東夷 肅愼來賀

서(序): 성왕이 이윽고 동이(東夷)를 정벌하자 숙신(肅愼)이 와서 축하하였다.

그리고 이 내용에 대한 이른바 공안국이 달았다는 전(傳)의 내용이 덧붙여 있다. 『상서』에 대한 첫 번째 주석인 것이다. 공안국은 한 무제 때의 학자로 기원전 156~74년으로 추정하고 있다.

傳 海東諸夷駒麗扶餘馯貊之屬 武王克商 皆通道焉

한(漢)나라 (공안국의) 傳에 '동쪽 오랑캐(東夷)인 구리(駒麗)·부여(扶餘)·한(馯)·맥(貊) 같은 무리다. 무왕이 상(商)나라를 이기자 모든 길이 통하게 되었다'고 했다.

그리고 그 전(傳)에는 홑이름씨(固有名詞)에 대한 육덕명(陸德明)의 소리와 뜻(音義)에 대한 소(疏)가 나온다.

音義疏 : 肅愼 馬本作息愼云北夷也.. 駒俱付反又如字, 麗力支反, 馯戶旦反 地理志 音寒, 貊孟白反 說文作 貉北方豸種. 孔子曰 貉之言貊 貊惡也.[8]

[소리와 뜻(音義)에 대한 소(疏)] 숙신(肅愼):

마본(馬本)은 식신(息愼)이라고 했는데 북이(北夷)를 말한다.

---

8) 唐 陸德明 撰, 『經典釋文』卷4,「尚書音義」(下) 周官 第22 卷11.

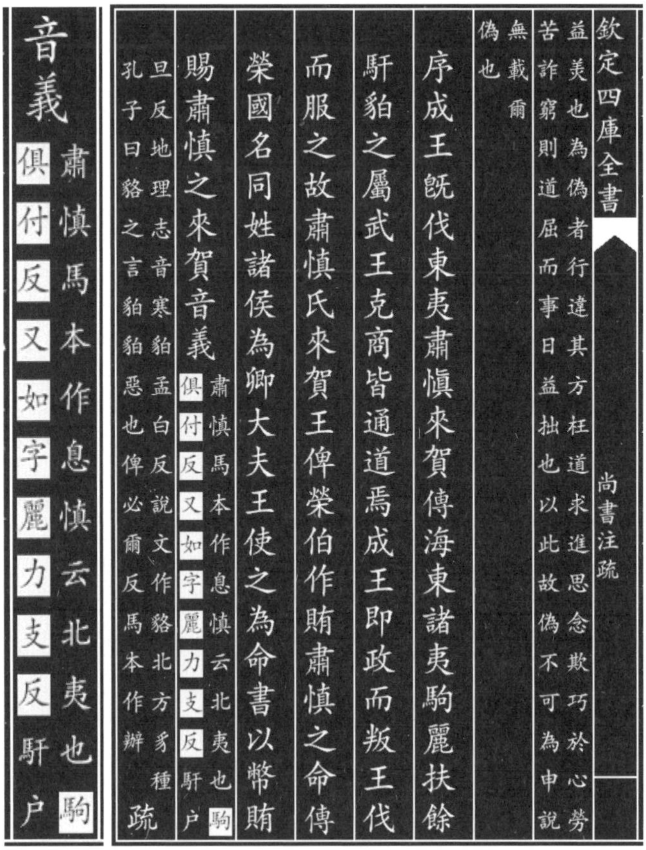

그림 2 『尙書註疏』【리(麗)】 力+支의 반절(反切) 음

【구(駒)】: 俱+付의 반절(反切) 음이나, 또는 글자 그대로 읽는다.

<u>【리(麗)】: 力+支의 반절(反切) 음이다.</u>

　　이 내용은 『경전석문(經典釋文)』에 나온 내용과 똑같다. 다만 『경전석문』이 육덕명 혼자 쓴 사료라면 『상서주소(尙書注疏)』는 공영달과 같이 작업을 한 것이다.

3. 747년(당) 『진서음의』^{晉書音義 9)}의 고구리^{高句驪}에 대한 소릿값

『진서(晉書)』는 당나라 정관(貞觀) 22년인 648년 방현령(房玄齡)을 비롯한 21명이 황제의 명을 받아 편찬하였다. 이 책은 여러 사람이 사료를 모아 만들었는데, 본문 내용은 위진(魏晉)에서 당나라 초기까지의 시기로, 옛 한어(漢語)의 어음(語音)과 낱말이 가장 심하게 변하던 단계였다. 이에 비추어 천보(天寶) 6년인 747년 동도처사(東都處士) 하초(何超)가 『진서』를 바탕으로 『진서음의(晉書音義)』를 지었는데, 사서에 나온 특별한 낱말의 음과 뜻을 밝힌 책이다. 하초가 『진서음의』를 지으면서 가장 중점적으로 참고한 자료가 육덕명(陸德明)의 『경전석문(經典釋文)』이었다.[10]

하초(何超)는 진서에 나온 나라이름 고구리(高句驪)·고구리(高句麗)·구리(句驪) 같은 세 가지 이름에서 틀려서는 안 되는 바른 소릿값에 대한 주석을 달았다. 『진서음의(晉書音義)』는 정사인 25사라는 점에서 사료 가치는 재론할 필요조차 없다.

1) 『진서음의』^{晉書音義} 3권에 나온 고구리^{高句驪}에 대한 소릿값

첫 번째 '고구리(高句驪)'의 소릿값은 『진서』 본기의 원제(元帝) 때 기사다.

원제(元帝) 태흥(太興) 2년(AD 319) 12월(을해) 선비(鮮卑) 모용외(慕容廆)가 요동을 처들어

---

9) 唐 何超 纂, 『晉書音義』.

10) 辛睿龍, 「《晉書音義》研究評述」, 『滄州師範學院學報』(31-3), 2015, 48쪽.

오자, 동위교위(東夷校尉) 평주 자사(平州刺史) 최비(崔毖)가 고구리(高句麗)로 도망갔다.[11]

이 기사는 서진(西晉)이 316년 흉노에게 멸망하였다가 317년에 다시 동진(東晉)으로 부흥한 뒤 북방에서 활약하는 모용외와 싸울 때의 이야기다. 318년 평주 자사(平州刺史) 최비(崔毖)가 우문씨(宇文氏), 단씨(段氏), 고구리(高句麗)를 끌어들여 모용외를 협공하게 하였는데, 모용외는 삼국의 군사를 이간질시켜 위기를 벗어나고 우문씨의 군대를 크게 격파하였다. 이에 최비는 모용외의 보복이 두려워서 결국 319년에 고구리(高句麗)로 망명하였으며, 모용외는 요동을 차지하게 되었다. 이후 모용외는 고구리(高句麗)와 적대하여 여러 차례 싸우게 된다.

하초는 『진서음의』에서 이 기사에 나오는 '고구리(高句麗)'라는 나라이름 읽는 법에 대해 주석을 달았다.

【句麗】上 古侯反, 下 音離.

【句麗】위 글자(句)는 고(古)+후(侯)의 반절로 읽고,

　　　　아래 글자(麗)는 리(離)와 같은 소리이다.

고구리(高句麗) 글자 세 자 가운데 '고(高)' 자는 읽는 법에 특별히 어려움이 없어서 틀리기 쉬운 '구리(句麗)'에 대해서만 주석을 달았다. 앞에서 이미 설명했듯 이 '구(句)' 자는 'ㄱ+ㅜ=구'가 되고 '려(麗)'는 '리(離)' 자로 읽으라는 것이다.

두 번째 기사는 동진(東晉) 안제(安帝) 때의 기사이다.

---

11) 『晉書』 卷6, 「帝紀」 第6, 元帝 太興 2年. 〈十二月乙亥, 鮮卑慕容廆襲遼東, 東夷校尉 平州刺史崔毖高句麗.〉

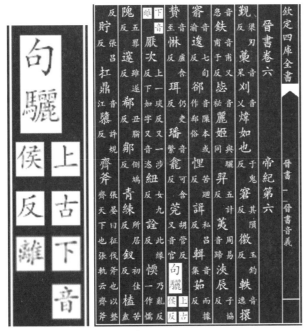

그림 3 『晉書音義』 下音 '麗' = 리(離)

413년 겨울 12월 안평왕(安平王) 구(球)가 죽었다. 이때 고구리(高句麗)·왜국(倭國) 및 서남이(西南夷) 동두대사(銅頭大師)가 나란히 방물을 바쳤다.[12]

413년은 고구리 장수왕이 왕위에 오른 해이다. 『삼국사기』에도 '장사(長史) 고익(高翼)을 진나라에 보내 표를 올리고, 붉은 무늬가 있는 흰 말을 바쳤다. 안제(安帝)가 왕을 고구리왕(高句麗王) 낙랑군공(樂浪郡公)으로 봉하였다'[13]고 기록되어 있다. 이때 기록에는 '驪'에서 마 변(馬)을 떼고 '고구리(高句麗)'라고 했다는 것

---

12) 『晉書』卷10,「帝紀」第10,〈義熙 九年 冬十二月, 安平王球之薨. 是歲 高句麗·倭國及西南夷銅頭大師 並獻方物.〉
13) 『삼국사기』 권18,「고구려본기」 제6, 장수왕 원년.

을 알 수 있다.

하초(何超)는 이 기사에서 고구리(高句麗)와 왜(倭)의 음의에 대해 주를 달았는데 내용은 앞에서 본 것과 같다.

【句驪】上 古侯反, 下 音離.
【句驪】위 글자(句)는 고(古)+후(侯)의 반절로 읽고,
　　　　아래 글자(驪)는 리(離)와 같은 소리이다.

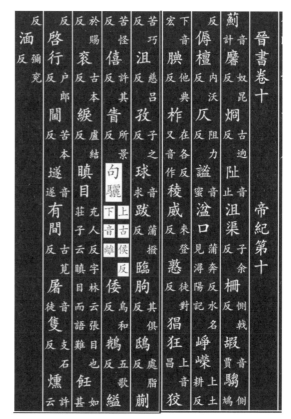

그림 4 『晉書音義』 下音【麗】= 리(離)

『진서』본문에는 '고구리(高句麗)'라고 기록하여 '고구리(高句驪)'가 아닌데, 하초(何超)는 구리(句驪)에 대한 주석에서 驪＝麗라고 보았으며, 구리(句驪)에 대한 음가는 육덕명의 기록을 그대로 인용한 것으로 보인다.

참고로 왜(倭)는 '烏＋和의 반절음이다'라고 했다.

2) 『진서음의』^{晉書音義} 중권, 「열전」에 나온 구리^{句驪}의 소릿값

세 번째 기사는 『진서』「열전」서진(西晉)의 강통(江統)전에 나오는 기사다. 강통은 당시 변방의 소요를 안정시키는 방안으로 오랑캐를 옮기는 일(徙戎論)에 대해 진언을 하는데 그 가운데 구리(句驪) 이야기가 나온다.

> 구리(句驪)는 본디 요동 국경 밖에 살았는데, 정시(正始) 연간(240~248) 유주자사 관구검(毌丘儉)이 그 배반을 쳐부수고 나머지 종족들을 옮겼습니다. 처음 옮길 때는 1백수십 호였지만 자손들이 늘어나 지금 1,000을 헤아립니다. ……[14]

246년 위(魏)나라 유주자사 관구검이 현도를 치면서 고구리(高句麗)와 전쟁이 일어나 고구리(高句麗)가 패하여 다음 해 수도를 옮겼다. 강통이 언급하고 있는 것은 바로 이때 잡아간 포로들에 관한 일인데, 『삼국사기』에는 '그 처자를 포로로 잡았으나 모두 놓아 보내 주었다'[15]고 하였다.

여기서는 고구리(高句麗)의 근원을 이야기하는 대목이라서 구리(句驪)를 언급

---

14) 『晉書』 卷 56, 「列傳」 第26, 江統. 〈句驪本居遼東塞外, 正始中, 幽州刺史毌丘儉伐其叛者, 徙其餘種. 始徙之時, 戶落百數, 子孫孳息, 今以千計 …….〉
15) 『삼국사기』 권 17, 「고구려본기」 제5, 동천왕 20년 기사.

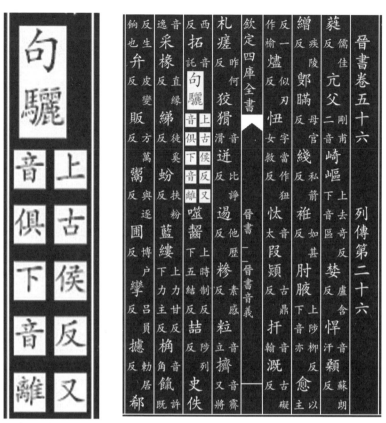

그림 5 『晉書音義』 下音【麗】= 리(離)

하였는데, 바로 그 구리(句驪) 읽는 법에 대해 『진서음의』는 다음과 같이 주를 달았다.

【句驪】上 古侯反 又 音俱, 下 音離.

【句驪】위 글자(句)는 고(古)+후(侯)의 반절로 읽거나, '구(俱)'라고도 읽는다.

　　　아래 글자(驪)는 리(離)와 같은 소리이다.

앞에서 본 두 가지 보기와 큰 차이가 없지만 '句' 음이 '俱와 같은 소리'라는 점이 추가되었다. '句' 음에 대해서는 논란의 여지가 없지만 '驪' 는 역시 '리'로 읽어야 한다는 것을 뚜렷이 밝힌 보기들이다.

4. 931년(後唐) 『신집장경음의수함록』^{新集藏經音義隨函錄} 의 고리^{高驪}에 대한 소릿값

907년 당나라가 멸망하고 혼란기를 맞아 여러 나라가 일어났다 없어지는데 후당(後唐) 때인 장흥(長興) 2년(931)에 가홍(可洪)이 『신집장경음의수함록(新集藏經音義隨函錄)』을 편찬하였다. 모두 30권인 이 책은 사전처럼 모든 대장경에 나온 주요한 낱말들의 소리(音)와 뜻(義)을 해설하였다. '신집장경음의(新集藏經音義)'란 경전에 나오는 음과 뜻을 새로 모은 것이라는 뜻이고 '수함록(隨函錄)'이란 경전을 담은 상자에 따라 기록한다는 뜻이다. 이 책에는 고리(高驪)라는 낱말이 3번 나오는데 '리(驪)' 자 읽는 소릿값을 특별히 주로 달았다.

> 高驪 [0485c12] (力支反).
>
> 高驪 [0576b03] (力支反).
>
> 高驪 [0611a06] (力支反, 國名)[16]

이 책에서는 '구리(駒麗)'가 '고리(高驪)'로 바뀌었지만 '驪' 자에 대한 소릿값은

---

16) 可洪 撰, 『新集藏經音義隨函錄』(卷13~30), 高麗藏 第35册, No. 1257. 본문 텍스트는 CBETA, Chinese Electronic Tripiṭaka Collection (Version June 2016)에 따름.

앞에서 본 육덕명의 설명과 똑같다.

리(麗) : 力+支의 반절(反切) 음이다. 나라이름이다(國名)

〈고구리·고리사 연구〉 총서 2권『장수왕이 바꾼 나라이름 고리(高麗)』에서 보겠지만 당나라 때는 이미 나라이름 고구리(高句麗)가 고리(高麗)로 바뀌어 불렸기 때문에 고구리(高句驪)나 구리(駒麗)가 아닌 고리(高驪)로 기록한 것이다. 불교 경전 주석에서도 고구리(高句麗)를 이야기할 때 '高驪 = 고리'로 읽으라고 명확하게 주를 달았다는 사실을 알 수 있다.

5. 1005~1013년(송)『책부원귀』^{冊府元龜}에 나타난 고구리^{高句麗}에 대한 소릿값

『책부원귀』는 송나라 왕흠약(王欽若) 등이 1005년부터 1013년까지 8년 동안 편찬한 역사책으로, 상고시대부터 5대(五代)까지의 각종 사료를 싣고 있다. 이들 가운데 당·5대에 관한 내용이 사료 가치가 가장 크며, 고구리(高句麗)에 관해서는 외신부(外臣部)을 비롯하여 여러 곳에 그 기록이 남아 있다.

외신부 종족편(種族篇)에 고구리(高句麗)를 설명하면서, 첫 번째 고구리(高句麗)가 나왔을 때 바로 밑에 다음과 같은 주가 달려 있다.

【高句驪】亦作麗 音離

【高句驪】(麗라고도 쓰고, 소리는 離로 읽는다)는 동이가 서로 전하는 바에 따르면 부여의

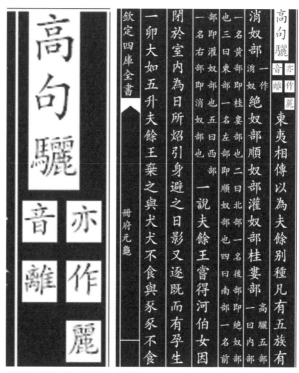

그림 6 『册府元龜』【麗】音 = 리(離)

　　한 갈래(別種)라고 한다.[17]

　　여기서 '亦作麗'는 '驪' 자 대신 '麗' 자로도 쓰인다는 설명이고, '音離'는 '麗' 자를
읽을 때는 음을 '리(離)'라고 읽어야 한다는 부분을 특히 강조하기 위해서 주를 단
것이다. 앞에서 보았듯이 麗音離(麗는 음이 離다.)라고 한 것은 지금까지 본 반절
법과 다른 직음법(直音法)이다. 다시 말해 高句麗나 高句驪는 '고구리(高句離)'처
럼 읽어야 한다는 점을 특별히 강조하기 위해 주를 단 것이다. 비록 단 한 번 나

---

17) 『册府元龜』 권956, 外臣部 種族. 〈高句麗 (亦作驪 音離) 東夷相傳以爲夫餘別種〉

왔지만 고구리(高句麗)의 소릿값이 당시 읽던 소리와 다르다는 것을 분명하게 밝히고 있다는 점에서 매우 중요한 자료라고 할 수 있다.

그렇다면 왜 麗音離(麗는 음이 離다)라고 했을까? 그것은 당송시대에 '麗' 자는 거성(去聲)일 때는 '례'라고 읽고, 평성(平聲)일 때는 '리'라고 읽었기 때문이다. 반면에 '離' 자는 거성이 없고 평성 '리'만 있었다. 그래서 쉽고 여러 가지 소리가 나지 않아 틀리지 않은 '리(離)'로 읽으라고 주를 단 것이다. 그렇지만 주음부호(1913)나 한어병음(1958)[18]과 같은 한자음 표기수단이 고안되기 전에는 '리(離)' 자도 결국 한자이기 때문에 그 글자를 어떻게 읽는지 모르는 사람은 '리(離)' 자에 대한 정확한 소릿값도 알기 어려울 수 있다. 이에 반해 일찍이 소리글(表音文字)인 훈민정음을 가진 우리 선조들은 이 문제를 해결할 방법이 있었다. 바로 훈민정음을 이용한 책『동국정운』이 있었다.

『동국정운』은 『훈민정음』이 반포된 다음해인 1447년 9월에 완성되고, 1448년 11월에 반포되었다. 『동국정운』은 중국 운서인 『홍무정운(洪武正韻)』(1375)을 바탕으로 한 사서인데, 홍무는 명나라 태조의 연호라서 명나라가 만든 '정운(正韻)'이라는 뜻이고, 『동국정운』은 훈민정음으로 만든 동국(조선)의 표준적인 운서라는 뜻에서 『동국정운』이라고 했다. 이 책은 옥편과 달리 운에 따라 분류한 운서(韻書)라서 한자(漢字) 한 글자 한 글자에 대한 음을 단 것은 아니고, 각 음(音)의 4가지 소리(四聲)에 따라 글자를 배치해서 옥편과는 사뭇 다르다. 그렇기 때문에 뜻을 아는 데는 쓸모가 없지만 2가지 이상의 소리를 내는 글자의 소리(音)를 밝

---

18) 주음부호(注音符號)는 1913년에 중국독음통일회에 의해 제정되었고 1918년에 중화민국 정부가 공표하였다. 지금 대만에서는 초등교육 초기에 주음부호를 배운다. 그러나 대륙에서는 중화인민공화국 건국 이후 한어병음방안으로 바뀌었다. 한어 병음(漢語拉音)은 중국어 한자음을 로마자로 표기하는 발음부호이다. 1958년 2월 11일 전국인민대표대회에서 정식 통화된 뒤 시행되었다.

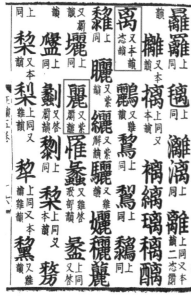

그림 7 『동국정운』 1

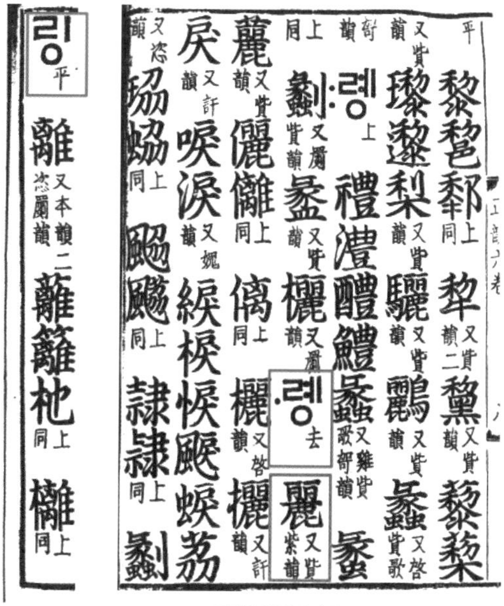

그림8 『동국정운』 2

히는 데는 아주 좋은 책이다.

『동국정운』에서 '麗' 자와 '離' 자를 찾아보면 다음과 같다.

이 책은 운서이기 때문에 음이 먼저 나온다.

【롕】[19] 거성 : 麗 (한국 음【려】)

【링】[20] 평성 : 離, 麗 (한국 음【리】)

여기서 보는 바와 같이 '麗' 자의 소릿값은 거성인 '롕'와 평성인 '링'라는 두 가

---

19) 롕=초성(ㄹ)+중성(ㅖ)+종성(ㅇ)을 나타낸다. 훈민정음 반포 당시는 반드시 초성·중성·종성을 함께 표
　　시해야 하는데 종성이 없는 글자는 종성(ㅇ)을 썼다. 그러니까 '롕=례'가 되는 것이다.
20) 위와 같은 이유로 '링=리'가 된다.

지 읽는 방법이 있지만, '離' 자는 평성 '리'라는 한 가지 소리밖에 없다. 그렇기 때문에 당시 이 사실을 근거로 선비들은 麗音離(麗는 음이 離다)라고 하면 바로 '麗' 자를 거성인 '례' 자로 읽지 않고 평성인 '리'로 읽는다는 사실을 알게 되었던 것이다.

결론은 '高句麗=고구리'로 읽어야지 '高句麗=고구례'로 읽으면 안 된다는 주석을 정확하게 단 것이다.

6. 1042~1091년(송)『법화경삼대부보주』法華經三大部補注의 고리高麗에 대한 소릿값

당나라가 멸망하고 군웅할거 시대가 되면서 북쪽은 907년 일어난 이민족 거란의 요(遼)나라가 차지하게 되고, 남쪽은 후당(後唐)·후한(後漢)·후주(後周) 같은 단명한 나라들을 이어 송(宋)나라가 들어서면서 안정을 되찾고 흔히 당송문화(唐宋文化)라고 말할 정도의 문화가 발전하였다. 특히 유교와 불교가 문화를 이끄는 견인차가 되면서 수많은 책들이 빛을 보게 된다.

불교 천태종 4조(四祖) 지의(智顗, 538~597)가 천태종의 바탕이 되는 소의경전(所依經典)인 묘법연화경에 관계되는 삼대부(三大部)를 지었는데, 『묘법연화경현의(妙法蓮華經玄義)』, 『묘법연화경문구(妙法蓮華經文句)』, 『마하지관(摩訶止觀)』을 말한다. 그 뒤 담연(湛然, 711~782)이 『법화현의석첨(法華玄義釋籤)』이라는 주석서를 냈고, 송나라에 들어와 종의(從義, 1042~1091)가 그 주에 또 보주(補註)를 단 것이 『법화경삼대부보주(法華經三大部補注)』다. 그 보주(補註)에 다음과 같은 용어 해설이 나온다.

『법화현의석참(法華玄義釋籤)』에서는 高麗라고 했다.

【麗】(字의 音)은 려(呂)+지(支)의 반절음으로 읽어야 하며, 동이의 나라이름이다. 『논어』에 이르기를, 공자는 9이(九夷)에서 살고 싶다고 했다. 『(상서)정의(正義)』에는 ① 현도(玄菟), ② 낙랑(樂浪), ③ 고리(高驪), ④ 만식(滿飾), ⑤ 부유(鳧臾), ⑥ 색가(索家), ⑦ 동도(東屠), ⑧ 왜인(倭人), ⑨ 천비(天鄙)라고 했다. 지금 많은 공부하는 이들이 이것을 잘 모르기 때문에 특별히 알리는 바이다.[21]

高麗의 음(音)에 대한 주석인데 간추려 보면 다음과 같다.

【麗】려(呂)+지(支)의 반절음이다.

　① 려(呂, liwo)에서 ㄹ(l) 음을 따고

　② 지(支, ti)에서 ㅣ(i) 음을 따서

　③ ㄹ(l) + ㅣ(i) = 리(li)가 된다.

앞에서 본 육덕명의 力+支의 반절음에 비해 呂+支의 반절음이라고 했지만 결국 '高麗＝고리'로 읽어야 한다는 주석이다.

---

21) 宋 從義 撰, 『法華經三大部補注』, 卍新續藏第 28 冊 No. 0586. 〈釋籤云高麗 麗呂支切 東夷國名也. 論語云 子欲居九夷. 正義云 一玄菟二樂浪三高驪四滿飾 五鳧臾六索家七東屠八倭人九天鄙 今家學者多 有不曉 故特示之.〉 본문 텍스트는 CBETA, Chinese Electronic Tripiṭaka Collection (Version June 2016)에 따름.

7. 1039년(송)『집운』^{集韻}의 '麗'자 보기에 쓰인
고구리^{高句麗}에 대한 소릿값

『집운(集韻)』은 북송(北宋) 보원(寶元) 2년(1039) 정도(丁度) 등이 왕명을 받들어 지은 것이다. 수록된 글자는 5만 자가 넘어, 31년 전인 1008년 진팽년(陳彭年)·구옹(邱雍) 등이 칙명(勅命)에 따라 지은 『광운(廣韻)』의 2배나 되고, 다른 글자체(異體字)와 달리 읽는 소리(異讀)도 널리 수록하였다.

『집운』은 평성(平聲, 1~6권), 상성(上聲, 5~6권), 거성(去聲, 7~8권), 입성(入聲, 9~)으로 나뉘어 있고, '麗' 자는 평성과 거성에 실려 있는데 다음과 같다.

【麗】施也, 一曰高句麗 東夷國名 … [22]

【麗】베풀 리, 고구리(高句麗)를 들 수 있는데 동이(東夷)의 나라이름이다.

【麗】美也, 莊子麗譙之間[23]

【麗】아름다울 려. 『장자』의 려초지간(麗譙之間)[24]

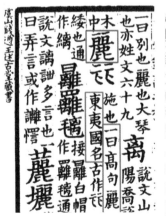

그림 9 『집운』 평성【리】   그림 10 『집운』 거성【려】

앞에서 보았듯이 '麗' 자는 거성일 때는 '례'로 읽고, 평성일 때는 '리'라고 읽는다. 한시를 지을 때는 운을 정확히 맞추어야 해서 성조가 아주 중요하다. 이처럼 시를 지을 때 운을 정확하게 찾아 지을 수 있도록 각 성조에 따라 글자들을 분류해 놓은 것이 『집운』이다. 아울러 그 성조에 맞는 보기를 들어놓았는데, 그 가운데 평성에 나오는 '麗' 자를 설명하면서 그 보기로 고구리(高句麗)를 들어 '麗' 자는 평성이고 지운(支韻)이기 때문에 '리'자로 읽어 맞추어야 한다고 했다. 다시말해 '麗'를 '리'라고 읽는 경우에 고구리(高句麗)나 고리(高麗)에 들어간다는 것을 표시한 것이고, 그만큼 중요하고 주의해야 하기 때문에 운서에 담은 것이다.

8. 1106년(송) 『당서석음(唐書釋音)』에 나타난 고리(高麗)의 소릿값

『신당서』는 송나라 인종(仁宗)의 칙명으로 구양수(歐陽修)·송기(宋祁) 등이 1060년 완성한 당나라의 정사이다. 송나라 때 새로운 당나라 기록이 많이 나타나자 『구당서』에서 틀린 것과 빠진 것을 보충·교정할 목적으로 만들었다. 『신당서』맨 끝에는 『당서』에 나온 단어 가운데 읽을 때 음이 틀리기 쉬운 글자를 모아 『당서석음(唐書釋音)』 25권을 덧붙여 놓았다. 이 석음(釋音)은 1106년 송나라 동형(董衡)이 지은 것으로 『신당서』에 나온 틀리기 쉬운 음과 뜻을 각 권별로 나누어 자세하게 편집해 놓았다. 이 『당서석음(唐書釋音)』에 나타난 '고리(高麗)' 음에

---

22) 宋 丁度 等 編, 『集韻』, 권1, 上海古籍出版社, 1985, 30쪽.

23) 宋 丁度 等 編, 『集韻』 권7, 上海古籍出版社, 1985, 469쪽.

24) 『장자』에 나온 '君亦必無盛鶴列於麗譙之間'에 나온 '麗譙'를 보기로 든 것인데 여기 나온 【麗】를 거성인 '례'(한국 음 려)로 읽어야 한다는 뜻이다.

대한 해석(釋音)을 모아보면 다음과 같다. [25]

〈표 1〉 『신당서』 『당서석음(唐書釋音)』에 보인 '麗' 자의 소릿값

번호	단어	당서 석음	당서 원문	반절	읽기	비고
1	高麗	권 1	권 2 본기 2	下 呂支切	呂+支의 반절	
2	高麗	권 1	권 3 본기 3	下 力支切	力+支의 반절	
3	高麗	권 3	권 21 예악지 11	下 力知切	力+知의 반절	魚麗=高麗
4	高麗	권 4	권 33 천문지 23	下 力知切	力+知의 반절	
5	高麗	권 5	권 43하 지리지 33하	下 隣知切	隣+知의 반절	
6	高麗	권 23	권 219 열전 144	下 隣之切	隣+之의 반절	
7	高麗	권 24	권 220 열전 145	下 隣知切	隣+知의 반절	

『신당서』에서는 나라이름을 고구리(高句麗)라고 쓰지 않고 고리(高麗)라고만
썼는데, 앞에서 보았듯이 당나라 때는 이미 그보다 200년쯤 전에 나라이름을 고
리(高麗)로 완전히 바꾸어 썼기 때문이다. 앞에서 보았지만 '고(高)' 자는 문제가
없소리라서 소릿값에 대한 주는 두 번째 글자인 '麗' 에만 집중적으로 달았다. 주
는 주로 下呂支切 下力知切 下隣之切[26]이라고 달려 있는데, 첫 글자 '하(下)' 는
고리(高麗) 두 글자 가운데 아래 글자인 '麗' 자에 대한 읽는 법이라는 뜻이고, 마
지막 '절(切)' 자는 앞에 나온 2자의 반절음(反切音)이라는 뜻이다.

　『신당서』에 나온 '麗' 자의 반절은 다음 3가지다.

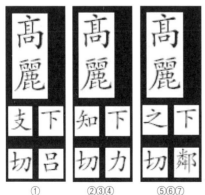

그림 11 『신당서』 『당서석음(唐書釋音)』에 보인 '麗' 자의 소릿값

①　　②③④　　⑤⑥⑦

呂(ㄹ, l)+支(ㅣ, i)=리(li)

力(ㄹ, l)+知(ㅣ, i)=리(li)

鄰(ㄹ, l)+之(ㅣ, i)=리(li)

결론은 高麗=고리로 읽어야 한다는 것이다.

그림12 『신당서』 『당서석음(唐書釋音)』(왼쪽은 부분 확대)

---

25) 上海古籍出版社 · 上海書店 刊 『二十五史』 6권을 참조함. 현재 국내에서 영인되어 많이 보급되어 있는 25사에는 『당서석음』 25권이 빠지고 없다.

26) 정리번호 3번 '魚麗 (下力知切陣名 下高麗音同)'라고 해서 高麗를 '고례'라고 읽지 않고 '고리'라고 읽는 것처럼 魚麗도 '어리'로 읽어야 한다는 예를 든 것이다.

9. 1285년(원)『자치통감주』資治通鑑注에 나타난
구리句麗·고구리高句麗·고리高麗에 대한 소릿값

『자치통감』은 중국 송(宋)나라 사마광(司馬光)이 1065~1084년 사이 19년 동안 편찬한 편년체의 사서이다. 약칭『통감』이라고 하는데 기원전 403년 주나라 때부터 959년 후주(後周)까지 1362년 동안의 역사를 다루었다. 이『자치통감』의 내용 가운데 많은 글자에 대해 원나라의 호삼성(胡三省)이 소릿값에 대한 주(音注)를 달아 놓았다. 이것은 고유명사는 본디 한자가 아니기 때문에 한자로 표기하는 과정에서 생기는 오류를 바로잡기 위해 하나하나 읽는 법을 덧붙인 것이다.

호삼성은 송·원 교체기 때 대주(臺州) 영해(寧海) 사람으로, 자는 원로(元魯) 또는 신지(身之), 호는 매간(梅磵)이다. 박학능문(博學能文)했고, 특히 사학(史學)에 뛰어났다. 송나라가 망하자 은거하여 관직에 나가지 않았다. 『자치통감음주(資治通鑑音注)』(원명은『자치통감광주(廣注)』) 97권을 펴냈는데, 원나라가 침공하면서 거의 잃어버렸다. 은거하면서 각고의 노력 끝에 지원(至元) 22년(1285)『자치통감주(資治通鑑注)』를 펴냈다.[27]

그렇다면 고구리(高句麗)는 7세기에 멸망하였는데 6세기가 지난 1285년 편찬된『자치통감주』의 기록이 얼마나 신빙성이 있는지 의아심을 가질 수 있다. 그러나 13세기에 주를 달았지만 그 주의 출처를 분명하게 밝혔고, 그 출처가 앞에서 보았던 당나라 육덕명(陸德明)의 책이기 때문에 믿을 만하다고 할 수 있다.

『자치통감주』에 나온 高句麗, 高句驪, 句麗, 高麗의 소릿값에 대한 주를 종합해 보면 다음의 〈표 2〉와 같다.

---

27) 임종욱,『중국역대인명사전』, 이회문화사, 2010.「호삼성」

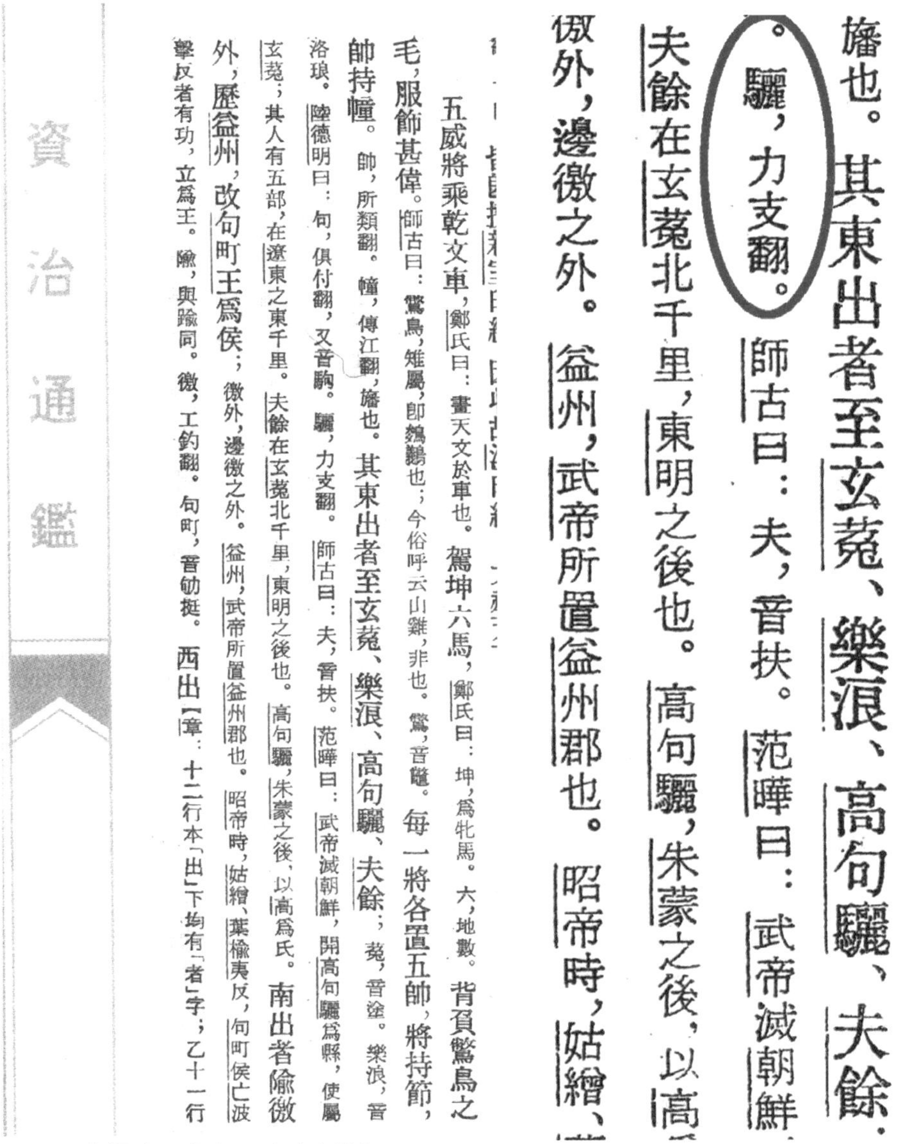

旛也。其東出者至玄菟、樂浪、高句驪、夫餘、

驪，力支翻。

師古曰：夫，音扶。范曄曰：武帝滅朝鮮、

夫餘在玄菟北千里，東明之後也。

高句驪，朱蒙之後，以高

益州，武帝所置益州郡也。昭帝時，姑繒、

倣外，邊徼之外。

五威將乘乾文車，（鄭氏曰：畫天文於車也。駕坤六馬，鄭氏曰：坤，為牝馬。六，地數。背負鷩鳥之毛，服飾甚偉。師古曰：鷩鳥，雉屬，即鷩鷄也。今俗呼云山鷄，非也。鷩，音鱉。）帥持幢。（帥，所類翻。幢，傳江翻，又音橦。旛，蒲官翻。）其東出者至玄菟、樂浪、高句驪、夫餘。（菟，音塗。樂浪，音洛琅。驪，力支翻。夫餘在玄菟北千里，東明之後也。師古曰：夫，音扶。范曄曰：武帝滅朝鮮，開高句驪為縣，使屬玄菟；其人有五部，在遼東之東千里。高句驪，朱蒙之後，以高為氏。南出者隃徼外，歷益州，（隃德明曰：句，俱付翻。）改句町王為侯。（隃，與踰同。徼，工釣翻。句町，音劬挺。益州，武帝所置益州郡也。昭帝時，姑繒、葉榆夷反，句町侯亡波外，歷益州，改句町王為侯。微外，邊徼之外。益州，武帝所置益州郡也。西出【章：十二行本「出」下均有「者」字；乙十一行擊反者有功，立為王。隃，與踰同。徼，工釣翻。句町，音劬挺。

그림 13 『자치통감』. 【리(麗)】 力+支의 반절(翻)

〈표 2〉에서 보면 수많은 기사에 高句麗 = 高麗라는 나라이름에서 '麗' 자를 읽을 때는 '리'로 읽으라고 강조하고 있는데, 주석을 단 나라이름을 간추려 보면 다음과 같다.

〈표 2〉『자치통감』에 보인 '高句麗', '高麗'의 소릿값

번호	단어	자치통감	사서와 연대	원전의 주석	읽기	비고
1	高麗驪	권 37	漢紀29　始建國 元年	句 俱付翻, 音 駒 驪 力支翻	句+付의 반절 句=구(駒) 力+支의 반절	陸德明日
2	高句驪	권 42	漢紀34 世祖 建武 8년	句音如字, 音 駒 巨俱翻,	句=구(駒) 巨+俱의 반절	
3	高句驪	권 48	漢紀40孝和 元興 원년	句 如字, 音 駒 驪 力知翻	句=구(駒) 力+知의 반절	
4	高句驪	권 49	漢紀41 孝安 永初 5년	句 如字, 音 駒 驪 力知翻	句=구(駒) 力+知의 반절	
5	高句驪	권 50	漢紀42 孝安 元初 5년	句 如字, 音 駒 驪 力知翻	句=구(駒) 力+知의 반절	
6	高句驪	권 50	漢紀42 孝安 建光 원년 정월	句 如字, 音 駒 驪 力知翻	句=구(駒) 力+知의 반절	驪讀日麗
7	高句驪	권 50	漢紀42 孝安 建光 원년 12월	句 如字, 音 駒 驪 力知翻	句=구(駒) 力+知의 반절	
8	高句驪	권 56	漢紀48 孝安 建寧 2년	句 如字, 音 駒 驪 力知翻	句=구(駒) 力+知의 반절	
9	高句驪	권 59	漢紀51 孝獻 初平 원년	句 如字, 音 駒 驪 力知翻	句=구(駒) 力+知의 반절	
10	句麗	권 72	魏紀4 烈祖 青龍 원년	句 如字, 音 駒 麗 力知翻	句=구(駒) 力+知의 반절	
11	高句麗	권 88	晉紀10 孝愍 建興 원년	句 如字, 音 駒 麗 力知翻	句=구(駒) 力+知의 반절	
12	高句麗	권 91	晉紀13 中宗 太興 2년	句 如字, 音 駒 麗 力知翻	句=구(駒) 力+知의 반절	
13	高句麗	권 91	晉紀13 中宗 太興 3년	句 如字, 音 駒 麗 力知翻	句=구(駒) 力+知의 반절	
14	高句麗	권 96	晉紀18 顯宗 咸康 4년	句 如字, 音 駒 麗 力知翻	句=구(駒) 力+知의 반절	
15	高句麗	권 96	晉紀18 顯宗 咸康 5년	句 如字, 音 駒 麗 力知翻	句=구(駒) 力+知의 반절	
16	高句麗	권 97	晉紀19 顯宗 咸康 8년	句 如字, 音 駒 麗 力知翻	句=구(駒) 力+知의 반절	
17	高句麗	권 100	晉紀22 孝宗 永和 11년	句 如字, 音 駒 麗 力知翻	句=구(駒) 力+知의 반절	
18	高句麗	권 104	晉紀26 烈宗 太元 2년 봄	句 如字, 音 駒 麗 力知翻	句=구(駒) 力+知의 반절	
19	高句麗	권 104	晉紀26 烈宗 太元 5년 봄	句音駒 麗 力知翻	句=구(駒) 力+知의 반절	
20	高句麗	권 106	晉紀28 烈宗 太元 10년	句 如字, 音 駒 麗 力知翻	句=구(駒) 力+知의 반절	
21	高句麗	권 109	晉紀31 安帝 隆安 원년	句 如字, 音 駒 麗 力知翻	句=구(駒) 力+知의 반절	
22	高句麗	권 111	晉紀33 安帝 隆安 4년	句 如字, 音 駒 麗 力知翻	句=구(駒) 力+知의 반절	
23	高句麗	권 112	晉紀34 安帝 元興 원년	句 如字, 音 駒 麗 力知翻	句=구(駒) 力+知의 반절	
24	高句麗	권 113	晉紀35 安帝 元興 3년	句 如字, 音 駒 麗 力知翻	句=구(駒) 力+知의 반절	

25	高句麗	권 114	晉紀36 安帝 義熙 원년	句 如字, 音 駒 麗 力知翻	句=구(駒) 力+知의 반절	
26	高句麗	권 114	晉紀36 安帝 元興 2년	句 如字, 音 駒 麗 力知翻	句=구(駒) 力+知의 반절	宋本 : 句 없음
27	高句麗	권 122	宋紀4 太祖 元嘉 12년 6월	句 如字, 音 駒 麗 力知翻	句=구(駒) 力+知의 반절	
28	高麗	권 122	宋紀4 太祖 元嘉 12년 11월	麗 力知翻	力+知의 반절	
29	高麗	권 123	宋紀5 太祖 元嘉 13년	麗 力知翻	力+知의 반절	
30	高麗	권 123	宋紀5 太祖 元嘉 15년	麗 力知翻	力+知의 반절	
31	高麗	권 136	齊紀2 世祖 永明 2년	麗 力知翻	力+知의 반절	
32	高麗	권 137	齊紀3 世祖 永明 9년	麗 力知翻	力+知의 반절	
33	高句麗	권 137	齊紀3 世祖 永明 10년	句 如字, 音 駒 麗 力知翻	句=구(駒) 力+知의 반절	
34	高句麗	권 149	梁紀5 高祖 天監 18년	句 如字, 音 駒 麗 力知翻	句=구(駒) 力+知의 반절	
35	高麗	권 178	隋紀2 高祖 開皇 17년	麗 力知翻	力+知의 반절	
36	高麗	권 178	隋紀2 高祖 開皇 18년	麗 力知翻	力+知의 반절	
37	高麗	권 181	隋紀5 煬帝 大業 6년	麗 力知翻	力+知의 반절	2번 반복
38	高麗	권 181	隋紀5 煬帝 大業 8년 정월	麗 力知翻	力+知의 반절	
39	高麗	권 181	隋紀5 煬帝 大業 8년 5월	麗 力知翻	力+知의 반절	2번 반복
40	高麗	권 182	隋紀6 煬帝 大業 9년 정월	麗 力知翻	力+知의 반절	
41	高麗	권 182	隋紀6 煬帝 大業 9년 4월	麗 力知翻	力+知의 반절	
42	高麗	권 182	隋紀6 煬帝 大業 9년 6월	麗 力知翻	力+知의 반절	3회 반복
43	高麗	권 182	隋紀6 煬帝 大業 10년	麗 力知翻	力+知의 반절	
44	高麗	권 182	隋紀6 煬帝 大業 11년	麗 力知翻	力+知의 반절	
45	高麗	권 182	隋紀6 煬帝 大業 12년	麗 力知翻	力+知의 반절	2회 반복
46	高句麗	권 189	唐紀6 高祖 武德 4년	句 音 駒 麗 隣知翻	句=구(駒) 隣+知의 반절	
47	高麗	권 190	唐紀6 高祖 武德 5년	麗 力知翻	力+知의 반절	
48	高麗	권 190	唐紀6 高祖 武德 7년	麗 力知翻	力+知의 반절	
49	高麗	권 192	唐紀8 高祖 武德 9년	麗 力知翻 新羅, 百濟	力+知의 반절 반절 無	
50	高麗	권 193	唐紀9 太宗 貞觀 5년	麗 力知翻	力+知의 반절	
51	高麗	권 195	唐紀11 太宗 貞觀 14년	麗 力知翻 高昌, 吐藩	力+知의 반절 반절 無	
52	高麗	권 196	唐紀12 太宗 貞觀 15년	麗 力知翻	力+知의 반절	
53	高麗	권 196	唐紀12 太宗 貞觀 16년	麗 力知翻	力+知의 반절	
54	高麗	권 197	唐紀13 太宗 貞觀 17년	麗 力知翻	力+知의 반절	2회 반복
55	高麗	권 197	唐紀13 太宗 貞觀 18년	麗 力知翻	力+知의 반절	
56	高麗	권 198	唐紀14 太宗 貞觀 21년	麗 力知翻	力+知의 반절	
57	高麗	권 198	唐紀14 太宗 貞觀 22년	麗 力知翻	力+知의 반절	
58	高麗	권 199	唐紀15 高宗 永徽 5년	麗 力知翻	力+知의 반절	
59	高麗	권 200	唐紀16 高宗 顯慶 4년	麗 力知翻	力+知의 반절	
60	高麗	권 200	唐紀16 高宗 龍朔 원년	麗 力知翻	力+知의 반절	
61	高麗	권 200	唐紀16 高宗 龍朔 2년	麗 力知翻	力+知의 반절	
62	高麗	권 202	唐紀18 高宗 咸亨 5년	麗 力知翻	力+知의 반절	

- 漢紀(BC246~AD219) : 고구리(高句驪) - 9개 기사

- 魏紀(220~265) : 구리(句麗) - 1개 기사

- 晉紀(265~418) : 고구리(高句麗) - 17개 기사, 18회(1번은 한 기사에 2회)

- 宋紀(420~479) : 고구리(高句麗) - 1개 기사, 고리(高麗) - 3개 기사

- 齊紀(479~502) : 고구리(高句麗) - 2개 기사, 고리(高麗) - 1개 기사

- 梁紀(502~557) : 고구리(高句麗) - 1개 기사

- 隋紀(581~618) : 고리(高麗) - 11개 기사, 16번

　　　　　　　　　(3번은 한 기사에 2회, 1번은 한 기사에 3회)

- 唐紀(618~671) : 고리(高麗) - 16개 기사, 17번(1번은 한 기사에 2회),

　　　　　　　　　고구리(高句麗) - 1개 기사

고구리(高句驪) —— 9개 기사

구리(句麗) ——— 1개 기사

고구리(高句麗) —— 21개 기사, 22회(1번은 한 기사에 2회)

고리(高麗) ——— 31개 기사, 37회(4번은 한 기사에 2회, 1번은 한 기사에 3회)

　　　　　　　　모두 62개 기사 69번

　　한(漢)나라 기사를 다룰 때는 모두 '고구리(高句驪)'를 써서 '麗' 자를 짐승을 나타내는 '驪'로 썼다. 3국시대에는 유일하게 위(魏)나라 기록에만 주를 달았는데 '구리(句麗)'라고 했다. 중국이 남북조시대라고 일컫는 남조의 송(宋)·제(齊)·양(梁)나라 때는 고구리(高句麗)와 고리(高麗)가 함께 쓰인 것을 볼 수 있다. 수(隋)·당(唐) 시기 기사 52개에는 고구리(高句麗) 한 번을 제외하고는 모두 고리(高麗)라는 나라이름을 쓰고 있는 것도 주목할 만하다. 장수왕(413) 때 나라이름을 고리

(高麗)로 고쳤기 때문이다. 자세한 내용은 〈고구리·고리사 연구〉 총서 2권에서 다룬다.

이처럼 『자치통감』에는 고구리(高句麗)·고리(高麗)에 대한 소릿값을 주로 단 기사는 모두 62개이다. 그리고 그 가운데 5개 기사에서는 한 기사에 2번 소릿값 주를 달고, 1개 기사에는 무려 3회에 걸쳐 소릿값을 달아 고구리(高句麗), 고구리(高句驪), 구리(句麗), 고리(高麗) 같은 나라 이름에 그 소릿값을 69회에 걸쳐 표시하였다. 『자치통감주』에서는 반(反)이나 절(切)이 아닌 번(翻)이라고 한 게 특이하다.

① 句 : 俱付翻, 音 駒, 句 如字

　구(句) : 句(ㄱ, k) + 付(ㅜ, P) = 구(ku), 구(句)라고 읽는다. 글자와 같다고 해서 句=구라는 것을 쉽게 알 수 있다.

② 驪 力支翻　力+支=驪(리)

　麗 力知翻　力+知=麗(리)

　麗 隣知翻　隣+知=麗(리)

자세한 내용은 다음 장에서 다루겠지만 『자치통감주』가 이처럼 수많은 주를 단 것은 '麗'나 '驪' 음을 '레'로 읽지 말고 반드시 '리'로 읽어야 한다는 점을 강조하기 위한 것이다. 다시 말해서 '麗' 자의 소리(音)는 본디 한자가 아니고 외국어를 표기한 것이니 주의해서 반드시 '리'라고 읽으라는 표기법을 말해 주고 있다.

결론은 高句驪 = 고구리, 高句麗 = 고구리, 高麗 = 고리라는 것이다.

둘째 마당

고구리(高句麗)·고리(高麗)의
소릿값에 대한 음성학적 분석

1. 고구리^{高句麗} ·고리^{高麗}는 한자가 아니다

한나라 이후 경서나 사서에서는 왜 고구리(高句麗)·고리(高麗)의 '麗' 자에 집중적으로 소릿값을 달았을까? 그것은 고구리(高句麗)·고리(高麗)가 자기 말·자기 글이 아니라 고구리(高句麗)의 고유한 말이었으며 한·당에게는 외래어였기 때문이다.

고구리(高句麗)에 대한 소릿값 가운데 시대가 가장 많이 올라간 『자치통감』에 나온 기사를 하나 보자. 전한(前漢)을 무너뜨리고 신(新)이란 나라를 세운 왕망(王莽)의 기사인데, 다음과 같다.

시건국(始建國) 원년(AD 9년) 가을 오위장(五威將) 왕기(王奇) 같은 12사람을 보내 …… 한장(將)에 수장(帥將) 5명씩을 두고 절수(節帥)를 지키고, 기(旗)를 갖추도록 하였다. 그 가운데 동쪽으로 나온 자는 현도, 낙랑, 고구리(高句麗), 부여에 이르고[주:토(菟) 자는 도(塗)라고 읽고, 악랑(樂浪)은 낙랑(洛琅)이라고 읽는다. 육덕명(陸德明)이 말하기를 구(句) 자는 구(俱자)와 부(付)자의 반절(半切)로 읽거나 구(駒)자로 읽으며, 려(驪) 자는 력(力) 자와 지(支) 자의 반절로 읽는다. 부(夫) 자는 부(扶) 자와 같이 읽는다.] …….[28]

여기서 눈여겨 보아야 할 부분이 고유명사를 읽을 때 주의해야 할 소릿값에 대한 주를 단 것이다.

(菟音塗 樂浪音洛琅 陸德明日 句俱付翻 又音駒 驪力支翻 師古曰 夫音扶)
[주:토(菟) 자는 도(塗), 악랑(樂浪)은 낙랑(洛琅)이라고 읽는다. 육덕명(陸德明)이 말하기를, 구(句) 자는 구(俱) 자와 부(付) 자의 반절(半切)로 읽거나 구(駒) 자로 읽으며, 려(驪) 자는 력(力) 자와 지(支) 자의 반절로 읽는다. 부(夫) 자는 부(扶) 자와 같이 읽는다.]

더 쉽게 설명하면 현도, 낙랑, 부여, 고구리(高句麗)를 읽는 법을 설명한 것이다.

菟 : 도(塗)와 같은 음이다.
樂浪 : 낙랑(洛浪)과 같은 음이다.
夫 : 부(扶)와 같은 음이다.
句 : 俱+付의 반절 도는 구(駒) 자와 같은 음이다.

---

28) 『資治通鑑』, 권37, 漢紀 29 王莽. 〈始建國元年秋 遣五威將王奇等十二人 …… 每一將各置五帥將持節帥
持幢 其東出者 至玄菟樂浪高句驪夫餘 (菟音塗 樂浪音洛琅 陸德明日 句俱付翻 又音駒 驪力支翻 師古曰
夫音扶) ……〉

驪 : 力+支의 반절이다.

이것은 다음과 같이 읽으라는 것이다.

현토(玄菟) → 현도(玄塗)

악랑(樂浪) → 낙랑(洛浪)

부여(夫餘) → 부여(扶餘)

고구려(高句驪) → 고구리(高句驪)

고구리(高句驪)에서는 '高' 자만 빼고 '句' 자와 驪에 모두 주석을 달아 '구(句)' 자는 '구(俱)' 자와 '부(付)' 자의 반절(半切)로 읽거나 '구(駒)' 자로 읽으며, 려(驪) 자는 력(力) 자와 지(支) 자의 반절로 읽으라고 했다. 더 간추리면 다음과 같다.

高(고) 문제가 없으니 보통 읽듯이 읽는다. 그래서 주가 없다.

句(구) 俱(구)+付(부)의 반절이니, '구'에서 첫음절인 'ㄱ', '부'에서 'ㅜ'를 취해 합치면 '구'가 된다. 또는 구(駒)자로 읽는다. 다행히 우리나라 한자 읽는 법과 다르지 않다.

驪(리) '력(力)' 자와 '지(支)' 자의 반절이니 '력'에서 'ㄹ', '지'에서 'ㅣ'를 취해 합치면 '리'가 된다.

이 내용을 종합하면 '高句驪=고구리'로 읽으라는 주석이 된다.

현도, 낙랑, 부여, 고구리(高句麗)가 중원의 행정구역이나 나라이름이 아니고, 모두 옛 조선의 지명이나 나라이름이었기 때문에 본디 한자 이름이 없었다. 그래서 조선에서 쓰던 이름을 소리글이 아니고 뜻글인 한자로 옮겨 적게 된다. 현재 코카콜라를 '크어커 크얼러(叮口叮樂)'라고 옮기면서, 소리를 비슷하게 하고, 뜻도 '마실 수 있고 즐길 수 있다'는 식으로 비슷하게 만든 것과 같다. 그 때 어느 정도 뜻과 소리를 감안해서 단어를 만들었는데, 소릿값이 하나가 아닌 글자는 사람에 따라 다른 소리를 내게 된다. 그런 혼란을 피하기 위해 옛 조선에서 실제 쓰고 있는 이름과 같은 소리를 내도록 주석을 단 것이다.

같은 외국의 나라이름이라고 하더라도 신라, 백제 같은 나라는 주를 달지 않고 고리(高麗)만 주를 단 경우가 있는데, 신라와 백제라는 나라이름은 신라어나 백제어로 쓰이고 있는 이름이 아니라 한자로 지은 이름이기 때문에 그대로 읽어도 문제가 없었기 때문이다. 그러나 부여나 고구리(高句麗) 같은 이름은 부여나 고구리(高句麗) 나라말로 쓰이던 것을 한자로 표기한 외래어였기 때문이다. 다음 기사를 보면 쉽고 뚜렷하게 알 수 있다.

武德九年十二月 新羅百濟高麗三國有宿仇(北史曰 … 麗力知翻) 迭相攻擊

무덕 9년 12월, 신라·백제·고리(高麗) 3국은 오랜 원한이 있어(북사에 이르기를…… '麗' 자의 소릿값은 力과 知의 반절로 읽는다) 서로 자주 공격한다.[29]

이 기사는 신라, 백제, 고리(高麗) 세 나라의 관계를 설명한 것인데, 세 나라가 모두 다른 나라의 이름임에도 불구하고 오로지 고리(高麗)를 읽는 소릿값만 주로 달았다. 그것은 신라와 백제는 당시 한자음과 차이가 없지만 고리(高麗)의 '麗' 자는 읽는 법에 특별히 주의를 기울여야 했기 때문이다. 다시 말해 신라와 백제는 한자식 이름이지만 '고리(高麗)'는 음을 따서 만든 외래어 이름이기 때문이다.

우리나라 3국만이 아닌 다른 나라 이름과 함께 나온 때도 마찬가지다.

---

29) 『자치통감』권192, 唐紀 8 高祖 下之下.

於時四方學者雲集京師 乃至高麗百濟新羅高昌吐藩 諸酋長 亦遺子弟請入國學 升講筵者

至八千人(…… 麗力知翻 ……)

이 때 4방의 학자들이 구름처럼 서울로 몰려들었는데, 고리(高麗), 백제, 신라, 고창, 토번

의 여러 우두머리들도 자제들이 입국해 공부하게 해달라고 요청했다. 강연에 참가하는

사람이 8,000명에 이르렀다.(…… '麗' 자의 소릿값은 力과 知의 반절로 읽는다.)[30]

이 기사에서는 백제, 신라는 물론 고창(高昌), 토번(吐藩) 같은 나라 이름이 나

오는데 오로지 고리(高麗)에만 소릿값 읽는 법을 주로 달았다. 고리(高麗)의 소릿

값에 특별히 주를 달아야 할 만큼 '麗' 자 음이 당시 읽은 소릿값과 달랐던 것이

다. 이처럼 주변의 나라와 종족 이름이 달라 특별히 소릿값을 주로 단 것은 그 밖

에도 돌궐(突厥), 거란(契丹), 말갈(靺鞨) 같은 것들이 있는데, 모두 외국의 이름을

한문으로 옮기면서 원음에 가깝게 읽도록 주를 단 것이다. 이런 이름들은 뒤에

따로 다루기로 한다.

2. 경서와 사서에 나타난 고구리, 고리 소릿값의 음성학적 검토

1) 【麗】 자의 소릿값(音價)

앞에서 본 것처럼 여러 경서나 사서에서 '麗'를 읽는 소릿값에 대해 주의를 환기

시키고 있다. 그렇다면 왜 이처럼 소릿값에 대해 주의를 환기시키고 있을까? 그것

---

30) 『자치통감』 권195, 唐紀 11, 太宗 中之下.

은 첫째 당시 일반적으로 읽고 있는 소릿값과 다르기 때문이고, 둘째 소릿값이 하나가 아니고 둘이기 때문이다. 그렇기 때문에 우선은 당시의 소릿값이 어떤 것인지를 정확히 파악할 필요가 있다. 한자의 상고음과 고대음을 편집한『한자고금음휘(漢字古今音彙)』[31]에 나온 '麗' 자의 소릿값을 보면 다음과 같다.

【麗】: [평성]=呂支의 반절음, [거성]=郞計의 반절음

① 뚱퉁화(董同龢)의 상고음 : [평성] lieg, [거성] lieg

② 칼그렌(Bernhard Kalgren)의 상고·고대·북경음 : [평성] 없음, [거성] lieg/liei/li

③ 추파까오(周法高)의 상고·고대음 : [평성] lieɣ/lii, [거성] leɣ/liɛi

이 내용을 간추려 보면 ① 상고음은 평성이나 거성이나 모두 우리나라의 '례'에 가깝다. ② 고대음[32]에 대해서는 칼그렌[33]은 [거성] liei 만 있고 평성은 없다고 했고, 추파까오는 [평성] lii [거성] liɛi를 구분하였다. 칼그렌에 따르면 6세기 고대음에 평성 '리'는 없고 거성 '례'만 있고, 추파까오에 따르면 이때 이미 평성 '리'와 거성 '례'가 함께 존재했던 것이다. 다시 정리하면, 당나라 때인 6세기에는 '麗'가 '례'로 읽혔거나, 평성은 '리', 거성은 '례'로 읽혔다는 것이다. '평성=리', '거성=례'로 읽는다는 것은 앞에서 본『동국정운』에 뚜렷히 나와 있었다. 이는

---

31) 周法高 외 3인 편찬,『漢字古今音彙』, 中文大學出版社, 홍콩, 1974년 초판, 1982 3차 인쇄본, 405쪽.

32) 현재 한국 국어학계에서는 '중고음'이라고 하지만『漢字古今音彙』의 'ancient'를 직역하여 '고대음'으로 한다.

33) 칼그렌(Bernhard Karlgren, 1889~1978)은 스웨덴의 동양학자·언어학자이다.『중국 음운학 연구』(1915~ 1926)를 써서 수·당(隋唐)의 중고한어(中古漢語)의 음계(音系)를 비교언어학의 방법으로 복원하였는데, 이는 중국어의 사적(史的) 연구에 필수적 명저가 되었다.

고대는 물론 『동국정운』이 바탕으로 한 『홍무정운』을 낸 명나라 때까지도 거성은 '례'로 읽었다는 것을 알 수 있다. 그 뒤 청나라 만주족들이 한자를 받아들여 형성한 Mandarin Chinese에서는 평성이나 거성이 모두 '리'로 읽히게 되었다.[34]

여기서 우리는 『상서주소』, 『경전석문』, 『신당서』, 『자치통감』 같은 책에 '麗' 자의 소릿값에 대해 많은 주를 단 이유를 알 수 있다. 다시 말해서 고구리(高句麗)는 본디 한문이 아니라 고구리(高句麗) 나랏말을 한자로 옮긴 것이기 때문에 ① 당시 일반적으로 사용하고 있던 거성 '례'라고 읽으면 안 된다거나 ② 거성과 평성 가운데 어떤 성조로 읽어야 하는지를 밝히기 위한 것이었다.

『상서주소』, 『경전석문』, 『신당서』, 『자치통감』 같은 책에 나온 '麗' 자 소릿값에 대한 주를 간추려 보면 다음 5가지로 모아볼 수 있다.

① 力支翻(『상서주소』1개, 『경전석문』1개, 『신집장경음의수함록』3개, 『자치통감』1개)

② 力知翻(『신당서』3, 『자치통감』67개)

③ 隣知翻(『신당서』2, 『자치통감』1개)

④ 呂支切(『법화경삼대부보주』1, 『신당서』1개)

⑤ 隣之切(『신당서』1개)

위의 5가지 반절은 力, 隣, 呂 같은 3자의 첫 낱소리(音素)이고, 끝소리(終聲音)는 支, 知, 之 같은 3자의 끝 낱소리이다. 먼저 첫 낱소리 3글자를 보면 자음과 같다.

---

34) 항간에 '고구리'나 '고리'가 중국식이라는 주장은 시대에 따라 달라진 음의 변천을 고려하지 않아 생긴 잘못이다. 고구리(高句麗)와 같은 시대인 당나라에서도 거성으로 읽을 경우 '례'로 읽었다. 중국어에서 거성 麗가 '리'로 변한 것은 청나라 이후이기 때문에 '리=중국식'이라고 하는 것은 중국 음운의 역사적 변천을 연구하지 않고 지금 쓰이는 북경음만 가지고 이야기하는 것은 사리에 맞지 않는다.

▓ 첫 낱소리(聲母)

力 [입성]

① 칼그렌(Bernhard Kalgren)의 고대음 : li̯ək

② Chou Fa-kao(周法高)의 고대음 : liek

隣 [평성]

① 칼그렌(Bernhard Kalgren)의 고대음 : len

② Chou Fa-kao(周法高)의 상고·고대음 : lien/lɪen

呂 [상성]

① 칼그렌(Bernhard Kalgren)의 고대음 : li̯wo

② Chou Fa-kao(周法高)의 고대음 : lio

고대음에서 첫 낱소리는 모두 'l(ㄹ)'로 나오기 때문에 더 살펴볼 필요도 없다. 때문에 가장 중요한 것은 끝 낱소리(韻母)이다. 『상서주소』, 『경전석문』, 『신집장경음의수함록』, 『법화경삼대부보주』, 『자치통감』, 『신당서』에 나오는 끝낱소리 3자의 소릿값을 보면 다음과 같다.

지(知) [평성]

① 칼그렌(Bernhard Kalgren)의 고대음 : ti̯e

② Chou Fa-kao(周法高)의 상고·고대음 : ti̯ɪ

支 [평성]

① 칼그렌(Bernhard Kalgren)의 고대음 : tśi̯e

② Chou Fa-kao(周法高)의 고대음 : tśi̯ɪ

지(之) [평성]

① 칼그렌(Bernhard Kalgren)의 상고·고대·북경음 : t́si

② Chou Fa-kao(周法高)의 고대음 : t́si

이상 3글자의 소릿값을 보면 먼저 모두 평성이라는 것이 눈에 뜨인다. 그렇기 때문에 추파까오가 추정한 麗의 두 가지 음 '리(평성)'와 '례(거성)' 가운데 평성인 '리'를 택해야 하며, 그렇게 되면 '高句麗=고구리', '高麗=고리'가 된다.

반절법으로 보기 위해 마지막 낱소리를 정리해 보면 다음과 같다.

	知	支	之
칼그렌	ie̯	ie̯	i
추파까오	iɪ	iɪ	i

음성학에서 보면 모든 글자는 聲母(자음, 닿소리) + 韻母(모음, 홀소리)로 구성된다. 그리고 운모(모음, 홀소리)는 韻頭(開母音, 여는홀소리) + 韻腹(으뜸홀소리) + 韻尾(끝소리)로 구성되는데 다음 4가지 조합으로 이루어진다.

① 韻腹(으뜸홀소리)

② 韻頭(開母音, 여는홀소리) + 韻腹(으뜸홀소리)

③ 韻腹(으뜸홀소리) + 韻尾(끝소리)

④ 韻頭(開母音, 여는홀소리) + 韻腹(으뜸홀소리) + 韻尾(끝소리)

여기서 ①을 제외한 ②, ③, ④는 겹홀소리(複母音)가 된다.

'麗' 자의 반절음 가운데 운모를 보면 ① 韻腹(으뜸홀소리)과 ③ 韻腹(으뜸홀소리) + 韻尾(끝소리) 두 가지다.

① [-i-], ② [-iɪ-], ③ [-ie̯-]

'之'는 칼그렌이나 추파까오나 모두 韻腹(으뜸홀소리)으로만 이루어졌다고 보았고 [-i-]라고 읽었기 때문에 더 논의가 필요하지 않다.

'知'와 '支'는 두 사람 모두 韻腹(으뜸홀소리) + 韻尾(끝소리)로 이루어진 겹홀소리(複母音)로 추정하였는데, 추파까오는 [-iɪ-]로 읽는 반면, 칼그렌은 [-ię-]로 읽어 차이가 난다. [-iɪ-]음은 [-i-]가 으뜸홀소리(核母音, 韻腹)이고 [-ɪ-]은 끝소리(韻尾)이기 때문에 으뜸홀소리 [-i-]를 취하면 우리 소리에서는 [-i-]가 된다. 끝소리(韻尾) [-ɪ-]를 추파까오의 절운표에서 보면 [-i-]와 [-e-] 사이에 나오는 소리로 [-i-]에 가깝기 때문에 실제 발음할 때는 거의 [-i-] 소리와 같아, 한국말 소리에서 [-i-]로 하는 것은 무리가 없을 것이다.

한편 [-ię-]에서는 [-i-]가 으뜸홀소리이고 [-ę-]가 끝소리이다. 칼그렌의 음성기호 표시 가운데 [-ę-]는 닿소리 같은(輔音性) [-e-]라고 했다.[35] 중국 음성학에서 닿소리 같은 음이란 한국 음성학에서 말하는 버금홀소리(副母音)와 비슷한 것으로, 음절의 핵심을 이루지 못하여 실제 소리를 낼 때는 잘 안 들릴 수도 있는 소리이다. 그렇기 때문에 [-ię-]에서 으뜸홀소리를 취해 한국어에서 [-i-]로 읽을 수 있는 것이다.

이와 같이 '麗' 자의 반절음 가운데 운모 ① [-i-], ② [-iɪ-], ③ [-ię-]는 모두 으뜸홀소리인 [-i-]로 읽을 수 있고, 이것을 성모와 합치면 [-li-]가 된다. 따라서 '高句麗 = 고구리', '高麗 = 고리'가 되는 것이다.

참고로 우리나라 국어사학계에서 연구한 '支'의 소릿값을 덧붙이고자 한다. '支'의 소릿값을 여러 각도에서 분석하고, 지명표기와 향찰표기 자료에서 그 용례를 확인하는 방법으로 이렇게 결론을 내리고 있다.

---

35) 『한자고금음휘』 서문 4쪽, " 是輔音性的 i"

고구리 : ki, ti

백제　　: ki

신라　　: ti, ki, tʃi

'支', '脂'의 으뜸홀소리(韻腹) [-e-]는 여는홀소리(開母音) [-i-]와 이어지면 고대 국어 홀소리 체계상 가장 가까운 /i/로 반영된다는 것이다. 물론 이 경우 상고음을 취했기 때문에 [-i-]가 으뜸홀소리가 아니고 여는홀소리가 된다. 그렇지만 결국 한국 고대 국어 체계상 [-i-]가 된 것이다.[36]

한편 732년에 건립된 돌궐의 『퀼티킨비문(闕特勤碑文)』에서는 고구려를 'Bükli'라고 했다. 비문은 6세기 후반 돌궐왕국을 창건한 토문가한(土門可汗)과 질점밀가한(室點密可汗)이 죽었을 때 조문사를 파견한 기록인데, 끝이 'li'로 끝나는 것도 주목할 만하다. 〈고구리·고리사 연구〉 총서 3권에서 다시 자세히 본다.

2) '句' 자의 소릿값(音價)

『상서주소』와 『경전석음』에서 육덕명은 구(駒)에 다음과 같은 주를 달았다.

駒 俱付反 又如字

또 『자치통감』에서는 〈표 2〉에서 보는 바와 같이 구(句)에 대한 소릿값은 모두 27개가 나오는데 주로 다음 같다.

---

36) 최남희, 「고대 국어 표기 자료 '支'의 소릿값」, 『한말연구』(3), 1997, (임병준, 「고구려 언어에 대하여」 『고구려 연구』(9), 2000 재인용)

句音如字, 又音駒, 又巨俱翻(정리번호 1)

句如字, 又音駒(정리번호 2~27번, 19번만 句音駒)

이 내용들을 정리해 보면 주로 다음 3가지로 볼 수 있다.

(1) '구(句)' 자는 글자 그대로 읽는다(句音如字, 句如字).

이것은 당시 쓰이는 소릿값과 차이가 없으니 특별히 주의하지 않고 글자대로 읽으면 된다는 뜻이다.

句 [평성] [거성]

① 뚱퉁화(董同龢)의 상고음 : [평성] kûg, [거성] kûg

② 칼그렌(Bernhard Kalgren)의 상고·고대·북경음 :

　　　　　　　　　[평성2] ku/kəu/kou, [거성] ki̯u/ki̯u-/kü

③ Chou Fa-kao(周法高)의 상고·고대음 : [평성] kew [거성] kəu

句는 평성과 거성 두 가지 음이 있다. 평성일 경우 상고음은 권위 있는 뚱퉁화와 칼그렌이 모두 ku(구)로 읽고 있다. 이 경우 뚱퉁화의 상고음 kûg에서 'g' 소리는 음의 변천 과정에서 탈락한 것이기 때문에 'ku(구)'로 읽는다. 반면에 고대음(중고음)은 칼그렌은 평성 kəu, [거성] ki̯u, 추파까오는 평성과 거성 모두 kəu이다. 추파까오는 으뜸홀소리를 밝히지 않고 있지만 권위 있는 칼그렌의 추정에 따르면 평성[-əu-], 거성 [-i̯u-]로 모두 으뜸홀소리가 [-u-]이고, 열린홀소리로 쓰인 [-ə-], [-i̯-]는 모두 자음 같은(輔音性) 버금홀소리 [-e̯-]이 이기 때문에 우리 음으로 옮길 때는 무시할 수 있다. 그렇기 때문에 '句=구'라고 할 수 있다.

(2) '구(句)' 자는 '俱+付'의 반절음으로 읽는다.

'구(句)' 자의 소릿값을 맨 먼저 언급한 것은 육덕명이 '구(句)는 구(俱)와 부(付) 자의 번(翻)이다. 또 음은 구(駒)이다'라고 했고, 『자치통감』에서는 "陸德明曰 句俱付翻, 又音駒"라고 육덕명 문장을 그대로 인용해서 내용은 같다. 먼저 위에서 본 반절법으로 '구(句)' 자의 소릿값을 매겨보기로 한다.

句俱付翻 : 구(句)는 구(俱)와 부(付) 자의 번(翻=半切)이다.

① '俱' 자의 중고음은 [-kiu-](칼그렌)이기 때문에 성모(닿소리)는 [-ku-]이다.
② '付' 자의 중고음은 [-piu-](칼그렌)인데, [-u-]가 으뜸홀소리(主母音)이고 [-i-]는 닿소리 같은 버금홀소리(副母音)이기 때문에 [-u-] 소리를 취한다.[37]

따라서 '구(俱)' 자의 첫 낱소리(初聲音素)[38] [-ku-]와 부(付) 자의 끝 낱소리(終聲音素)[39] [-u-]를 합치면 [-ku-]가 되어 한국말의 '구'로 읽게 된다.

(3) '구(句)' 자는 '구(駒)' 자의 음과 같다(音駒, 句音駒).

이것도 육덕명이 먼저 이야기하고 『자치통감』이 그대로 옮긴 것이다.

---

37) 그 밖에도 『자치통감』에는 句音如字, 又音駒, 又巨俱翻 (구음은 글자대로 읽거나 駒 음으로 읽으며, 巨 자와 俱 자의 반절로 읽는다)과 같은 여러 가지 표현이 나오지만 결국은 ★구★ 자를 말하는 것이다.
38) 한자음에서 음절의 닿소리를 성모(聲母)라고도 한다.
39) 한자음에서 성모(聲母)를 뺀 나머지 부분을 운모(韻母)라고도 한다.

駒 [평성]

　　① 뚱퉁화(董同龢)의 상고음 : kiug

　　② 칼그렌(Bernhard Kalgren)의 상고·고대·북경음 : ki̯u / ki̯u / kü

　　③ 추파까오(周法高)의 상고·고대음 : kjew / kiuo

　　뚱퉁화와 칼그렌의 상고음과 고대음을 보면 모두 구(ku)로 읽는다는 것을 알 수 있다. kug에서 'g' 음은 'h' 음으로 변했다가 탈락한 음이고 와 'u' 음에서는 으뜸 홑소리인 'u' 음을 택하면 '구(ku)'가 되는 것이다.

　　이상에서 본 바와 같이 고구리(高句麗)의 句는 우리나라가 현재 쓰는 음과 같이 '구(ku)'로 읽어야 한다는 것을 알 수 있다.

3) '高' 자의 소릿값(音價) 읽기

　　중국의 사료에서 고구리(高句麗)와 고리(高麗)의 소릿값 읽기에 대한 것을 찾아보면, 句자와 麗자에 대해서는 자주 나타나지만 고(高)자에 대한 것은 보이지 않는다. 그것은 '고(高)' 자는 당시 중국이 쓰고 있는 음을 그대로 읽기 때문에 따로 주석을 달 필요가 없었다는 것을 뜻한다. 그렇다면 당시 중국에서 '고(高)' 자를 어떻게 읽는가만 밝히면 간단히 결론이 난다.

　　『한자고금음휘(漢字古今音彙)』에서 고(高) 자를 찾아보면 다음과 같다.

高 [평성]

　　① 뚱퉁화(董同龢)의 상고음 : kg

② 칼그렌(Bernhard Kalgren)의 상고·고대·mandarin : kog/ kau/ kao

③ 추파까오(周法高)가 재구성한 상고·고대음 : kaw(상고음) / kau(고대음)

①, ②, ③에서 상고음과 고대음을 정리해 보면 다음과 같다.

	상고음	고대음	mandarin
뚱퉁화(董同龢)	kôg		
칼그렌	kog	kâu	kao
추파까오(周法高)	kaw	kau	

여기서 상고음은 kôg, kog 인데 추파까오가 재구성한 것은 kaw이다. 앞에 나오는 두 사람의 상고음은 모두 [-ô-]와 [-o-]로 한국어의 '오'와 같은 음이다. 두 사람의 상고음을 재구성했다는 추파까오는 'aw'와 'au'로 상고음과 고대음이 변화가 없다고 하였다. 뚱퉁화는 상고음만 전문으로 구성하였고, 칼크렌 역시 상고음과 고대음을 분명하게 구분한 권위 있는 학자들이라서 먼저 나온 두 가지 소리를 취하는 것이 타당하다고 본다. 뚱퉁화와 칼그렌이 高의 음이라고 한 'kôg'와 'kog'에서, 마지막 끝소리(終聲) 'g'는 언어 변천과정에서 'h'로 변했다가 끝내 탈락해버린 음이기 때문에 읽지 않고, 'kô'와 'ko'로 읽어야 하기 때문에 한글로 옮기면 모두 'ko(고)'로 읽게 된다. 이렇게 보면 高자는 상고음 'ko(고)', 고대음 'kau(가우)', 현대 만다린에서 'kao(가오)'로 변천했음을 알 수 있다.

다시 간추려 보면 고구리(高句麗)는 상고음으로는 '고구리'가 되고, 고대음(중고음)으로는 '가우구리'가 되며, 만다린에서는 '가오구리' 가 된다. 그러나 413년부터는 이미 나라이름을 고리(高麗)라고 바꾸어 불러서 '가우구리'라고 불린 적은 없었을 것이다. 고리(高麗)는 상고음으로는 '고리'가 되고, 고대음(중고음)으로는 '가우리'가 되고 북경음 만다린으로는 '가오리'가 된다. 그런데 413년 이전에는 '고구리(高句麗)' 로 불렀던 '고' 자를 413년 나라 이름을 고리(高麗)로 바꾸면서 '가우'로 바꾸어 부르지는 않았을 것이다. '高' 소릿값을 상고음에서 찾을 것인지 고대음에서 찾을 것인지는 고구리(高句麗)의 기원 시기를 거슬러 올라가 보아도 알 수 있다. 서한(西漢)이 옛 조선을 멸망시키고 세운 4군 가운데 하나인 현도군에 고구리현(高句麗縣)이 나온다. 사서에서 고구리(高句麗)에 관해서 가장 먼저 나온 기록이다. 이것은 BC 2세기에 이미 고구리(高句麗)라는 이름이 있었고, 이 기록은 당시의 고구리(高句麗)에서 쓰고 있던 음을 그대로 불렀기 때문에 나라이름을 바꾸어 700~800년 뒤의 고대음을 쓰지는 않았을 것이다. 고대음은 고구리(高句麗) 말기인 AD 600년 무렵의 소리여서 우리는 상고음에서 그 본디 소리를 찾는 게 옳을 것이다.

3. 고리高句麗의 음의(音義)에 대한 기존 연구 검토

1) Bernhard Karlgren의 '高麗＝Kau-li'

칼그렌은 '高麗＝Kau-li[40]'라고 하였다. 중국의 사서에 정통한 칼그렌은 '麗＝li(리)'라고 분명히 인식하고 있었다. 그런데 왜 '高＝Kau'라고 했을까? 그것은 앞에서 본 바와 같이 '高' 음을 상고음으로 읽지 않고 고대음으로 읽었기 때문이다. 앞에서도 보았지만 『당서석음』이나 『자치통감주』의 고구리(高句麗)에서 句와 麗에 대한 소릿값은 여러 차례 주를 달아 명확하게 하고 있으나 高에 대해서는 주가 전혀 없다. 당시의 소릿값대로 읽으면 된다는 것이다. 칼그렌의 사전[41]에 나

---

40) Bernhard Karlgren, Analytic Dictionary of Chinese and Sino-Japanese, Ch'eng-wen Publishing co., Taipei, 1966, p.176.

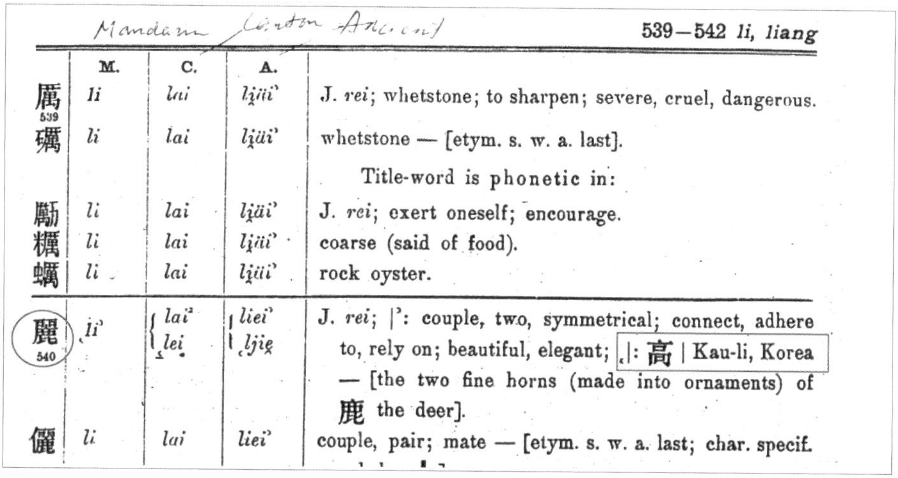

그림 14 Bernhard Karlgrend의 Kau-li

온 소릿값을 보면 상고음＝kog／고대음＝kâu／북경음＝kao이다. 만일 칼그렌이 상고음을 택했더라면 '高麗＝Kori(고리)'가 되었을 텐데 고대음을 택하여서 '高麗 ＝Kauli'가 되었다. 앞에서 보았지만 '高' 소리는 AD 600년의 고대음(중고음)보다 700~800년 전부터 써 내려온 상고음의 소릿값인 '고(ko)'로 읽는 게 타당하다.

2) 신채호의 '高句麗 ＝가우리'

신채호는 『조선상고사』에서 고구리(高句麗)의 소릿값을 다음과 같이 썼다.

…… 訖升骨의 山上에 建都하야 國號를 「가우리」라 하야 吏讀字로 高句麗라쓰니 가우 리는 「中京」或「中國」이란 뜻이러라…… [42]

---

41) Bernhard Karlgren, Grammata Serica Recensa, Bulletin of the Museum of Far Eastern Antiquities, No 29, 1957; 周法高 외 3인 편찬, 『漢字古今音彙』, 中文大學出版社, 홍콩, 1974년 초판, 1982 3차 인쇄본, 405쪽.

42) 申采浩, 『朝鮮上古史』, 鐘路書院, 1948, 102쪽. * 띄어쓰기와 맞춤법을 고치지 않고 원문 그대로이다.

高句麗에서는 자기나라 이름을 '가우리'라고 불렀는데, 이두(吏讀)처럼 그 음을 따서 한자로 쓰니 '高句麗'가 되었다는 것이다. 우선 신채호가 소릿값 '가우리'로 제시한 한자는 高句麗가 아니라 高麗가 확실하다. 그러니까 高麗 = 가우(高) + 리(麗)라는 주장이다. 신채호는 高麗에서 '麗 = 리'라는 인식을 확실히 가지고 있었으나 '高' 자의 소릿값에서 '高 = 가우'라고 보았던 것이다. 이는 '고(高)' 자의 상고음을 대입하지 않고 중세음을 대입한 칼그렌과 같은 이유 때문에 생긴 것이다.

신채호의 '가우리'는 그 뒤 상당히 많은 영향을 미친다. 그러나 나라이름을 '가우리'라고 썼다는 기록이 어디에 나왔는지 전혀 밝히지 못하였으며, '가우리'를 이두처럼 쓰면 高麗가 되는데, 高句麗라고 썼다는 것도 논리에 맞지 않는다.

그러나 신채호의 논리는 고리(高麗)나 고구리(高句麗)의 소릿값에 대한 논의보다는 '가우리'란 나라이름이 있고, 그것을 이두로 쓴 게 高句麗라는 것이어서 그 '가우리'가 어디서 나왔는지를 밝혔어야 했다.

3) 이병도의 '高麗 = Kauli'

이병도도 신채호와 비슷한 논리를 펴고 있다.

中國에서도 三國時代로부터는 '高句驪'를 대개 '高句麗'로 書하고, 隋唐代로부터는 「高麗」라 略稱하여 지금까지도 韓國人은 一般的으로 Kauli 라고 부르고 있다.[43]

고구리(高句麗)는 수·당 때부터 고리(高麗)라고 줄여서 썼다는 점과 한국인들

---

43) 이병도, 『한국고대사연구』, 박영사 1981, 362쪽

은 지금도 일반적으로 '가우리(Kauli)'라고 쓰고 있다는 것이다. 그렇다면 그 Kauli는 어디서 나온 것인가? 이병도는 高句麗는 원래 '수릿골', '솔꼴'인데 그것을 한자로 옮기니 高句麗가 되었다는 주장이다.

> ……高句麗도 바로 '수릿골', '솔꼴'의 譯에 틀림 없다는 結論에 到達할 것이다. 다시 말하면, '수릿골(高句麗)'은 본시 首邑(都)·上邑(都)의 義에서 都市名 내지 國名으로 化하였던 것이라고 볼 수 있다.[44]

이병도는 '수릿골·솔꼴 = 高句麗'라고 주장하였지만 신채호와 마찬가지로 '수릿골·솔꼴'이 어느 기록에서 나왔는지는 밝히지 않고 있다. 사실 한글이 나온 조선 이전에는 모든 사서들이 한자로 기록되어 있기 때문에 그런 나라이름이 나올수가 없다. 더구나 '지금까지도 韓國人은 一般的으로 Kauli라고 부르고 있다.'고 했는데, 이병도의 『한국고대사연구』가 나온 1981년에 한국인들은 고구리(高句麗)를 Kauli라고 부르지 않았고, 이병도 본인도 그렇게 쓰지 않았다. 이때는 이미모든 교과서에 한글로 '고구려'라고 가르쳤기 때문에 Kauli가 일반화되었다는 것은 있을 수 없는 일이다.

한국은 일제강점기 이후 신채호, 백남운, 이병도 같은 학자들이 한문으로 된옛 사서에 나온 단어를 가지고 뜻을 캐내는 작업을 많이 하였다. 그러나 그 전거가 분명하지 않고 추측한 설들이 많아 믿을 수 없는 것들이 많다. '가우리'나 'Kauli', '수릿골'이나 '솔꼴'도 그 가운데 하나라고 할 수 있다.

---

44) 李丙燾, 『韓國古代史研究』, 朴英社, 1981, 362쪽.

4) 시라토리 쿠라키치(白鳥庫吉)와 이병도의 구루溝漊=구리句麗

구루(溝漊)＝구리(句麗)라는 주장은 이미 1896년 시라또리 쿠라키치(白鳥庫吉)가 가장 먼저 주장하였다. 그의 논문「고구리 명칭에 대한 고찰(高句麗の名稱に就きての考)」을 보면 전체적인 맥락은 고구리를 일본에서 '고마'라고 하는데 대한 연원을 밝히는 게 목적이었다. 따라서 논리를 전개하는 과정에서 자연스럽게 구루(溝漊)에 대한 자료를 구리(句驪)와 관련하여 해석하고 있다.

『위지(魏志)』 권30에 나온 같은 나라(고구리) 열전(同國傳)에 '溝漊者 句麗名 城也'라는 (문구가) 보이고, 또 고구리(高句麗)의 구리(句麗)는 이 구루(溝漊)와 소리가 서로 크게 닮았다면 성(城)이란 뜻이라고도 할 수 있지 않을까! 고구리에서도 큰 것을 '고'라고 하는 것은 그 나라의 관명 고추가(古鄒加)를 한(漢)에서는 대가(大加)라고 옮기는 것에서 알 수 있다. 고(古)는 크다는 뜻, 추(鄒)는 분사로서 뜻이 없고, 가(加)는 건길사(鞬吉士)의 길사(吉士), 안금(安錦)의 금(錦), 한지(旱岐)의 기(岐) 같은 것과 같은 말이다. 그렇다면 고구리(高句麗)를 큰 성(大城)이라고 번역하여도 번역할 수 없는 것은 아니지만, 고구리(高句麗)를 그대로 '고마'나 '고마리'라는 소리가 난다고 할 수 있을까? ……

홀(忽)의 조선 음은 '홀'이고 지나(支那)에서는 hu, fat, hwah 같은 음이다. 또 윌리암즈 씨는 『韓英韻府』에서 mat, mot 같은 음을 달고 있어, 만일 그대로 그 소리를 따른다면 이 홀은 삼국시대에 '마루'나 '모루'라고 소리냈다고도 상상할 수 있다. 그러나 일본에서는 이것을 고츠(コッ)라고 전해오고, 또 khulin을 忽懍라고 번역한 옛 책이 있으며, '홀(忽)'에는 또 고츠(コッ) 고루(コル)라는 고음(古音)이 없다고 말하기도 어렵다. 『위지(魏志)』에 있는 구루(溝漊)와 같은 말이라고 풀이할 수도 있을 것이다. 이것을 간추리면 고구리(高句麗)에서는 성을 골(コル)이라고 이야기하거나 불(ブル)·물(ムル)이라고 부르는데, 다

만 골이라고 부르거나 물이라고도 한다는 것에 대해서는 우리에게 아직 정확하게 밝힐
수 없기 때문에 다음으로 미룰 수밖에 없다.……

　고구리(高句麗)를 큰 성(大城)이란 뜻으로 해석할 수 있는 것은 이미 위에서 말했지만
우리는 또 이것을 큰 강(大水)이라는 뜻으로도 설명할 수 있다.[45]

　전체적인 내용은 첫째 구리(句麗)와 구루(溝漊)가 발음이 닮아서 구리(句麗) =
구루(溝漊) = 성(城)으로 해석할 수 있다는 것이고, 둘째 홀(忽)에 대한 소릿값 분
석을 통해 홀(忽) = 성(城)이고 홀(忽) = 구루(溝漊)여서 고구리(高句麗) = 큰 성(大
城)으로 볼 수 있다는 주장이다.
　이병도는 이렇게 주장하였다.

　高句麗가 무엇을 意味하는 말인가를 생각하여 볼 때, 누구나 그 名字 가운데서 「高」보다
고 '句麗'에 더 주의할 것이다. 그러나 句麗란 말은 國史에 留意하는 이는 누구나 대개 이
와 유사한 말을 구하여 해석할 수 있으리라고 생각된다. 고구려시대의 말로 이와 類似한
것을 든다면, 먼저 '溝漊'란 말을 연상치 아니할 수 없다. 魏志 東夷傳 高句麗條에는 '今胡
猶名此城爲幘溝漊. 溝漊者, 句麗名城也'라 하여, 溝漊가 高句麗語에 城邑을 意味하는 말
이라 하였다. ……

　어떻든 溝漊(Khuru)란 말은 城邑을 의미하는 말로서, 高句麗 地名에 흔히 붙는 홀
(Khor) 또는 骨과 같은 말의 異寫로 볼 것이다. 現今語에 洞谷 또는 郡邑을 意味하는
'골'도 역시 여기서 由來된 것으로 보아야 하겠다. 溝漊는 또한 國을 의미하는 女眞語
Khou-lum-ni, 滿洲語 gurun, 日本語의 'クニ(國)'와도 서로 聯關性이 있다 하지 아니하면

---

45) 白鳥庫吉, 「高句麗の名稱に就きての考」, 『國學院雜誌』 2-10, 1896; 『白鳥庫吉全集』(3), 東京 岩波書店,
　　1970(대구광역시립중앙도서관 소장 본 참조함), 103~105쪽.

아니 되겠다.

그러고 보면 '句麗'는 溝漊, 忽, 骨 등과 같이, 城邑都市를 意味하는 말로 認定하는데 거의 異議가 없을 듯하다.[46]

'구루(溝漊) = 구리(句麗) = 고구리(高句麗)'라는 도식은 시라또리(白鳥)에서 시작해 이병도가 여진어, 만주어, 일본어와 비교까지 해서 구리(句麗) = 구루(溝漊)라는 것을 확정지었고 이러한 도식은 그 뒤 고구리(高句麗) 나라이름을 연구하는 대부분의 연구자들이 이어받아서 거의 일반화되었다. 그러나 이 문제는 진지하게 재고해 볼 필요가 있다. 먼저 이에 관계되는 두 자료를 다시 번역하여 꼼꼼이 검토해 보기로 한다.

① 한나라 때 북·피리·악공을 내리면, 늘 현도군에 나아가 (한나라의) 예복(朝服)과 의책(衣幘)을 받아갔는데, 고구리 우두머리(高句麗令)가 그에 따른 문서를 맡아 관리하였다. 그 뒤 차츰 건방지고 무례해져 다시는 (현도군에 받으러) 오지 않았다. 이에 (현도군의) 동쪽 경계에 작은 성을 쌓고 예복과 의책을 안에 두면 해마다 와서 가져갔다. 지금도 오랑캐들은 이 성을 책구루(幘溝漊)라고 부른다. 구루(溝漊)란 구리(句麗) 사람들이 성을 부르는 말이다.[47]

② 관구검이 구리(句麗)를 토벌하자 구리 왕 궁(宮)이 옥저로 달아나서 군대를 보내 공격하였다. 옥저의 읍락이 모조리 파괴되고, 목이 잘리고 포로로 잡힌 사람이 3천이 넘자 궁

---

46) 李丙燾, 『高句麗國號考-句麗 名稱의 起源과 그 語義-』, 『韓國古代史研究』(9), 1956, 362~363쪽
47) 『三國志』卷30, 「魏書」30, 烏丸鮮卑東夷傳 第30, 高句麗. 漢時賜鼓吹技人, 常從玄菟郡受朝服衣幘, 高句麗令主其名籍. 後稍驕恣, 不復詣郡, 於東界築小城, 置朝服衣幘其中, 歲時來取之, 今胡猶名此城爲幘溝漊. 溝漊者, 句麗名城也

은 북옥저로 달아났다. 북옥저는 치구루(置溝婁)라고도 부르는데 남옥저에서 800리 남짓 떨어져 있다.[48]

이 자료에서 핵심이 되는 부분은 '구루(溝婁)란 구리(句麗)에서(또는 句麗 말로) 성(城)을 가리킨다(溝婁者, 句麗名城也)'는 내용이 전부다. 이 문장에서는 '구루(溝婁)=성(城)'이라는 것을 설명하는 것으로 '구루(溝婁)=성(城)'이라는 것은 분명하고, ②의 치구루도 더 정밀한 연구가 필요하지만 치(置)+구루(溝婁)라는 성 이름이라고 할 수도 있다. 그러나 '溝婁=句麗'라는 것은 재검토가 필요하다고 본다.

첫째, 앞에서 보았지만 사서나 경서에서 외래어를 취급할 때는 그 소리와 뜻(音義)을 꽤 정확히 표현하려고 노력하였다. 반절법(反切法), 독약법(讀若法), 직음법(直音法) 따위를 써서 한 낱소리(音素)의 차이를 구별하는데, 같은 문장에서 루(溝)와 리(麗)를 같은 소리로 보지는 않았을 것이다.

①【溝】(上聲) lūg / 郎+斗의 반절음=루
②【麗】[平聲] lieg / 力+支의 반절음=리

음성학적으로 운모가 완전히 다르기 때문에 비슷하다고 해서 같은 낱말로 볼 수 없다. 글자도 완전히 다르고 소리도 두 자 가운데 하나만 같은데 그것을 같은 낱말로 보는 것은 납득하기 어렵다.

---

48) 『三國志』 卷30, 「魏書」 30, 烏丸鮮卑東夷傳 第30, 東沃沮. 毌丘儉討句麗, 句麗王宮奔沃沮, 遂進師擊之. 沃沮邑落皆破之, 斬獲首虜三千餘級, 宮奔北沃沮. 北沃沮一名置溝婁 去南沃沮八百餘裏.

둘째, '溝漊者 句麗名城也'라는 문장을 분석해 보면 이 문장에는 구루(溝漊) – 구리(句麗) – 성(城)이라는 3가지 이름씨(名詞)가 나란히 나온다. 그런데 이 3가지가 같은 뜻이 아니라 '구리(句麗)에서 구루(溝漊) = 성(城)이라고 한다' 는 것이지 '구루(溝漊) = 구리(句麗)라고 한 것'이 아니다. 다른 곳에서 나온 것도 아니고 한 문장 안에 나오는데 다른 글자를 쓸 수는 없다. 만일 정말 구루(溝漊) = 구리(句麗) 였다면 '구루(溝漊)는 음이 구리(句麗)와 같고, 뜻은 성(城)이다' 같은 식으로 설명하거나 적어도 주라도 달았을 것이다. 그렇기 때문에 글의 짜임(構文)으로 보았을 때 구루(溝漊) = 구리(句麗)라고 해석하는 것이 큰 무리라고 할 수 있다. 이 문장을 아주 단순한 영어로 옮겨보면 더욱 뚜렷해진다. '구루(溝漊) is 성(城) in 구리(句麗) = Kuru is fortress in Korean.'이란 문장에서 '구루 = 구리'가 될 수 없는 논리다.

셋째, 이병도는 ① "高句麗 地名에 흔히 붙는 홀(Khor) 또는 骨과 같은 말의 異寫로 볼 것이다. 現今語에 洞谷 또는 郡邑을 意味하는 '골'도 역시 여기서 由來된 것으로 보아야 하겠다."고 했는데, 溝漊 = 城이라는 뜻은 있지만, 그것이 나라(國)라는 뜻으로 어떻게 연결할 수 있는지 좀 더 정밀한 연구가 필요하며, 현재까지의 연구결과로는 무리가 따른다. ② "溝漊는 또한 國을 의미하는 女眞語 Khou-lum-ni, 滿洲語 gurun, 日本語의 「クニ」(國)와도 서로 聯關性이 있다 하지 아니하면 아니 되겠다."고 했는데, 먼저 3개 국어가 모두 '구루'와 음이 다르고, 구루(溝漊)가 나라를 뜻한다고 보기 어려우며, 더구나 고리(高麗)가 나라를 뜻한다는 것도 지금까지 연구로는 증명되었다고 볼 수 없다.

5) 공명성 『조선의 력대 국호』의 고구리에 대한 뜻풀이

평양 사회과학원 민속학연구소 소장인 공명성 박사가 쓴 『조선의 력대 국호』에서는 구리와 고구리에 대한 뜻을 이렇게 밝히고 있다.

고구려라는 국호가 《고》와 《구려》의 두 단어로 이루어진 국호라는 것은 더 말할 여지도 없다. 따라서 고구려의 국호가 정확히 해명되자면 《고》와 《구려》의 뜻이 명백히 밝혀져야 한다.[49]

구려라는 말은 한마디로 말하여 고대조선어로 거룩하다, 신비하다는 뜻이다.[50] 국호 고구려는 태양, 천손이라는 뜻이 담긴 《고》와 신비하고 성스러우며 크다는 뜻을 가진 《구려》라는 말이 결합되어 《태양이 솟는 신비한 나라》, 《천손이 다스리는 신적인 나라》라는 깊은 뜻이 담겨진 음운상 아름답고 훌륭한 국호였다고 할 수 있다.[51]

공명성의 주장을 간추려보면 다음과 같다.

① 고(高) : 신비하고 성스러우며 크다는 뜻이다.
② 구려(句麗) : 거룩하다, 신비하다는 뜻이다.

공명성은 이 두 가지 뜻을 밝히기 위해 꽤 자세하게 설명하고 있는데, 간단히 보기로 한다.

---

49) 공명성, 『조선의 력대 국호』, 사회과학출판사, 2003. 74쪽. 이 책은 글쓴이가 2004년 KBS 고구리 관련 프로 해설위원으로 평양에 갔을 때 구입하여 간직하고 있다.
50) 공명성, 『조선의 력대 국호』, 사회과학출판사, 2003. 55쪽.
51) 공명성, 『조선의 력대 국호』, 사회과학출판사, 2003. 80쪽.

① 고(高)가 신비하고 성스러우며 크다는 뜻이라는 것은 시조인 추모의 성인데 본디 성이 해(解) 씨라는 논리부터 시작된다.

《해(解)》나 《고(高)》는 그 상고음이 모두 [가(ka)]로서 본래 다 같이 하늘의 해를 가리키는 옛날 말인《가》에 대한 소리옮김이다.[52)

《고(高)》나《해(解)》가 태양을 가리켰던 말이라는 것은 고구려의 건국 시조인 고주몽의 출생신화와 연관시켜 보아도 알 수 있다. ……해(태양)를 가리키는 고대조선말인《고(해)》가 고구려 건국자의 성씨가 되고 그가《천재의 아들》,《태양의 아들》로 꾸며지게 된 것은 통치계급이 고구려의 건국 시조를 초인간적인 능력을 가지 사람—하느님의 자손으로 묘사하여 인민들에 대한 계급적 지배를 강화하는 데 이용하려 한 데서 나온 것이다.[53)

먼저 음성학적인 면에서 해(解)와 고(高)의 상고음이 [ka]인지가 의문이다. 앞에서 '高=ko'라는 것을 보았고, 해(解)의 상고음은 [ke(g)]나 [ɤe(g)]음이고 오히려 고대음(6세기)이 [ka(i)] 소리다. 뿐만 아니라 고대 부여나 고구리에서 '[ka]=해=태양'이었다는 논리적 설명이 빠져 있다.

② 구려(句麗)가 거룩하다, 신비하다는 뜻이라는 것은 거루(駏驢)[54)라는 낱말

---

52) 사회과학출판사 편집부, 『조선말 력사』(1), 사회과학출판사, 1990. 50쪽. (공명성, 『조선의 력대 국호』에서 재인용). 현재 국내에는 2004년도 판이 영인되었다.
53) 공명성, 『조선의 력대 국호』, 사회과학출판사, 2003. 74쪽.
54) 『三國史記』卷 40, 「高句麗本紀」第2. 〈大武神王立(或云大解朱留王) 三年 秋九月 王田骨句川得神馬 名駏驢 : 3년(서기 20년) 가을 9월 왕은 골구천에서 사냥을 하다가 신령한 말(神馬)을 얻어 거루(駏驢)라고 불렀다. 五年 三月 神馬駏驢將扶餘馬百匹 俱至鶴盤嶺下車廻谷 : 대무신왕 5년(서기 22년) 3월 신령한 말 거루(駏驢)가 부여 말 100필을 거느리고 학반령 아래 차회곡(車廻谷)에 이르렀다.〉

을 통해서 이끌어내고 있다.

> 『삼국사기』에는 구려와 음가가 같은 골, 거루, 고리 등의 명칭이 적지 않게 나온다. 이러
> 한 단어들에 대한 해석은 구려라는 단어가 반영한 뜻이 무엇인가를 밝혀 주는 것이 중요
> 한 실마리가 될 수 있다. ……
>
>   골/고로/거루/구려라는 말의 의미는 골구천에서 신기한 말이라는 의미에서 붙인《거
> 루》라는 뜻을 통해서《신기한》,《신비로운》,《성스러운》,《큰》 등과 같은 뜻을 가진 의미
> 로 해석할 수 있다.[55]

다시 말해 '구려(句麗) = 거루(駏驉)'라는 것이다. 공명성은 이를 증명하기 위해 '구'와 '거'의 모음 'ㅜ'와 'ㅓ'는 서로 통용될 수 있다는 것을 주장하고, '골'에 대한 문헌을 들고 '거루'에 대한 집중적인 해석을 가했지만 정작 중요한 '고리'에 대한 보기나 설명이 빠져 있다. 그렇기 때문에 '구려(句麗) = 거루(駏驉)'라는 이 주장은 뚜렷한 한계가 있다.

고구리(高句麗)와 고리(高麗) 당시의 언어에 대한 자료가 거의 없고, 고구리(高句麗)·고리(高麗)의 말에 대한 연구가 너무 부족한 상태에서 비슷한 발음으로 그 음과 뜻을 유추해 내는 연구방법은 당시의 진실과 너무 다른 결론을 낼 수 있어서 정확한 사료가 뒷받침 되지 않은 논리전개는 피하는 게 좋다고 본다.

지금까지 글쓴이가 찾은 구리(句麗)의 뜻에 대한 기록은 『한서』「지리지」에 나오는 현도군(玄菟郡) 고구리현(高句驪縣)에 대한 주를 단 『한서집해』밖에 없다. 반고가 '요산(遼山)에서 나온 요수(遼水)가 서남쪽으로 흘러 요대(遼隊)에서 대요수(大遼水)로 들어간다. 또 남소수(南蘇水)가 있어 서북으로 색외(塞外)를 지난

---

55) 공명성, 『조선의 력대 국호』, 사회과학출판사, 2003. 76~77쪽.

다'고 주를 단 것에 대해 『한서집해』를 쓴 후한의 응소(應劭)는 "그렇기 때문에 '구리(句驪)'라고 했다"고 해서 구리(句驪)라는 이름이 그 나라에 있는 강 이름과 관련이 있다는 것을 말해 준다. 지금까지 고구리(高句麗)라는 이름의 뜻에 대해 많은 논란이 있었는데 다시 한번 생각해 볼 필요가 있다고 본다.

고구리(高句麗)와 고리(高麗) 당시의 언어에 대한 자료가 거의 없고, 고구리(高句麗)·고리(高麗)의 말에 대한 연구가 너무 부족한 상태에서 비슷한 발음으로 그 음과 뜻을 유추해 내는 연구방법은 당시의 진실과 너무 다른 결론을 낼 수 있어서 정확한 사료가 뒷받침 되지 않은 논리전개는 피하는 게 좋다고 본다.

셋째마당

역사에 관련된
다른 홀이름씨(固有名詞)의 소릿값

商德이表호거든天下롤맛스시룰西水ㅅ구△
져재공ᄒᆞ니
商德之衰將受九圍西水之蔚如市之歸
嚴運之衰將受大東東海之濱如市之從

麗

㈠리
㈡려
리｜麗｜國
리｜麗｜因

魏

麗[리]附著부뒤칠[左傳]射麋ー
魏○高ー高句ー在遼東之東○陳名魚ー[支]
[려]美也고흘[楚辭]被文纖ー而不
奇○華也빗날[書]敉化奢ー萬世同

嚴運이表호거든다라호맛
져재공ᄒᆞ니
籬音高高麗也
精忌嗜殺諸將

句ー建都)。㊃平安南北道・滿洲一部・黃海道一
城에 建都)。㊂나라이름 (海東國名高
이름 (朝鮮國名高ー。李氏朝鮮前으로開
(施)。짝(偶數)。군무(ー鵬高樓)。나라
㊀고을(美)。빛날(華)걸릴(附)。떼룰

【麗】
40320
㈠리
㈡려

[里](集韻)(鄰知切)
[려](集韻)(郎計切)

①부딪칠[附著]。②나라이름리[高ー、東國名]。
[左傳]射麋
[魏志]高句ー在遼東之東。㈡고을
①[楚辭]被文纖ー而不奇。
②빗날리[華也]。[書經]敉化奢ー萬

고구리(高句麗)와 고리(高麗)의 소릿값을 정확히 밝히기 위해 자료를 정리하는 과정에서 한국사와 관련된 다른 많은 홀이름씨(固有名詞)의 읽는 법도 현재 우리가 읽고 있는 한자 소릿값과 다르다는 것을 알 수 있었다. 물론 현재 쓰고 있는 것도 있지만 일반적으로 알려져 있지 않는 것도 많았다. 『자치통감』과 『신당서』에 나타난 틀리기 쉬운 한자들은 모두가 다른 나라의 홀이름씨를 한자 읽는 법(半切)으로 설명하고 있어서 그 낱말들이 본디 중국어가 아니었다는 것을 알려주는 좋은 자료가 된다. 마치 현재 '아이슬란드'나 '샌프란시스코'를 한국말로 옮겨 쓰는 것과 같다. 다만 한국말은 소리글이기 때문에 문제가 없지만(물론 한글에 없는 소릿값도 많다) 한자는 뜻글이기 때문에 소릿값을 정확히 표현할 수가 없어 반절(半切)을 썼던 것이다.

　이 장에 나온 여러 가지 소릿값은 생각보다 내용도 많았고 정확한 소릿값을 밝히기에도 쉬운 작업이 아니었다. 그래서 글쓴이는 간단히 자료를 뽑아 정리하는 선에서 그쳤다. 그래도 고구리(高句麗)나 고리(高麗)의 소릿값에 대한 『자치통감』과 『신당서』에 나온 기록이 얼마나 정확한지를 뒷받침하는 아주 귀중한 자료여서 모두 정리하였다. 앞으로 고문자학, 음성학을 하는 많은 학자들이 다시 다루어주기를 바란다.

1. 고대 한국의 나라와 민족 이름의 소릿값

1) 朝鮮

『자치통감』에 보면 朝鮮을 틀리기 쉬운 홀이름씨로 보고 그 읽는 법을 반절로 주를 달아 놓았다. 다시 말하면 朝鮮은 본디 한자가 아니라 외래어를 한자로 나타낸 것이기 때문에 주의해서 읽어야 했던 낱말이었다. 朝鮮에 대한 주는 3개가 나오는데 같은 음을 가진 다른 글자를 보여주는 것과 반절, 두 가지를 모두 보여주고 있다.

(1) 朝 : 첫째, '朝＝潮'라고 읽는다고 했다.

　　　　둘째, 반절음으로 '直＋驕'로 읽으라고 했다. 여기서 '翻＝反＝切'이다.

(2) 鮮 : 선(仙) 자 처럼 읽으라고 주를 달았다.

⟨표 3⟩ 『자치통감』에 나타난 朝鮮의 소릿값

번호	단어	자치통감	사서와 연대	소릿값 주	읽기	비고
1	朝鮮	권21	漢紀13 世宗 元封 2년	朝音潮, 直驕翻 鮮音仙,	朝＝조(潮), 直＋驕 반절음 鮮＝선(仙)	
2	朝鮮	권181	隋紀 5 煬帝 大業 8년 정월	朝音潮 鮮音仙	朝＝조(潮) 鮮＝선(仙)	
3	朝鮮	권202	唐紀18 高宗 儀鳳 2년	朝音潮 鮮音仙	朝＝조(潮) 鮮＝선(仙)	

2) 夫餘

『자치통감』에서 夫餘라는 홀이름씨(固有名詞)를 읽을 때, 특히 '夫'자를 扶와 같은 소리로 읽으라고 주를 달았다.

표 4 『자치통감』에 나타난 夫餘의 소릿값

번호	단어	자치통감	사서와 연대	소릿값 주	읽기	비고
1	夫餘	권37	漢紀29 始 建國 원년	夫音扶	夫=부(扶)	師古 日
2	夫餘	권49	漢紀41 孝安 永初 5년	夫音扶	夫=부(扶)	
3	夫餘	권50	漢紀42 孝安 建光 원년 12월	夫音扶	夫=부(扶)	
4	夫餘	권56	漢紀48 孝桓 永康 원년	夫音扶	夫=부(扶)	

3) 沃沮

우리나라의 고대국가 가운데 함경도의 함흥 일대에 있던 나라인데 나중에 고구리(高句麗)에 복속되었다. '沃'자에 대해서는 특별한 주가 없지만 '저(沮)'자는 '子+餘' 반절음으로 읽으라고 주를 달았다.

표 5 『자치통감』에 나타난 沃沮의 소릿값

번호	단어	자치통감	사서와 연대	소릿값 주	읽기	비고
1	沃沮	권181	隋紀5 煬帝 大業 8년 정월	沮 子餘翻	子+餘 반절음	
2	沃沮	권181	隋紀5 煬帝 大業 8년 5월	沮 子余翻	子+餘 반절음	
3	沃沮	권200	唐紀16 高宗 龍朔 원년	沮 子余翻	子+餘 반절음	

4) 濊貊

예맥(濊貊)에 대한 주에서 "예와 구리(句麗)는 같은 종족이라 언어와 법속이 대체로 서로 같다(濊與句麗同種 言語法俗大抵相類)고 했고, 맥인(貊人)에 대한 주에서는" 맥(貉)과 맥(貊)은 같다. "고 하였다.[56]

---

56) 『資治通鑑』권3, 漢紀 29, 王莽 始 建國 4년

『후한서』에서는 '구리(句麗)는 맥이(貊耳)라고도 한다(句麗 一名 貊耳)'고 하였다.[57] 같은 『후한서』 예전에서는 "예는 북쪽에 고구리(高句麗)와 옥저, 남쪽에 진한과 맞닿아 있고, 동쪽은 큰 바다에 닿으며, 서쪽은 樂浪에 이른다. 예와 옥저·고구리(高句麗)는 본디 모두가 옛 조선의 지역이다."고 했다. 부여와 고구리(高句麗)를 세웠던 종족의 이름이다.

濊는 예(穢)와 같이 읽으라는 주가 많았다. 貉과 貊은 모두 '莫+百 반절음'으로 읽으라고 주를 달았다.

〈표 6〉 『자치통감』에 나타난 예맥의 소릿값

번호	단어	자치통감	사서와 연대	소릿값 주	읽기	비고
1	濊	권 49	漢紀41 孝安 永初 5년	濊音穢	濊=예(穢)	
2	濊	권 50	漢紀42 孝安 元初 5년	濊音穢	濊=예(穢)	
3	濊	권 50	漢紀42 孝安 建光 원년	濊音穢	濊=예(穢)	
4	濊	권 50	漢紀42 孝安 延光 원년	濊音穢	濊=예(穢)	
5	濊	권 56	漢紀48 孝靈 建寧 원년	濊音穢	濊=예(穢)	
6	貉	권 37	漢紀29 始 建國 4년	貉 莫百翻	莫+百 반절음	貉=貊, 句驪=貊耳, 濊=句驪
7	貊	권 44	漢紀36 世祖 建武 25년	貊 莫百翻	莫+百 반절음	
8	貊	권 49	漢紀41 孝安 永初 5년	貊 莫百翻	莫+百 반절음	
9	貊	권 50	漢紀42 孝安 元初 5년	貊 莫百翻	莫+百 반절음	
10	貊	권 50	漢紀42 孝安 建光 원년	貊 莫百翻	莫+百 반절음	
11	貊	권 56	漢紀48 孝靈 建寧 원년	貊 莫百翻	莫+百 반절음	

5) 靺鞨

靺鞨은 고구리(高句麗) 초기부터 사서에 등장하는 종족 이름으로 『자치통감』에서는 靺 자는 '莫+撥 반절음'으로 읽고, 鞨 자는 '戶+曷 반절음'으로 읽는다고 표시하고, 아울러 '靺鞨＝말갈(末曷)'이라고 했다. 『신당서』에서도 '靺' 자는 같지

---

57) 『後漢書』 권 85, 東夷列傳 75, 句驪.

만 鞨 자는 '胡+曷 반절음', '何+曷 반절음'으로 읽으라고 하였다.

표 7 『자치통감』에 나타난 靺鞨의 소릿값

번호	단어	자치통감	사서와 연대	소릿값 주	읽기	비고
1	靺鞨	권178	隋紀2 高祖 開皇 18년	鞨	鞨 戶曷切	
				莫+撥 반절음	戶+曷 반절음	
2	靺鞨	권181	隋紀5 煬帝 大業 8년 2월	靺音末	靺=말(末)	
				鞨音曷	鞨=갈(曷)	
3	靺鞨	권196	唐紀13 太宗 貞觀 17년	靺鞨音末曷	靺鞨=말갈(末曷)	
4	靺鞨	권199	唐紀15 高宗 永徽 5년	靺鞨音末曷	靺鞨=말갈(末曷)	
5	靺鞨	권202	唐紀18 高宗 咸亨 4년	靺鞨音末曷	靺鞨=말갈(末曷)	

표 8 『신당서』에 나타난 靺鞨의 소릿값

번호	단어	자치통감	사서와 연대	소릿값 주	읽기	비고
1	靺鞨	권5	권43하 지리지 33하	上 莫撥 莫+撥 반절음	下 胡曷切 胡+曷 반절음	蕃人出北土
2	靺鞨	권12	권110 열전 35	上 莫撥 下 胡曷切	莫+撥 반절음 胡+曷 반절음	蕃人名
3	靺鞨	권12	권111 열전 36	上 莫撥 下 何曷切	莫+撥 반절음 何+曷 반절음	狄種
4	靺鞨	권23	권219 열전 144	音末曷	末曷과 같은 음	
5	靺鞨	권24	권220 열전 145	音末曷	末曷과 같은 음	

2. 한국사에 나타난 왕·강·지방의 이름

1) 장수왕의 이름 '璉'

장수왕의 이름을 『삼국사기』에서는 '巨璉'이라고 했는데, 중국 사서들은 '클 거(巨)' 자를 빼고 '璉'이라고만 불렀다. 고구리 왕 이름으로는 유일하게 장수왕의 이름 璉 자의 소릿값을 표시하였는데, '力+展 반절음'으로 읽으라고 했다.

번호	단어	자치통감	사서와 연대	소릿값 주	읽기	비고
1	璉	권 122	宋紀4 太祖 元嘉 12년 11월	璉 力展翻	力+展 반절음	
2	璉	권 123	宋紀5 太祖 元嘉 15년	璉 力展翻	力+展 반절음	

2) 강 이름 '浿水'

옛 조선 때부터 우리나라 서쪽에 있던 강 이름으로, 청천강·압록강 또는 요서 (遼西)의 대릉하(大凌河)로 보는 설이 있고, 대동강을 일컫기도 하였다. 이 강 이름에 대해서는『자치통감』과『신당서』에 모두 주를 달아 소릿값을 반절로 표시했는데, '普+蓋', '普+大', '普+拜'의 반절로 읽으라고 하였다.

〈표 10〉『자치통감』에 나타난 浿水의 소릿값

번호	단어	자치통감	사서와 연대	소릿값 주	읽기	비고
1	浿	권 21	漢紀13 世宗 元封 2년	浿 普蓋翻, 普大翻	普+蓋 반절음 普+大 반절음	
2	浿	권 200	唐紀16 高宗 顯慶 5년	浿 普蓋翻	普+蓋 반절음	강 이름

〈표 11〉『신당서』에 나타난 고유명사 浿水의 浿 소릿값

번호	단어	당서 석음	당서 원문	소릿값 주	읽기	비고
1	浿	권 12	권 111 열전 36	普拜切	普+拜 반절음	水名
2	浿	권 24	권 220 열전 145	普蓋切	普+蓋 반절음	

3) 지방 이름 '磨米'

磨米는 고구리(高句麗) 때의 성 이름이다. 이 성 이름은『자치통감』에서 특히 磨 자를 '莫+臥 반절음'으로 읽으라고 주를 달았다.

〈표 12〉『자치통감』에 나타난 磨의 소릿값

번호	단어	자치통감	사서와 연대	소릿값 주	읽기	비고
1	磨米	권 197	唐紀13 太宗 貞觀 19년	磨 莫臥翻	莫+臥 반절음	땅 이름

3. 한사군 각 군의 소릿값

한나라가 옛 조선을 멸하고 세웠다는 4군에 대한 이름 가운데 다음과 같은 3가지 이름에 대해 소릿값을 제시하였다. 이는 4군을 세울 때 자신들이 이름을 새로 짓지 않고 이미 현지에서 쓰이고 있는 토박이 이름을 그대로 받아들여 한자 음으로 바꾸어 썼다는 것을 알 수 있다.

1) 樂浪

현재 한자를 읽는 음으로는 '樂浪=악랑'이다. 그러나 모든 교과서나 사전에서는 '낙랑'으로 읽는다. 『자치통감』에서는 '樂浪 = 낙랑(洛琅)', '樂 = 낙(洛)'이라 읽으라고 주를 달았고, 『신당서』에서는 '盧+當 반절음'으로 읽으라고 주를 달았다.

표 13 『자치통감』에 나타난 樂浪의 소릿값

번호	단어	자치통감	사서와 연대	소릿값 주	읽기	비고
1	樂浪	권37	漢紀29 始 建國 원년	樂浪音洛琅	樂浪=낙랑(洛琅)	
2	樂浪	권45	漢紀37 顯宗 永平 12년	樂浪音洛琅	樂浪=낙랑(洛琅)	
3	樂浪	권49	漢紀41 孝安 永初 5년	樂浪音洛琅	樂浪=낙랑(洛琅)	
4	樂浪	권74	魏紀6 烈祖 景初 2년	樂浪音洛琅	樂浪=낙랑(洛琅)	
5	樂浪	권88	晉紀10 孝愍 建興 원년	樂浪音洛琅	樂浪=낙랑(洛琅)	
6	樂浪	권96	晉紀18 顯宗 咸康 4년	樂浪音洛琅	樂浪=낙랑(洛琅)	
7	樂浪	권99	晉紀21 孝宗 永和 8년	樂浪音洛琅	樂浪=낙랑(洛琅)	
8	樂浪	권100	晉紀22 孝宗 永和 11년	樂浪音洛琅	樂浪=낙랑(洛琅)	
9	樂浪	권181	隋紀5 煬帝 大業 8년 정월	樂音樂	樂=낙(洛)	
10	樂浪	권190	唐紀6 高祖 武德 7년	樂浪音洛郎	樂浪=낙랑(洛郎)	
11	樂浪	권198	唐紀14 太宗 貞觀 22년	樂浪音洛琅	樂浪=낙랑(洛琅)	
12	樂浪	권200	唐紀16 高宗 龍朔 원년	樂浪音洛郎	樂浪=낙랑(洛郎)	

표 14 『신당서』에 나타난 樂浪의 소릿값

번호	단어	당서 석음	당서 원문	소릿값 주	읽기	비고
1	樂浪	권24	권 220 열전 145	下 盧當切	盧+當 반절음	

2) 玄菟

玄菟는 한나라가 옛 조선을 멸하고 세운 4군 가운데 하나로 나중에 고구리가 빼앗았다. 『자치통감』에서는 '同+都 반절음'을 읽거나 '도(塗)'와 같이 읽으라고 했고, 『신당서』에서는 '湯+故 반절음'을 읽으라고 했다. 현재 한자 소리로는 '현토'라고 하지만 모든 책과 사전에 '현도'라고 읽는다.

〈표 15〉 『자치통감』에 나타난 玄菟의 소릿값

번호	단어	자치통감	사서와 연대	소릿값 주	읽기	비고
1	玄菟	권 23	漢紀15 孝昭 元鳳 6년	菟音塗	菟=도(塗)	
2	玄菟	권 37	漢紀29 始 建國 元年	菟音塗	菟=도(塗)	
3	玄菟	권 49	漢紀41 孝安 永初 5년	菟 同都翻	同+都 반절음	
4	玄菟	권 50	漢紀42 孝安 元初 5년	菟 同都翻	同+都 반절음	
5	玄菟	권 50	漢紀42 孝安 建光 원년 정월	菟 同都翻	同+都 반절음	
6	玄菟	권 50	漢紀42 孝安 建光 원년 11월	菟 同都翻	同+都 반절음	
7	玄菟	권 51	漢紀43 孝順 永建 2년	菟 同都翻	同+都 반절음	
8	玄菟	권 56	漢紀48 孝桓 永康 원년	菟 同都翻	同+都 반절음	
9	玄菟	권 74	魏紀 6 烈祖 景初 2년	菟 同都翻	同+都 반절음	
10	玄菟	권 75	魏紀 7 烈祖 正始 7년	菟 同都翻	同+都 반절음	
11	玄菟	권 96	晉紀18 顯宗 咸康 4 년	菟 同都翻	同+都 반절음	
12	玄菟	권 99	晉紀21 孝宗 永和 8 년	菟 同都翻	同+都 반절음	
13	玄菟	권 104	晉紀26 烈宗 太元 5 년	菟 同都翻	同+都 반절음	
14	玄菟	권 106	晉紀28 烈宗 太元 10 년 6월	菟 同都翻	同+都 반절음	
15	玄菟	권 106	晉紀28 烈宗 太元 10년 11월	菟 同都翻	同+都 반절음	
16	玄菟	권 181	隋紀 5 煬帝 大業 8년 정월	菟音塗	菟=도(塗)	
17	玄菟	권 181	隋紀 5 煬帝 大業 8년 5월	菟音塗	菟=도(塗)	
18	玄菟	권 197	唐紀13 太宗 貞觀 19년	菟 同都翻	同+都 반절음	

〈표 16〉 『신당서』에 나타난 玄菟의 소릿값

번호	단어	당서 석음	당서 원문	소릿값 주	읽기	비고
1	玄菟	권 12	권 110 열전 35	下 湯故切	湯+故 반절음	故眞番朝鮮胡國

3) 眞番

한나라가 옛 조선을 멸하고 세운 4군 가운데 하나인데, 오래가지 못하고 고구리가 건국되기 훨씬 앞에 다른 현도군에 병합되고 그 이름이 사라졌다. '番' 자를 普+安의 반절음으로 읽으라고 하고 있다.

〈표 17〉 『자치통감』에 나타난 眞番의 소릿값

번호	단어	자치통감	사서와 연대	소릿값 주	읽기	비고
1	眞番	권 21	漢紀13 世宗 元封 2년	番 普安翻	普+安 반절음	玄菟本眞番國

4. 주변국의 나라이름과 사람이름

1) 突厥

突厥은 고구리 시대 수·당의 서북쪽에서 위협했던 북방민족의 나라로 한 때 대 제국을 이룩했었다. 돌궐은 『자치통감』이나 『신당서』 모두 '九+勿 반절음'으로 읽으라고 주석을 달았다.

〈표 18〉 『자치통감』에 나타난 突厥의 소릿값

번호	단어	자치통감	사서와 연대	소릿값 주	읽기	비고
1	突厥	권180	隋紀 4 煬帝 大業 원년	厥 九勿翻	九+勿 반절음	
2	突厥	권197	唐紀13 太宗 貞觀 19년	厥 九勿翻	九+勿 반절음	
3	突厥	권202	唐紀18 高宗 儀鳳 2년	厥 九勿翻	九+勿 반절음	

〈표 19〉 『신당서』에 나타난 突厥의 소릿값

번호	단어	당서 석음	당서 원문	소릿값 주	읽기	비고
1	突厥	권1	권 1 본기 1	下 九勿切	九+勿 반절음	下並
2	突厥	권14	권 133 열전 58	下 九勿切	九+勿 반절음	
3	突厥	권18	권 166 열전 91	下 九勿切	九+勿 반절음	
4	突厥	권22	권 215상 열전 140상	下 九勿切	九+勿 반절음	
5	突厥	권23	권 218 열전 143	下 九勿切	九+勿 반절음	
6	突厥	권23	권 218 열전 144	下 九勿切	九+勿 반절음	
7	突厥	권24	권 221하 열전146하	下 九勿切	九+勿 반절음	

2) 可汗

可汗은 돌궐을 비롯한 왕을 일컬을 때 쓰는 말이다. 可는 입성으로 짧게 끊어
내라고 했으며 汗은 寒자와 같은 소리가 난다고 했다.

〈표 20〉『자치통감』에 나타난 可汗의 소릿값

번호	단어	자치통감	사서와 연대	소릿값 주	읽기	비고
1	可汗	권 180	隋紀4 煬帝 大業 원년	可從刊入聲 汗音寒	可=입성 汗=한(寒)	
2	可汗	권 197	唐紀13 太宗 貞觀 19년	可從刊入聲 汗音寒	可=입성 汗=한(寒)	

〈표 21〉『신당서』에 나타난 可汗의 소릿값

번호	단어	당서 석음	당서 원문	소릿값 주	읽기	비고
1	可汗	권 12	권 101 열전 35	下 胡安切	胡+安 반절음	
2	可汗	권 18	권 170 열전 95	下 河干切	河+干 반절음	
3	可汗	권 23	권 217하 열전 142하	下 河干切	河+干 반절음	
4	可汗	권 25	권 224상 열전 149상	下 何干切	何+干 반절음	

3) 契丹

고구려 서북쪽에 있는 유목민족으로 광개토태왕이 정복했던 민족이다. 나중
에 발해를 멸망시키고 요나라를 세운 민족인데,『자치통감』에서 '欺+訖 반절음'
으로 읽거나 '喫'과 같이 읽으라는 주가 달렸다. 현재 우리나라에서는 '거란'이라
고 읽지만 예전에는 '글안'이라고 읽었다. 몽골에서는 '키탄'이라 읽고, 러시아에
서는 '키타이'라고 읽는다.

〈표 22〉『자치통감』에 나타난 契丹의 소릿값

번호	단어	자치통감	사서와 연대	소릿값 주	읽기	비고
1	契丹	권 196	唐紀13 太宗 貞觀 17년	契 欺訖翻	欺+訖 반절음	
2	契丹	권 197	唐紀13 太宗 貞觀 18년	契 欺訖翻 音 喫	欺+訖 반절음 契=끽(喫)	
3	契丹	권 199	唐紀15 高宗 永徽 5년	契 欺訖翻 音 喫	欺+訖 반절음 契=끽(喫)	

번호	단어	당서 석음	당서 원문	소릿값 주	읽기	비고
1	契丹	권1	권 2 본기 2上	欺訖切	欺+訖 반절음	下竝
2	契丹	권18	권 174 열전 99	上音乞	걸(乞)	
3	契丹	권23	권 217하 열전 142하	上 欺乙切	欺+乙 반절음	
4	契丹	권23	권 218 열전 143	上 欺乙切	欺+乙 반절음	
5	契丹	권23	권 219 열전 244	上 欺訖切	欺+訖 반절음	下同
6	契丹	권23	권 217하 열전 143하	上 欺乙切	欺+乙 반절음	
7	契丹	권23	권 217하 열전 143하	上 欺乙切	欺+乙 반절음	
8	契丹	권25	권 225상 열전 150상	上 欺訖切	欺+訖 반절음	

4) 回紇

回紇은 위구르를 한자로 쓴 것이다. 『자치통감』에서는 回紇을 '下+沒 반절음'으로 읽으라고 특별히 주를 달았다.

〈표 24〉『자치통감』에 나타난 回紇의 소릿값

번호	단어	자치통감	사서와 연대	소릿값 주	읽기	비고
1	回紇	권200	唐紀16 高宗 龍朔 원년	紇 下沒翻	下+沒 반절음	위구르

5) 당나라 장군 이름 契苾何力

몇 년 전 SBS 드라마 '연개소문'에 당나라 장군으로 등장한 契苾何力에 대한 소릿값에 대해 논란이 많았다. 모든 연기자들이 작가가 쓴 대본에 따라 '계필하력'으로 발음하고 있는데, 시청자들의 문제제기가 잇따르자 자막은 '글필하력'이라고 달아 앞뒤가 맞지 않는 일이 벌어졌다. 이 당나라 장군에 대해 『자치통감』은 '欺+訖 반절음', '毗+必 반절음'으로 읽으라고 주를 달았다. 이런 이름은 본디 한자 이름이 아니고 돌궐 말을 한자로 기록한 것이라서 원음에 가깝게 소리내도록 주를 단 것이다.

번호	단어	자치통감	사서와 연대	소릿값 주	읽기	비고
1	契苾何力	권 197	唐紀13 太宗 貞觀 19년	契 欺訖翻 苾 毗必翻	欺+訖 반절음 毗+必 반절음	장군 이름, 6월 기사에 반복
2	契苾何力	권 200	唐紀16 高宗 顯慶 5년	契 欺訖翻	欺+訖 반절음	
3	契苾何力	권 201	唐紀17 高宗 건봉 원년	契 欺訖翻 苾 毗必翻	欺+訖 반절음 毗+必 반절음	

넷째 마당

왕건이 세운 高麗도
'고리'라고 읽어야 한다.

[麗]
㈠려[一麗]
㈡여[麗麗]
㈢리[一麗]
㈣[麗]

麗 [리] 附著부듸칠 [左傳] 射麋一
䴥○高ー東國名고리나라[魏志]
高句ー在遼東之東○陳名魚ー[支]
○美也고흘 [楚辭] 被文纈ー而不
奇○華也빗날 [書經] 敉化奢ー萬世同

㈠고흥(美). 빛남(辭). 걸릴(附)
(施). 짝(偶數). 쌍부(一䲧蒭蔞)나라
이름(朝鮮國名高一). 李氏朝鮮前으로開
城에 建都). ㈢가마이름(海東國名高
句一우安南道・満洲一部・黄海道一

[麗]
40320
㈠[리] [集韻]鄰知切 [支]
㈡[려] [集韻]郞計切 [霽]
小 古
㈠①부딪칠리 (附著)
總。②나라이름리 (高一、東國名)。
[左傳]射麋ー。 [魏志]高句ー在遼東之東。
㈡①고울
려 (美也)。 [楚辭]被文纈ー而不奇。
②빛날려 (華也)。 [書經]敉化奢ー萬

商德之衰將受九圍西水之滸如市之歸
馬九圉益益九分天下善其五切水屈也
圈熱敀㐬九鄰叶五鄰东周九州也
日古公宣哭哭走偏離車西水釀赤沮死丁

商德之衰將受天下善歆・弑如西水人ㅣㅅ시
져재곤흥・니
是敁商然將歆哭哭足走偏離車西水釀赤沮死

麗運之衰將受大東東海之濱如市之從於大東國也
져재곤흥・니
麗運之衰將受大東東海之濱如市之從於大東國也

麗鹿ㅎ이表ㅎ거든나람흥맛
져재곤흥・니
麗音ㅎ이表高高麗也
精悪喑瞉鋪將

그렇다면 왕건(王建)이 세운 高麗는 '고려'라고 읽을 것인가? '고리'라고 읽을 것인가? 신라 말에 분열된 한반도를 다시 통일하여 세운 고리(高麗)왕조(918~1392)는 475년을 존속하였다. 2권에서 자세히 보겠지만 '고구리'는 413년 나라이름을 '고리'라고 바꾸어 250년 넘게 써 왔다. 이에 따라 왕건이 지은 나라이름 '고리(高麗)'는 새로 지은 이름이 아니라 추모(주몽)의 고구리(高句麗)·고리(高麗)를 그대로 이어받았고, 따라서 '高句麗·高麗'와 같이 당연히 '고리'라고 읽어야 한다.

1. 高麗를 '고리'라고 읽어야 하는 명백한 자료

1) 『용비어천가龍飛御天歌』의 고리高麗

왕건의 高麗를 '고리'로 읽어야 한다는 뚜렷한 증빙사료가 『용비어천가(龍飛御

天歌)』에 나온다.

『용비어천가』는 1445년(세종 27) 4월에 편찬되어 1447년(세종 29) 5월에 간행된 가사로, 조선왕조의 창업을 기리는 노래다. 모두 125장에 달하는 서사시로, 한글로 엮어진 책으로는 한국 최초이고, 왕명에 따라 당시 새로 만든 훈민정음을 처음으로 사용하여 정인지(鄭麟趾)·안지(安止)·권제(權踶) 등이 짓고, 성삼문(成三問)·박팽년(朴彭年)·이개(李塏) 등이 주석을 달아그 권위에 대해서는 재론할 필요가 없다. 특히 이런 학자들은 모두 훈민정음을 만드는 데 직간접으로 참여하였기 때문에 음운에 대한 조예가 깊었다.

한편 『용비어천가(龍飛御天歌)』를 지은 안지(安止, 1377~1464)는 고리(高麗) 우왕 3년에 태어났고, 권제(權踶, 1387~1445)는 우왕 13년에 태어난 고리(高麗) 사람들이었으니, 고리(高麗) 때 살았던 사람이 직접 자기 나라이름을 바로잡은 움직일 수 없는 자료다.

『용비어천가』 제6장에 보면 다음과 같은 내용이 나온다.

麗運이 衰ᄒᆞ거든 나라ᄒᆞᆯ 맛ᄃᆞ시릴ᄊᆡ 東海ㅅㄱᅀᅵ 져재 ᄀᆞᆮᄒᆞ니　麗 音离 高麗也 太祖 姓王氏 名建……

(高)麗의 운(運)이 다 되었으므로 나라를 맡으시려 할 때, 동해(東海) (물)가가 저자 같으니 [麗(자의) 소리는 리(离)이니, 고리(高麗)를 말한다.] 태조의 성은 왕씨이고 이름은 건(建)이다. ……

'麗運'이란 낱말에서 '麗' 자에 대한 주석을 달면서 이 글자는 특별히 '려' 자로 읽지 말고 '리(离)' 자로 읽으라고 강조하면서 이 '麗' 자는 바로 '고리(高麗)'를 말한다는 것을 밝히고 있다. 곧 왕건이 세운 나라는 '高麗＝고리'라고 읽어야 한다

그림15 『용비어천가』【麗】=리(離)

는 것을 뚜렷하게 밝힌 것이다.

　『용비어천가』는 오랜 조선 건국의 유래와 조상들의 높은 성덕을 찬양하는 책이고, 태조의 창업이 천명에 따른 것임을 밝혀, 후세의 왕들이 그대로 지킬 것을 경계하고 영원한 번영을 비는 뜻으로 이루어져 있다. 따라서 이런 책에 쓸데없는 문구나 개인적인 의견은 단 한 자도 들어갈 수 없다. 특히 '高麗=고리'로 읽으라고 주를 단 것은 '高麗'는 반드시 '고리'로 읽어야 한다는 결정적인 자료이다.

　『용비어천가』는 1392년에 고리(高麗)가 멸망하고 53년이 지난 1445년에 세상에 나왔다. 조선 건국 초기에는 '고리'라는 말을 꺼내는 자체가 크게 터부시되어 사람들 입에 오르내리는 일이 거의 없었을 테고, 그러면서 백성들 머리에서도 빠르게 지워져 갔을 것이다. 그리고 당시 나온 책들에는 모두 한자로 '高麗'라고 썼을 것이고, 이때 '麗' 자를 평성인 '리'가 아닌 거성인 '려'로 읽어버리는 경향이 나타났을 것이다. 이런 경향은 일반 백성들보다도 지식인들에게 더 심하게 나타나자 『용비어천가』에서 이 점을 우려하여 나라이름 高麗의 '麗' 자는 '리(离)'로 읽어라(麗音离)'는 뜻에서 특별히 주를 단 것이다.[58]

2) '리(麗)'와 '리(离)'는 같은 소릿값이다.

앞에서 본 것처럼 용비어천가가 나올 즈음에는 이미 전 왕조인 '고리(高麗)'를 '고려'라고 읽는 사람들이 많아졌다는 것을 알 수 있다. 그것은 '麗'에는 읽는 법이 두 가지 있는데, 나라이름으로 읽을 때는 '려' 자가 아닌 '리' 자로 읽어야 한다는 내용을 담은 사전이나 옥편이 없었기 때문에 생긴 일이다.

세종은 훈민정음을 반포한 뒤 정음청을 세우고 국학을 진흥하였으며, 동시에 운서소(韻書所)를 두고 한자를 그 음에 따라 갈래지어서 정리한 자전과 주석서를 펴내게 하였다. 이런 책을 보통 운서(韻書)라고 하는데, 이때 나온 운서들을 보면 다음과 같다.

① 『사성통고(四聲通攷)』: 1447년(세종 29년), 신숙주 등에게 명하여 편찬하게 했다고 하나 현재 전해지지 않는다. 다만 최세진의 『사성통해(四聲通解)』 하권에 붙어 있는 사성통고 범례(凡例)와 상권 서문에 들어 있는 『사성통고』에 대한 기사를 통해 편찬 유래와 내용의 일부를 알 수 있을 뿐이다.

② 『동국정운(東國正韻)』: 신숙주 등이 1447년에 탈고하여 1448년 간행하였다. 한글을

---

58) 이 문제는 이미 2007년에 논문으로 발표하였다. 서길수, 「'高句麗'와 '高麗'의 소릿값(音價)에 관한 연구」, 고구려연구회 『고구려연구』(27), 2007, 참조.

반포한 뒤, 운서(韻書)가 필요하자, 명나라의 『홍무정운(洪武正韻)』을 대본 삼아 한글로 중국 음을 달았다.

③『삼운통고(三韻通考)』: 세종 연간으로 간행된 것으로 추정된다. 한자를 운(韻)에 따라 주석한 조선시대의 운서(韻書)인데, 두 음을 대역(對譯)한 자전(字典)의 시조이다. 한국의 운서 중 가장 연대가 오래된 책으로, 조선시대 과장(科場)에서 필요로 한 책이었다. 수록된 한자는 약 1만 자이며, 한글에 의한 표음(表音)은 없고, 자해(字解)도 불과 23자씩으로 간략하게 되어 있다.

④『홍무정운역훈(洪武正韻譯訓)』: 1455년(단종 3년)에 나온 것으로 『홍무정운』의 한자 밑에 한글로 정·속음을 단 운서이나 우리말 읽는 법이 없다.

그러나 이런 조선 전기 운서(韻書)들은 한자의 중국식 읽는 법을 한글로 다는 것 위주였기 때문에 아직은 자전이나 옥편 역할을 하는 책은 나오지 않았다. 그러나 위의 운서 가운데 『동국정운(東國正韻)』에 나온 '麗' 자 음에 대해서는 참고할만한 가치가 있다.

앞에서 이미 '麗' 자의 소릿값을 보기 위해 자세히 보았지만 여기서는 '離' 자의 소릿값을 보기 위해 같은 방법으로 『동국정운(東國正韻)』을 활용해 보려 한다.

먼저 '麗' 자를 읽는 법은 두 가지가 있다는 사실을 앞에서 보았다. 곧 중국어에서는 거성(去聲)일 때는 '례'로 읽고, 평성(平聲)일 때는 '리'로 읽는데, 한국어에서도 거성(去聲)일 때는 '려'로 읽고, 평성(平聲)일 때는 중국어와 마찬가지로 '리'라고 읽는다. 중국에서 한자가 들어오는 과정에서 거성(去聲) '례'는 '려'로 바뀌어 정착했으나 평성(平聲)은 바뀌지 않고 '리'로 똑같이 읽었다는 것을 알 수 있다. 그렇지만 '리(离)' 자는 '麗=리'일 때와 마찬가지로 평성뿐이고 다른 성조는 없다는 것을 알 수 있다. 다시 한번 강조하지만 『동국정운』은 현재 옥편처럼 한자를

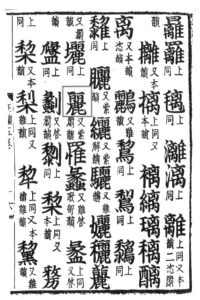

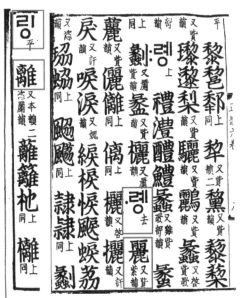

그림 16 『동국정운』 '麗=리(평성)' 그림 17 『동국정운』 '麗=례(거성)'

우리말로 읽는 법을 쓴 책이 아니라 중국 음으로 어떻게 읽는가를 새로 만든 한글로 정확하게 기록한 책이다. 여기서 다만 우리는 '麗' 자는 중국에서도 '례(거성)'와 '리(평성)' 두 가지로 읽힌다는 것과 달리 '리(离)'는 평성으로만 읽고 다른 성조가 없다는 것을 밝히는 게 목적이다. 그렇기 때문에 용비어천가에서 '麗의 소리는 리(麗音离)'라고 했다는 것은 '麗' 자는 '리(离)' 자처럼 평성으로 읽어야 한다는 것을 알 수 있다.

아울러 흔히 '고리'나 '고구리'라고 하는 발음이 중국식이라고 단정짓는 것은 잘못된 판단이다. 중국어에서도 '麗' 자는 '례'와 '리'로 읽히고, 우리나라 한자 사전에도 '려'와 '리'로 읽히기 때문이다.[59]

---

59) 고려대 명예교수인 정광 교수는 "『훈몽자회』에서 보듯 우리가 1500년대부터 써왔던 '고구려'를 굳이 더 정확하다는 보장도 없는 중국식 발음으로 바꿀 필요가 있는지 의문"이라고 했고, 많은 네티즌들도 '고구

3) 조선시대에 '高麗'를 '고리'로 읽지 않고 '고려'로 읽게 된 까닭

이처럼 조선 전기에는 한자의 소릿값을 정확히 알 수 있는 자전이나 옥편이 없었기 때문에 당시 천자문이 가장 널리 한자 자전 노릇을 하고 있었다. 그런데 이 천자문에는 읽는 소릿값이 하나만 표기되어 있어서 읽는 법이 두세 가지가 있다는 사실을 전혀 모르거나 무시하는 것이 상례였다.

『훈몽자회(訓蒙字會)』서문에 따르면, 조선 전기에 한문을 배우는 데는 가장 먼저 『천자문(千字文)』을 읽고 다음 『유합(類合)』을 읽었다고 한다. 그렇기 때문에 한자 소리를 옮길 때는 이 두 책의 소리가 결정적인 영향을 미쳤을 것이다.

『천자문』은 중국 양(梁)나라의 주흥사(周興嗣:470?~521)가 글을 짓고 동진(東晉)의 왕희지(王羲之) 필적 가운데서 해당되는 글자를 모아 만들었다고 하며, 사언고시(四言古詩) 250구(句), 합해서 1,000자가 각각 다른 글자로 되어 있다. 이 책이 한국에 전해진 연대는 확실치 않으나 백제 때 왕인(王仁)이 논어 10권과 함께 이 책 1권을 일본에 전했다는 기록으로 보아 이보다 훨씬 전에 우리나라에 들어온 것으로 추측된다. 따라서 훈민정음을 만들 당시와 조선 전기의 모든 식자들은 가장 먼저 천자문을 배웠다고 보아야 한다.

『천자문』은 자전이 아니라 한자를 배우는 교재이기 때문에 각 글자의 음을 자세하게 설명하지 않고 네 글자로 된 옛 시에 맞는 뜻과 음만 골라서 썼다. 그렇기 때문에 어떤 글자도 한 가지 이상 읽는 법을 나타내지 않고 있다. 따라서 '麗' 자는 '금은 려수에서 난다(金生麗水)'는 구절을 만들 때 마지막 글자에 사용하였고

리'의 '리'는 중국식 발음이라고 하였다. 그러나 글쓴이가 '고구리'라고 주장하는 것은 중국 음을 따서 한 것이 아니다. '麗' 자가 청나라 이전에는 '리'라는 음만 있는 것이 아니라 '레'도 있었는데, '리'로 일반화된 것은 후기인 만다린부터라는 것은 이미 앞장에서 보았다.

그림18 『광주천자문』 　　　　 그림19 『석봉천자문』 　　　　 그림 20 『신증유합』

소릿값은 '려' 하나뿐이다. 앞에서 보았듯이 본디 '麗' 자는 거성(去聲)으로 읽을 때는 '려'로 읽고, 평성(平聲)으로 읽을 때는 '리'로 읽는다. 그러나 천자문에 나오는 려수(麗水)는 자전이 아니라서 자세한 내용은 없고 한 가지 음만 나타냈다.

현재 전해 내려오는 천자문 가운데 가장 오래 되고 권위가 있는 『광주천자문』(1575)'과 명필 한석봉이 쓴 『석봉천자문』(1583)을 보면 석봉천자문에서는 '빗날 려'로, 그보다 먼저 나온 광주천자문에서는 '나오머글 려'로 되어 있어 뜻은 다르지만 모두 '려' 자로 읽고 있다. 천자문에서는 '나라이름 리'로 쓰는 예를 들 수 없었던 것이다.

천자문 다음 과정이라는 『유합(類合)』은 성종 때 서거정(徐居正)이 지었다는 설과 이것을 부인하는 설이 있어 확실하지 않다. 『유합』도 자전이 아니고 학습서이기 때문에 '빗날 려'로만 쓰고 다른 음은 표기하지 않았다. 한편 조선조에 한문을 한글로 옮긴 책 가운데 큰 위치를 차지한 『훈몽자회(訓蒙字會)』는 1527년 최세진이 썼다고 한다. 그러나 아쉽게도 『훈몽자회』에서는 '麗' 자를 찾지 못했다.[60]

이상에서 본 바와 같이 조선 전기에는 한글로 옮길 때 기준이 되는『천자문』이나『유합』같은 책에는 '麗' 자는 '려'로 읽는 경우만 있고, 아직 제대로 된 자전이나 옥편이 없어서 '나라이름 리'로 읽는 경우는 확인할 수가 없다. 따라서 전해 내려온 본디 소리로 하지 않고 단순히 '麗=려'로 옮겼다고 볼 수 있다.

그러나 1796년(추정) 우리나라 최초의『전운옥편(全韻玉篇)』이 나오면서 천자문에도 다른 음과 뜻을 다는『주해천자문(註解千字文)』[61]이 나온다. 순조 4년(1804) 나온『주해천자문(註解千字文)』에서는 '麗' 자가 '려'와 '리'라는 두 가지 소리가 있다는 것을 밝히고 '리'로 소리나는 보기로 고리(高麗)를 들었다.

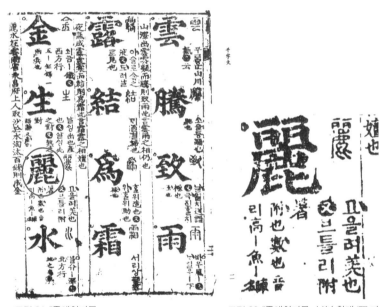

그림 21 『주해천자문』　　　　　　　　　그림 22 『주해천자문』 부분 확대 '麗' 자

---

60) 崔世珍 著; 崔南善 編,『訓蒙字會』, 朝鮮光文會, 1913(국립중앙도서관 소장판). 하권이 결본이라 찾을 수 없는 것으로 보인다.

61) 周興嗣(?-521) 撰·洪泰運 書,『註解千字文』京城廣通坊新刊, 崇禎百七十七年甲子(1804)秋, 洪允杓 개인 소장; 1973년 단국대학교 출판부 영인. 194쪽.

【麗】

고을 려 美也

브틀 리 附著

附也 數也 ?

<u>리</u> <u>高</u>− 魚− 陣名

이러한 새로운 시도는 분명히 새로운 경향이라고 할 수 있지만 이미 조선 후기에는 '高麗=고려'가 널리 일반화되어 있어 되돌리기는 어려웠을 것으로 보인다. 유명한 『석봉천자문』이나 『광주천자문』에 비해 『주해 천자문(註解千字文)』의 보급과 영향력이 그다지 크지 않았다는 증거이기도 하다.

2. 조선시대 '高句麗＝고구려', '高麗＝고려'라고 잘못 읽은 보기

앞에서 본 것처럼 조선 전기에 이미 '高句麗 = 고구리'를 '高句麗 = 고구려'로, '高麗 = 고리'를 '高麗 = 고려'라고 잘못 읽기 시작하였으며, 그와 같은 결과는 현재까지 이어지고 있다. 현재 온라인에서는 이 문제가 많은 논란이 있기 때문에 먼저 이 장에서 '고리'를 '고려'라고 잘못 읽은 자료에 대해서도 검토해 보고, 다음 장에서 잘못 된 것을 비판하는 조선시대 학자들의 주장을 보기로 한다.

1) 1481년(성종 12) 『삼강행실도』 언해본

『삼강행실도』는 1431년(세종 13)에 집현전 부제학(副提學) 설순(偰循) 같은 이들이 왕명에 따라 조선과 중국의 서적에서 군신(君臣)·부자(父子)·부부(夫婦) 같은 3강(三綱)의 본보기가 될 만한 충신·효자·열녀를 각각 35명씩 모두 105명을 뽑아 그 자취를 그림과 글로 일컬어 기린 책이다. 1481년(성종12) '열녀 편'을 한글로 옮겨 펴냈는데, 그 뒤 발행된 『삼강행실도』는 모두 언해본이다. 효행편과 충신편은 언제 한글로 옮겨졌는지 확실하지 않다. 이어 1511년(중종 6)과 1516년, 1554년(명종 9), 1606년(선조 39), 1729년(영조 5)에 각각 중간되어 도덕서로 활용되었다.

『삼강행실도』는 여러 차례 간행되어서 현재 전해지는 판본도 아주 다양하고 판본에 따라 옮긴 한글 내용도 여러 가지이다. 이 논문에서는 먼저 경남 유형문화재 제160호로 등록된 『삼강행실도』 4권을 검토해 보기로 한다. 이 『삼강행실도』는 도판(圖版) 윗면에 한자로 쓰인 내용을 한글로 옮겨 싣고 있는데, 각 권마다 모두 다른 시대에 옮겨진 한글이라는 것을 알 수 있다. 4권 가운데 高勾麗와 高麗가 나오는 이야기를 간추려 보면 다음과 같다.

표 26 『삼강행실도』에 나오는 '고구리'와 '고리'

각권 제목		내용	비고
1권 삼강행실	열녀 편	① 彌妻啖草(百濟), ② 崔氏奮罵(高麗), ③ 列婦入江(高麗)	
2권 삼강행실	열녀 편	① 彌妻啖草 ② 崔氏奮罵 ③ 列婦入江(高麗) ④ 吉再抗節(高麗)	①, ② 없어짐
3권 삼강행실	충신 편	① 提上忠烈(新羅) ② 丕寧突陳(新羅) ③ 鄭李上疏(高麗) ④ 夢周隕命(高麗) ⑤ 吉再抗節(高麗)	
	효자 편	① 婁伯虎浦(高麗)	
4권 삼강행실	효자 편	① 婁伯虎浦(高麗)	

1권과 2권은 같은 열녀편이지만 전혀 다른 판본으로, 1권에 나와 있는 ①, ②번 이야기가 2권에는 내용이 없고 차례에만 남아 있다. 또한 2권은 열녀편임에도 불구하고 충신편에 나오는 길재 이야기도 들어가 있어 완질이 아닌 듯한 생각이 든다. 열녀편에는 백제 때의 열녀 1명과 고리(高麗)시대 열녀 2명이 실려 있다. 3권

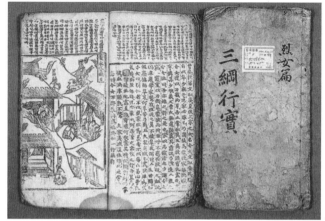

은 충신과 효자를 함께 싣고 있는데 신라 때 충신 2명과 고려 때 충신 3명을 싣고 있고, 효자로는 고리(高麗) 때 아버지를 잡아먹은 호랑이를 잡은 누백의 이야기 1편을 싣고 있다. 4권에는 효자 누백 이야기만 있다.

4권 가운데 고구리(高句麗)의 소릿값을 표시한 것은 백제와 신라의 이야기에서 나오고, 고리(高麗) 시대의 이야기에서는 제목에 '高麗'라고 나와 있지만 한글로 옮기지 않았다.

(1) 백제의 열녀 '도미의 처' 이야기에 나온 高句麗 소릿값

『삼강행실도』의 백제 '도미의 처' 이야기에 다음과 같은 내용이 나온다(원본에는 띄어쓰기가 되어 있지 않으나 글쓴이가 알기 쉽게 띄어쓰기를 하고 문장을 나누었다).

都彌妻 …… 婦曰 今良人已失 獨身不能自持 況爲王御 豈敢相違 今有所避 請他日 王信而許之 婦便逃至江口 不能渡 呼天慟哭 忽見舟至 乘到泉城島 遇其夫未死掘啖草根 遂與同至高勾麗終羈於 …….

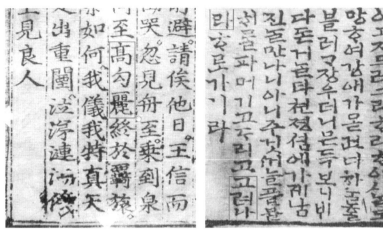

그림 24 『삼강행실도』 '高勾麗'   그림 25 『삼강행실도』 '고려나라'

　　도미의 겨지비…… 이제 남진이 볼셔 일코 혼잣모믈 주변몯ᄒ며 ᄒ믈며 왕씨드ᇰ거니 엇띠거스오링잇고 커니와 오ᄂᆞᆫ 피홀이리 이실ᄉᆡ 다ᄅᆞᆫ나ᄅᆞᆯ 기드리쇼셔 호대 왕이 고지드러 그리ᄒᆞ라ᄒᆞ야시ᄂᆞᆯ 도망ᄒᆞ여 강애가 몯 건디 하ᄂᆞᆯ홀 블러 ᄀᆞ장 우더니 믄득 보니 비 다ᄃᆞᆫ거ᄂᆞᆯ 타 천졍셤에 가 제 남진ᄂᆞᆯ 만나니 아니 주것씨ᄂᆞᆯ 플블히ᄅᆞᆯ 파머기고 다리고 **고려나라**호로 가니라.[62]

　　이 이야기에서는 '高勾麗 = 고려나라'로 번역했다는 것을 알 수 있다.

　　한편 현재 온라인의 여러 사이트에도 『삼강행실도』의 이 부분이 실려 있는데, 번역이 전혀 다른 판본이다. 앞에서 본 판본보다 좀 더 자세하게 풀어썼고, 高句麗도 '고려'라 하지 않고 '고구려'라 하였고 평양에 도읍했다는 주까지 붙인 것으로 보아 앞에서 본 판본보다 시대가 상당히 뒤떨어진 것임을 알 수 있다.

---

62) 『삼강행실도(三綱行實圖)』, (경남 유형문화재 제160호, 소재지 : 경남 양산시). * 해설에는 조선 성종 연간 목판본이라고 되어 있다.

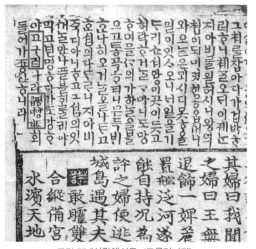

…… 이제는 지아비롤 일허시니 왕의 첩이 되미 엿
힝ᄒ옵ᄭ너니와 오늘은 뫼시지 못ᄒ올 일이 잇소오니
녀일을 기ᄃ리쇼셔 왕이 곳이듯고 허락ᄒ거늘 ㄱ마
니 도망ᄒ여 믈ᄭ의 가 하ᄂᆞᆯ을 블으고 통곡ᄒ더니
믄득 비 ᄒ나히 오거늘 올나ᄐ고 ᄒᆞᆫ 셤의 다ᄃᆞ르니
지아비 죽디 아니 ᄒ고 그셤의 잇ᄲᅥ늘 만나 플불희
롤 키야먹고 년명ᄒ다가 도망ᄒ야 **고구려나라(평양**
도읍이라)회 들어가 죵신ᄒ니라

그림 26 『삼강행실도』 '고구려나라'

(2) 신라의 충신 박제상 이야기에 나오는 고구리(高句麗)의 소릿값

박제상 이야기에서는 高勾麗와 勾麗 두 번 나오는데, 한번은 '高勾麗＝고려나
라', 다른 한 번은 '勾麗＝고구려나라'라고 다르게 쓰고 있어, 조선시대에도 '高句
麗'는 물론 '勾麗'도 쓰고 있었다는 것을 알 수 있고, 高勾麗를 '고려나라', '고구
려나라' 두 가지 쓰고 있어, 당시 나라이름으로 두 가지가 모두 일반적으로 쓰이
고 있다는 것을 알 수 있다.

實聖王遣奈勿王子 未斯欣質倭 又遣斯欣兄卜好質高勾麗 訥祇王立 思得辯士
往迎 朴堤上請行 至勾麗 說王同歸……

실성왕이 내믈왕 아ᄃᆞᆯ 말ᄉ혼을 보내야 예나라히 볼모드리고 ᄯ 소흔의 형 복호롤 보내
야 <u>고려나라</u>히 볼모드렷더니 눌지왕이 셔셔 말잘ᄒᄂᆞᆫ 사ᄅᆞᆷ 보내야 더브러오고져커늘 박
뎨상이 니거지이다ᄒᆞ야 <u>고구려나라</u>히 가 왕ᄭᅦ달애샤 더브러오나ᄂᆞᆯ……⁽⁶³⁾

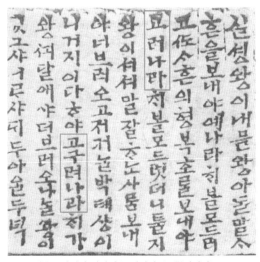

그림 27 박제상 이야기 '고려나라', '고구려나라'

(3) 왕건의 고리(高麗)시대 인물에 나오는 高麗의 소릿값

『삼강행실도』에는 왕건의 고려(高麗)시대의 인물 가운데 열녀 2명, 충신 3명, 효자 1명을 뽑아 싣고 있다. 고려 인물을 나타내는 제목에는 반드시 밑에 '高麗'라는 시대를 덧붙였는데, 이 시대의 이름은 한글로 옮기지 않았고, 본문에는 나라이름이 나오지 않았다.

그러나 여러 블로그에서 인용되고 있는 고려 충신 '길재'이야기에는 본문에 나라이름이 나와 '고려'라고 번역하였다. 경남 유형문화재 판본과 내용을 비교해 보면 앞뒤를 알 수 있다.

---

63) 『삼강행실도(三綱行實圖)』, (경남 유형문화재 제160호, 소재지 : 경남 양산시). 3권 70쪽.

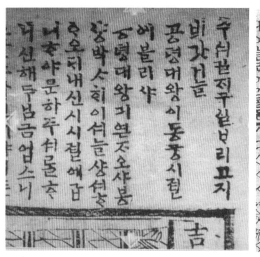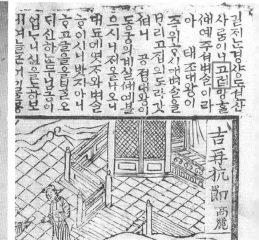

① 경남 유형문화재 판본

洪武己巳冬 注書 吉再 棄官歸家歲在庚辰 恭定大王 在東宮召之 再至 啓于 恭定大王

주서 길지 구(?)실 브리고 지비 갓거늘 공뎡대왕이 동궁시졀에 블리샤 공뎡대왕긔 엳즈오샤

② 후대의 판본

길저노 경상됴 선산 사룸이니 고려 망홀째에 주서벼슬이라

아 태조대왕이 즉위ᄒ시매 벼슬을 브리고 집의도라갓쩌니

공졍대왕이 동궁의 계실쪄에 블으시니 져올나오니……

　

경남 문화재 판본에는 원본이나 번역본에 나라이름이 나오지 않는 데 반해 후대의 판본에는 첫머리에 자세한 설명을 덧붙이면서 시대를 써넣었다는 사실을 알 수 있다. 다시 말해 '고려'라는 이름은 원문에 없고 꽤 늦은 시기에 덧붙인 것임을 알 수 있다.

이상에서 『삼강행실도』를 검토해 보았는데 高句麗를 '고구려', '고려'로 옮겼다는 것을 알 수 있다. 『삼강행실도』는 성종 때 이미 언해본이 나왔다지만 자료를 접할 수 없었고, 현재 글쓴이가 접할 수 있었던 판본들은 ① 반잇소리(半齒音)가 사라져 나타나지 않고, ② 구개음화 현상이 보이고 있으며, ③ 연철(連綴)이 나타나는 것으로 보아 성종 때 것이 아니고 시대가 떨어진 판본이라는 아쉬움이 있다. 특히 후대의 판본들은 조선 후기의 판본일 가능성이 크다.

2) 1517년(중종 12년) 이전에 나온 『번역노걸대(飜譯老乞大)』

원간본은 전하지 않으나, 을해자본의 복각으로 보이는 중간본이 전한다. 원본인 『노걸대』 및 『노걸대언해』(1670)와 구별하여 『번역노걸대』라 한다. 노걸대는 상인의 여행과 교역에 관한 담화집이기 때문에 번역된 이 책도 독특한 대화체를 가진 풍부한 자료를 담고 있으며, 『노걸대언해』와 비교하여 국어의 변천상을 연구할 수 있다. 『노걸대』에서도 '高麗＝고려'로 읽었다. 이 자료에는 16세기 중반까지 쓰이고 사라진 반사잇소리(반치음) ㅿ가 나타나는 것으로 보아 아주 이른 시기 판본이며, 글쓴이가 이 논문에서 사용한 자료 가운데 가장 오래된 것이다.

〈060b3-4〉

528 :뎜 ·도 ᄒ ·마 다ᄃᄅ ·리로다〈060b5〉

529 ·우 ·리 므 ·슴 :음 ·식 ·을 머 ·거 ·ᅀᅡ :됴 ·홀 ·고〈060b6〉

530 ·우 ·리 **고렷** :사 ·ᄅ ·믄/ᄌᆫ 국슈 머 ·기ᄂᆞᆨ ·디 :몰ᄒ ·애 ·라〈060b7-8〉[64]

---

64) http://www.hanmal.or.kr/ 한말연구학회 자료실, 『번역노걸대언해』(상, 하)를 허재영이 입력한 것이다.

3) 1617년(광해군 9)의 『동국신속삼강행실도東國新續三綱行實圖』

조선 전기에 간행된 『삼강행실도』와 『속(續)삼강행실도』의 속편으로 1617년(광해군 9)에 유근(柳根, 1549~1627) 등이 왕명으로 편찬했다. 모두 18권으로 되어 있는데, 권 1~8은 효자, 권9는 충신, 권10~17은 열녀이고, 18권 속부는 『삼강행실도』와 『속삼강행실도』에 수록된 인물 72명을 부록으로 싣고 있다. 한 사람마다 1장의 그림이 있고 한문 다음에 한글을 붙였다.

『동국신속삼강행실도』에서도 『삼강행실도』와 마찬가지로 '高麗=고려'로 읽고 있다.

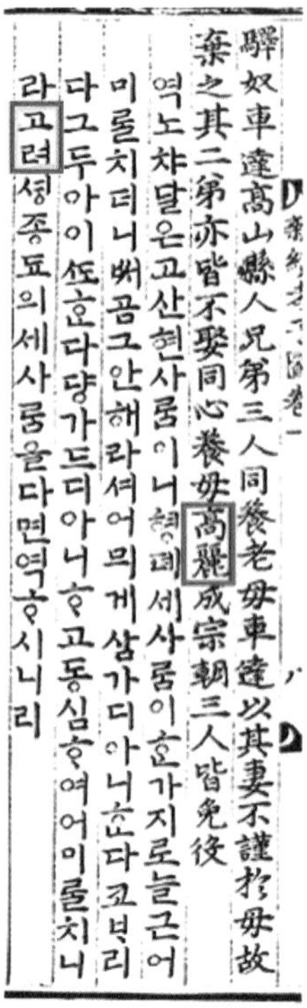
驛奴車達高山縣人兄弟三人同養老母車達以其妻不謹於母故
棄之其二弟亦皆不娶同心養母高麗成宗朝三人皆免役
역노챠달은고산현사ᄅᆞᆷ이니형뎨세사ᄅᆞᆷ이ᄒᆞᆫ가지로늘근어
미ᄅᆞᆯ치더니ᄡᅥ곰그안해라셔어믜게삼가디아니ᄒᆞᆫ다코ᄇᆞ리
다그두아이ᄯᅩᄒᆞᆫ다댱가드디아니ᄒᆞ고동심ᄒᆞ여어미ᄅᆞᆯ치니
라고려셩종됴의세사ᄅᆞᆷ을다면역ᄒᆞ시니리

그림 30 『동국신속삼강행실도』 고려.

역노 챠달은 고산현 사ᄅᆞᆷ이니 형뎨 세사ᄅᆞᆷ이 ᄒᆞᆫ가지로 늘근 어미ᄅᆞᆯ 치더니 ᄡᅥ곰 그 안해라셔 어믜게 삼가디 아니ᄒᆞᆫ다코 ᄇᆞ리다 그 두 아이ᄯᅩᄒᆞᆫ 다 댱가 드디 아니ᄒᆞ고 동심ᄒᆞ여 어미ᄅᆞᆯ 치니라 고려 셩종됴의 세 사ᄅᆞᆷ을 다 면역ᄒᆞ시니리

4) 1677년(숙종 3)의 『박통사언해』朴通事諺解

高麗 말부터 사용되던 중국어 학습서 『박통사(朴通事)』를 우리말로 옮긴 책이다. 성종 때 최세진(崔世珍)이 엮고, 1677년(숙종 3) 권대운(權大運)·박세화(朴世華) 등이 다시 고증하여 간행되었다. 초간본은 전쟁으로 없어지고, 나중에 『노걸대』와 『박통사』의 요점을 추려 주해(註解)한 『노박집람(老朴輯覽)』을 주중(周仲)

이 발견하였는데, 지금 전하는 『박통사언해』는 이를 참고한 것이다.

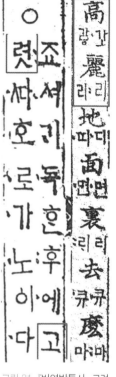

그림 31 『번역박통사』 고려.

　　高麗地面裏去麽 : 고렷싸호로가노이다.[65]

　역관들의 중국어 교과서이기 때문에 우선 중국어인 한자가 나오고, 그 한자 밑에는 중국어의 소릿값을 한글로 적었다. 그리고 그 뒤에 그 뜻을 적으면서 '高麗=고려'로 읽었다.

5) 1797년(정조 21년)의 『오륜행실도』五倫行實圖

　『삼강행실도』와 중종 때 김안국이 엮은 『이륜행실도』를 합쳐 정조 때 이병모(李秉模, 1742~1806) 등이 펴낸 책이다. 『오륜행실도』에서는 고구려의 이야기는 없으나 신라의 '박제상'과 백제의 '도미' 이야기 가운데 고구려가 나온다. 이 두 이야기에서는 모두 '高句麗=고구려'로 읽고 있다는 것을 알 수 있다.[66]

　① 신라의 박제상(堤上忠烈 新羅)

　박데상은 신라 시조 혁거셰 후손이니 신라왕의 두 아이 흔나흔 왜국에 볼모 잡히이고 흔

　나흔 고구려에 볼모 잡혀 갓더니 왕이 심히 보고져 ㅎ여 변수를 어더 가 마자오랴 홀시데

　샹이 ㅈ원ㅎ여 고구려에 가 그 왕을 다래여 볼모를노케 ㅎ고……

---

65) 『朴通事諺解』, 權在善, 李鉉奎 共編, 古語資料選, 學文社, 1982.

66) 여기에 나온 원문들은 http://www.hanmal.or.kr/한말연구학회 자료실, 홍문각에서 영인한 오류행실도 (1990, 서울대 가람문고본 170 Y51 ㅇ V.1~4)를 김용경이 입력한 것이다.

② 백제의 '도미 처'(彌妻偕逃 百濟)

도미ᄂᆞᆫ 빅뎨 나라 사ᄅᆞᆷ이니 안히 얼골이 아름답고 졀ᄒᆡᆼ이 잇더니 빅뎨왕이 듯고 도미ᄃᆞ려 닐러 ᄀᆞᆯ오ᄃᆡ … ᄀᆞ만이 도망ᄒᆞ여 믈ᄀᆞ에 가 능히 건너디 못ᄒᆞ니 하ᄂᆞᆯ을 브ᄅᆞ며 통곡 ᄒᆞ더니 홀연이 외로온 비 믈결을 ᄯᅩ와 니ᄅᆞ거ᄂᆞᆯ 그 비ᄅᆞᆯ ᄐᆞ고 쳔셩도라 ᄒᆞᄂᆞᆫ 셤에 다ᄃᆞ라 지아비ᄅᆞᆯ 만나니 죽디 아니ᄒᆞᆫ디라 플불휘ᄅᆞᆯ 키여 먹다가 ᄒᆞᆫ가지로 **고구려나라**히 드러가 죵신하니라(62, 63)

한편 高麗에 대해서는 모두 6가지 보기가 소개되었는데, 모두 '高麗＝고려'로 읽었다.

① 최 씨가 꾸짖음(崔氏奮罵 高麗)

최시난 **고려** 적 녕암 션비 인우의 ᄯᆞᆯ이니 딘쥬호 댱졍만의 쳬 되어 네 ᄌᆞ녀ᄅᆞᆯ 나코 사더니 왜적이 딘쥬ᄅᆞᆯ 티니 고을 사ᄅᆞᆷ이 다ᄃᆞ라 나ᄂᆞᆫ디라……

② 열부 배씨(烈婦入江 高麗)

비시ᄂᆞᆫ **고려** 적 경산 사ᄅᆞᆷ인 진ᄉᆞ ᄃᆞᆼ션의 ᄯᆞᆯ이라 낭댱 벼ᄉᆞᆯᄒᆞᄂᆞᆫ 니동교의 쳬되여 닉녕을 잘 다ᄉᆞ리더니 왜란을 만나 지아비 ᄡᅡ홈에 가고 혼자 이실 ᄯᅢ에……

③ 호랑이 잡은 최누백(婁佰捕虎 高麗)

최누ᄇᆡᆨ은 **고려** 적 슈원아젼 샹쟈의 아ᄃᆞᆯ이니 샹재 산영ᄒᆞ다가 범의게 해ᄒᆞᆫ 배 되니 이 ᄣᅢ 누ᄇᆡᆨ의 나히 십오셰라 범을 잡고져 ᄒᆞ거ᄂᆞᆯ 어미 말린대 누ᄇᆡᆨ이 ᄀᆞᆯ오ᄃᆡ 아븨 원슈ᄅᆞᆯ 엇디 아니 갑ᄒᆞ리오 ᄒᆞ고 즉시 돗긔ᄅᆞᆯ 메고 범의 자최ᄅᆞᆯ ᄯᆞᆯ오니……

그림 32에서 보는 것처럼 그림과 함께 제목이 있고 한문 원문이 시작된다. 제목 아래 高麗라고 시대를 표시하고 한문 원문에는 나라이름이 나오지 않는다. 그런데 훈민정음으로 언해할 때는 '고려 적'이라고 시대를 넣어 옮긴 것을 알 수 있다.

④ 정추와 이존호의 상소(鄭李上疏 高麗)

뎡츄는 **고려** 쳥쥬 사롬이오 니존오는 경쥬 사롬이니 **고려** 공민왕이 즁놈 신둔을 스랑ᄒ여 졍ᄉ롤 어즈러이니 뎡츄 니존오 두 사롬이 샹소ᄒ여 둔의 죄샹을 니롣딕 왕이 대노ᄒ여 두 사롬을 블러 ᄶ지즐시……

⑤ 정몽주의 죽음(夢周殞命 高麗)

뎡몽쥬는 영일 사롬이니 **고려** 망홀 째 졍승이라 태조대왕긔 텬명과 인심이 다 도라오니 됴쥰과 뎡도젼과 남은 등이 태조롤 진심ᄒ여 도오니 뎡몽쥐 크게 근심ᄒ여 딕간으로 ᄒ여곰 됴쥰 뎡도젼 남은 등을 논박ᄒ여 귀향 보내게 ᄒ대……

⑥ 길재의 절개(吉再杭節 高麗)

길지는 **고려** 희평 사롬이니 **고려** 말에 벼슬ᄒ다가 홍무(명태조대 년호라) 긔ᄉ에 벼슬을 부리고 집의 도라 갓더니 아 태종대왕이 동궁의 겨실 째에 브르신대 지 오거놀 대됴에 엿ᄌ와 벼슬ᄒ이시니 지 밧디 아니ᄒ고 글을 올려 굴오딕 신하는 두 님군이 업ᄂ니 지롤 노하 보내여 늙은 어미롤 봉양ᄒ게 ᄒ쇼셔……

이상에서 본 조선시대 여러 언해본에 나타난 高句麗와 高麗의 소릿값을 졸합한 〈표 27〉을 보면 모두 高句麗=고구려, 高麗=고려라고 했다는 것을 알 수 있다. 1446년(세종 28) 훈민정음이 창제된 뒤 35년 만에 나온 『삼강행실도』 언해본에는

五倫行實圖　婁伯捕虎　麗尚

崔婁伯水原吏尚翥之子尚翥獵爲虎所害婁伯時
年十五欲捕虎母止之婁伯曰父讐可不報乎卽荷
斧跡虎虎旣食飽臥婁伯直前叱虎曰汝害吾父吾
當食汝虎乃掉尾俛伏婁伯斫斮其腹取父骸肉安
於器納虎肉於甕埋川中葬父洪法山西廬墓一日
假寐崔父來詠詩云披榛到孝子廬情多感淚無窮
負土日加塚上知音明月淸風生則養死則守誰謂
孝無始終聞訖遂不見服闋取虎肉盡食之
詩崔父山中獵兔狐却將挥斤斫虎顧
兒郎孝誰得挥斤斫虎顧　捕虎慣冤於菟當時最可憐山
泉

五倫行實圖
西廬墓又三年小詞來誦眞非夢端爲袁誠徹九
泉

최누빅은 고려적 슈원아젼샹쟈의아들이니 샹
재산영호가 가히 게해호배되니 이제누빅의
나히십오셰라 범을잡고져 ㅎ거놀어미말린대
누빅이골오디아비원슈룰엇디아니갑흐리오
ㅎ고즉시돗치룰메고범의자최룰ᄯ라오니범이
이믜다먹고비불러누엇거놀누빅이바로알픽
드라드러범을ᄭ고저즐오디비너아비룰해쳐
시니내가먹으리라범이ᄭᄋ리룰치고업딕거

그림 32 『오륜행실도(五倫行實圖)』 고려적.

정확히 어떻게 나왔는지 알 수 없지만 후대에 간행된 판본에는 高句麗와 高麗를 모두 '고구려'와 '고려'로 옮겼고, 특히 조선 전기 중종 때 나온 『번역노걸대언해』의 '고려'는 상당히 이른 시기에 이미 '고려'라고 언해했다는 것을 보여주는 자료이다. 그런 면에서 조선시대 우리 선조들은 이미 일찍부터 '고구려', '고려'라고 언해를 했기 때문에 '고구리'나 '고리'가 잊혀지고 '고구려'나 '고려'가 일반화되었다고 볼 수 있다.

다시 한 번 정리하면 훈민정음을 만들고 용비어천가를 쓴 당시는 '高麗＝고리'로 쓰고 있었고 高麗 때 나라이름을 '고리'라고 불렀다는 것을 알고 있었다. 이 논리를 앞 절에서 보았던 『삼강행실』나 『오륜행실도』에 나온 '高麗＝고려'에다 대입해 보면, 『삼강행실』와 『오륜행실도』를 한글로 옮긴이들은 高麗 때 나라이름을 '고리'라고 불렀다는 사실을 모르고 있었거나, 아니면 그 사실을 알고 있지만 단순하게 일반인들이 많이 알고 있는 천자문의 '려(麗)' 자를 대입해서 '고

표 27 조선시대 언해본에 나타난 高句麗와 高麗의 소릿값

번호	연대	책 이름	원문	한글
1	1481년(성종 12년)	삼강행실도	高句麗國	고구려나라
2	1481년(성종 12년)	삼강행실도	高麗	고려
3	1517년(중종 12년)	번역노걸대언해	高麗	고려
4	1617년(광해군 9년)	동국신속삼강행실도	高麗	고려
5	1677년(숙종 3)	박통사언해	高麗	고려
6	1797년(정조 21년)	오륜행실도(3회)	高句麗	고구려
7	1797년(정조 21년)	오륜행실도(6회)	高麗	고려

려'라고 했다. 『오륜행실도』를 한글로 옮긴 때는 몇백 년이 지난 뒤이기 때문에 이때는 이미 '고려'란 소릿값이 일반화되었을 가능성이 크다. 위에서 본 자료들은 모두 일반에게 널리 알리거나 실용적으로 쓰는 책들이기 때문에 그 파급력은 아주 컸을 테고 고구리(高句麗)와 고리(高麗)가 고구려와 고려로 잘못 쓰이는 데 결정적인 역할을 했다고 할 수 있다.

3. '高麗=고려'는 틀렸고, '高麗=고리'가 옳다.

이처럼 나라이름이 잘못 쓰이고 있는 현상에 대해 그것이 잘못된 것이며 바로 잡아야 된다는 식자들의 기록도 끊임없이 이어졌으며 글자가 아닌 입으로 전해 내려오는 소릿값에서는 '고리'를 그대로 쓴 보기들이 많다. 이 장에서는 바로 그런 점을 검토해 보려 한다.

1) 1525년(중종 20년), 성현成俔, 『용재총화慵齋叢話』의 고리高麗

조선 초기의 학자 성현(1439·세종 21～1504·연산군 10년)이 1504년에 지은 것을 1525년(중종 20년) 경주에서 간행했는데, 3권 3책이 필사본으로 전해오다가 1909년 조선고서간행회(朝鮮古書刊行會)에서 간행한 『대동야승(大東野乘)』에 채록되어 널리 알려지게 되었다. 그 내용은 고려부터 조선 성종 대에 이르기까지 형성·변화된 민간 풍속이나 문물·제도·문화·역사·지리·학문·종교·문학·음악·서화 등 문화 전반에 걸쳐 다루고 있어, 당시의 문화 전반을 이해하는 데 많은 도움을 준다.[67]

그림 33 『용재총화(慵齋叢話)』

『용재총화(慵齋叢話)』속에 들어있는 「패관잡기」에 명나라에서 온 사신의 시에 관한 논의가 있다. 명나라 사신의 시 부분만 간추리면 다음과 같다.

雲山千里海茫茫　구름 산 천리에 바다 멀고 아득한데

回首璇杓月一陽　북두성 자루로 머리 돌리니 달이 해이구나

佳句偶來樓上見　우연히 다락 위에 와서 아름다운 글귀를 보니

旅懷祗向客邊傷　나그네 마음 다만 객지에서 슬퍼한다

---

67) 한국학중앙연구원, 『한국민족문화대백과』

龍飛有詔頒高麗　용이 나니 高麗에 조서를 내리고

鳳去何人歎楚狂　봉이 가면 누가 초나라 미친이를 탄식할꼬

徒倚迎薰悲舊景　영훈루에 기대어 옛 경치를 슬퍼하니

誤疑新線共愁長　시름 속에 새 줄이 길어지나 잘못 의심하노라

당시 이 사신의 원접사(遠接使)였던 용재(慵齋)[68]가 함께 간 퇴휴(退休)·호음(湖陰)·안분(安分) 같은 종사(從事)들에게 이 시를 보이고 함께 평가를 하였다. 호음과 퇴휴는 그 시를 극찬하는 반면 용재와 안분은 잘못된 부분을 여러 군데 지적하였다. 그런데 이 과정에서 용재와 호음 사이에 시에 나오는 高麗라는 단어에서 '麗' 자의 성조(聲調) 문제로 토론이 벌어진다.

　　용재 : "격률(格律)은 알 수 없다."

　　용재 : "高麗의 麗 자는 본래 평성(平聲)인데 측자(側字)로 만들어 썼으니 잘못이다."

　　호음 : "처음에 산고수려(山高水麗)로 나라이름을 삼았으니, 이것이야 해될 것이 있는가.
　　　　　중국 사람이 성률(聲律)에 정통하니 어찌 착오가 있겠는가."

　　하니, 용재가 말이 없었다. 그 뒤에 오는 길에서 지은 것이 매우 많은데, 총수령(葱秀嶺)에

　　이르러 오언장편(五言長篇)을 지었다. 용재가 화답하게 되었는데, 탄복해 마지않으며 호

　　음에게 말하기를, "참으로 신선의 재주다. 자네의 지난번 말이 과연 옳다." 하였다.[69]

여기서 논의의 초점은 시에 나오는 高麗의 '麗' 음이 평성(平聲)인가 거성(去聲)

---

68) 이행(李荇)의 호, 이행은 조선 중종 때의 문신(1478~1534). 저서에 『용재집』이 있다.

69) 민족문화추진회 고전국역총서 『대동야승』, 「패관잡기｣ 4권, 1984, 532쪽.

인가 하는 문제이다. '麗'자는 평성과 거성 두 가지 모두가 있어 문제가 되는데, 앞에서 본 바와 같이 훈민정음 반포와 함께 만든 운서(韻書)인『동국정운(東國正韻)』에는 평성일 때는 '리'라고 읽고 거성일 때는 '례(우리 음은 려)'라고 읽는다는 원칙을 한글로 정확히 구분해 놓고 있다. 그런데『용비어천가』에서 高麗의 '麗 = 리(㴆)'라고 분명히 밝혔다. 그리고『동국정운』에 나오는 리(㴆)는 거성은 없고 평성만 있다. 그렇기 때문에 高麗의 麗는 평성이 맞는 것이다. 용재가 명나라 사신의 성조가 잘못되었다는 것은 바로 이런 논리에서 온 것이다.

용재의 주장을 간추리면 이렇다.
① 高麗의 '麗' 자는 평성이다. 그렇기 때문에 '麗 = 리'로 운을 맞추어야 한다.
② 그런데 평성으로 운을 맞추지 않았으니 잘못이다.

호음의 주장은 이렇다.
① 高麗는 처음에 산고수려(山高水麗)에서 따 나라이름을 삼았으니 '거성(= 려)'이고 운이 틀린 것이 아니다.
② 중국 사람이 성률(聲律)에 정통하니 어찌 착오가 있겠는가?
호음이 명나라 사신을 합리화시킨 주장 가운데 ②번 사대주의적 태도는 논리적 분석 밖의 일이니 제외하고, ①번 高麗 = 山高水麗에 대해서 알아보자. 이 문제의 이해를 돕기 위해 우리나라 최초의 자전인『전운옥편(全韻玉篇)』을 보기로 한다.

【麗】

【리】: 附 著 **東國高**—陳名魚—(支)

【려】: 美也 華也 施也 偶數 高樓—譙(霽)

여기서 '리'로 읽는 것은 평성이고(支), '려'로 읽는 것은 거성(霽)이다. 그리고 高麗는 평성이고, '고리'로 읽으라고 했다. 반면에 우리가 흔히 알고 있는 '고을(美) 려', '빛날(華) 려' 같은 경우는 거성(去聲)이다. 그렇기 때문에 만일 高麗＝산고수려(山高水麗)라면 '고을(美) 려', '빛날(華) 려'처럼 거성이 되는 것이다. 그렇기 때문에 나라이름일 때는 평성인 '리'라는 것을 몰랐던 호음이 高麗가 산이 높고 물이 곱다(山高水麗)라는 문장이 나왔다고 해서 거성으로 본 것은 틀린 것이었다. 결국 호음이 용재에게 판정패를 당한 것이다. 용재의 논리에 반격할 지식이 없었기 때문이다. 그래서 호음의 주장에 '용재는 말이 없었다.'고 했으며, 나중에 호음이 "자네의 지난번 말이 과연 옳다."고 했던 것이다.

16세기 선비들 가운데 高麗의 '麗' 자는 평성인 '리'로 읽어야 한다는 것을 알고 있는 사람과 이런 사실을 모르는 사람과의 논란을 통해서 이때까지도 '高麗＝고리'로 읽어야 한다는 것을 알고 있는 식자들이 꽤 있었음을 알 수 있다. 또 한편으로는 중국 사신을 포함해 '高麗는 산고수려(山高水麗)를 줄인 말'로 아는 사람도 많았을 것이다.

2) 1740년(영조 16년) 경 『성호사설』星湖僿說의 고구리高句麗와 고리高麗

200년 남짓 지난 조선 후기 논의에서 '高麗＝산고수려(山高水麗)'는 여러 자료에서 인정받지 못하고 있다. 먼저 『성호사설』을 보기로 한다. 『성호사설』은 조선 후기 실학자 성호 이익(1681·숙종 7～1763·영조 39)이 지은 책이다.

『성호사설』에서는 두 군데서 高麗＝산고수려(山高水麗)는 지어낸 말이고 그릇된 것임을 밝히고 있다.

그림

① 권2 「천지문(天地門)」, '발해황룡(渤海黃龍)'

구리(句麗)는 아마 의주 밖이나 말갈의 서쪽이 바로 그 땅일 것이다. (고구리의) 구(句)
자는 '태백구오(太伯句吳)'에 나오는 구자와 같은 것으로 깊은 뜻이 있는 것이 아닌데, 주
몽(朱蒙)이 국호로 삼아 그 가운데 덧붙이고 스스로 높여 고(高)자를 얹었으며 아울러 성
으로 삼은 것이니, 요즘 사람들이 말하는 "산이 높고 물이 곱다[山高水麗는 뜻]"이라는
것은 지어낸 말이다. 왕망(王莽) 때 반항한다고 침략하여, 하구리(下句麗)로 강등시킨 것
만 보아도 증명할 수 있는 것이다.[70]

---

70) 李瀷, 『星湖僿說』, 권2, 「天地門」, '渤海黃龍.〈句麗者 恐是義州之外 靺鞨之西 卽其地. 句如太伯句吳之
句 非有深義 朱蒙以爲國號 而就其中 自尊故加高字仍爲姓 今人以山高水麗者誣矣 王莽時 以其侵叛 降爲
下句麗 可以驗矣.〉

② 권15 「인사문(人事門)」 '화령(和寧)'

　　주몽(朱蒙)의 성이 고(高)씨이므로 고구리(高勾麗)라 했는데, 해설자는 "산고수려(山高水麗)라는 뜻이라" 했으니, 이는 그릇된 해석이다. 후세의 임금이 나라를 세워 고리(高麗)라고 한 것은 어째서이겠는가?[71]

　　이 두 문장에서 모두 고리(高麗)란 산수고려(山高水麗)라는 말의 줄임말이 아니라 주몽이 세운 나라이름에서 비롯되었다는 점을 강조하고 있다. 이는 당시 많은 선비들이 고리(高麗)라는 나라이름이 '높은 산 고운 물(山高水麗)'에서 비롯되었다고 잘못 알고 있었고, 성호선생이 이것을 주몽이 세운 나라이름에서 나온 것이라고 바로잡았다는 것을 알 수 있다. 이는 조선시대에도 고리(高麗)가 고구리(高句麗)의 고리(高麗)를 이어받았다는 선비들에게 강한 의식을 보여주는 본보기이기도 하다.

3) 1778년(정조 2) 『동사강목』東史綱目 : 고리高麗라고 읽어라.

　　『동사강목』에서도 '高麗＝山高水麗'가 아니라고 주장하였다. 『동사강목(東史綱目)』은 조선 후기의 실학자 안정복(安鼎福, 1712~1791)이 쓴 단군조선부터 고리(高麗) 말기까지를 다룬 통사적인 역사책인데 '조선(朝鮮)'의 어원을 잘못 해석하는 것과 함께 고리(高麗)도 잘못 읽고 있다는 것을 정확히 지적하고 있다.

---

71) 李瀷, 『星湖僿說』, 권15 「人事門」 '和寧'. 〈朱蒙姓高故稱高勾麗 說者謂山高水麗者誣矣. 後王之興 却以高麗爲號 何哉.〉

『여지승람(輿地勝覽)』에는 "동쪽 끝 해가 뜨는 곳에 있기 때문에 조선이라 이름하였다"고 하였고, 학봉(鶴峯) 김성일(金誠一)의 『조선고이(朝鮮考異)』에는 "선(鮮)은 밝음[明]이니 동쪽에 위치하여 해가 선명(鮮明)하기 때문에 조선이라 하였다"고 하였는데, 두 말의 뜻이 너무 약삭빠르고 묘하다. 이는 문승(文勝, 글이 본디 내용을 앞선다는 뜻)한 후세에 와서 아름답게 윤색한 말 같으니, 마치 고리(高麗)의 麗 자가 본디 평성(平聲. 옮긴이 주 : '리'로 발음된다)인데 후인들이 거성(去聲. 옮긴이 주 : '려'로 발음된다)으로 읽어 산고수려(山高水麗)의 '여(麗)' 자라고 일컫는 것과 같다.[72]

『여지승람』, 곧 『동국여지승람』에 나오는 조선의 어원을 비판한 것이다. 『동국여지승람』은 1481년(성종 12) 성종(成宗)의 명에 따라 노사신(盧思愼), 양성지

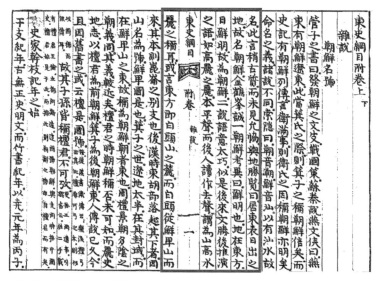

그림 35 『동사강목』, '麗 = 평성 '리''

---

72) 安鼎福, 『東史綱目』, 附錄 上卷 下, 雜說, 〈朝鮮, 名號.〈輿地勝覽曰 居東表日出之地 故名朝鮮, 今鶴峯誠一朝鮮考異曰 鮮明也 地在東方 日鮮明 故謂朝鮮. 二說語意太巧, 似是後來文勝後推演之語. 如高麗之麗 本平聲 而後人讀作去聲 謂爲山高水麗之稱耳.〉

(梁誠之), 강희맹(姜希孟) 등이 편찬한 지리지(地理誌)이다. 학봉 김성일(1538~
1593)은 조선 명종에서 선조 대에 걸친 명신이며 학자인데 『조선고이』는 잘 알려
져 있는 책은 아니다. 실학자인 안정복은 많은 사서들을 섭렵하고 200~300년 전
의 사서들을 검토하여 위의 두 책에서 잘못된 것을 바로잡은 내용이다.

　여기서 보려는 내용은 조선의 뜻을 "동쪽 끝 해 뜨는 곳에 있어서 조선이라 이
름하였다."고 하는 것은 잘못된 것이고, 그것은 "고리(高麗)의 '麗' 자가 본래 평
성(平聲 '리'로 발음된다)인데 후인들이 거성(去聲 '려'로 발음된다)으로 읽어 산고수
려(山高水麗)의 '려(麗)' 자로 잘못 읽는 것과 같다."고 강하게 부정하는 것이다.

　앞에서 이미 보았듯이 『자치통감』에 보면 조선(朝鮮)을 틀리기 쉬운 홀이름씨
로 보고 그 읽는 법을 반절로 주를 달아 놓았다. 다시 말하면 조선(朝鮮)은 본디
한자가 아니라 외래어를 한자로 나타낸 것이기 때문에 주의해서 읽어야했던 낱
말이었다.

　그런데 『동국여지승람』이나 『조선고이』에서는 한문의 뜻에 따라 잘못된 해석
이라는 비판을 하하면서, 이와 마찬가지로 高麗도 산고수려(山高水麗)가 아니고
고리(高麗)로 읽어야 한다고 바로잡은 것이다. 『동사강목』은 기존 역사책들은 사
료의 수집이 철저하지 못했고, 서술이 요령을 잃었으며 의례(義例)에 어긋났고,
시비를 가리지 못했다고 해서 자료를 널리 수집하여 서술한 실학파의 대표적 역
사책이다. 조선(朝鮮)과 고리(高麗)의 소릿값에 대한 명확한 사실을 정확하게 서
술하였음을 알 수 있다.

　조선(朝鮮)이란 이름에 대하여 가장 오랜 기록은 사기(史記)의 주석서에서 볼
수 있다. 『사기집해(史記集解)』에서 장안(張晏)은 '조선에 습수(濕水)·열수(洌
水)·산수(汕水)가 있는데 이 3개의 강이 한데 만나 열수(洌水)가 된다. 낙랑과
조선은 여기서 이름을 취한 것으로 보인다(朝鮮有濕水·洌水·汕水, 三水合爲 洌

水, 疑樂浪·朝鮮取名於此也.)'고 했고, 당나라 사마정(司馬貞)이 지은 『사기색은
(史記索隱)』에도 '산수(汕水) 때문에 조선이라 이름하였다(以有汕水, 故名也)'고 했
다. 안정복의 논리는 아주 정연하다고 할 수 있다(『史記』, 권 115, 「朝鮮列傳」55.).

4) 1741~1793년 『청장관전서』_{青莊館全書}의 고구리_{高句麗}와 고리_{高麗}

『동사강목』과 같은 시기에 나온 『청장관전서』에서는 단순히 高麗 = 山高水麗
를 부정하는 선에서 그치지 않고 고리(高麗)의 어원을 분명하게 밝힌다. 『청장관
전서』는 이덕무(李德懋, 1741~1793)의 시문집으로, 71권 32책으로 구성되어 있는
데 권32~39는 고려~조선의 역대 시인에 대한 시평이 실려 있다. 그 가운데 33권
에 '麗' 자를 다음과 같이 기록하였다. 이덕무는 박제가, 이서구, 유득공과 더불어
청나라에까지 이름이 알려진 시인이자 실학자이다

【麗】

'麗' 의 본디 소리는 려(厲)이지만, 高麗에 쓰는 '麗' 음은 리(離)다.

유혜풍(柳惠風, 혜풍은 柳得恭의 자)이 '심도(沁都:현재의 강화)에서,

　　몽(蒙)·리(麗)의 전쟁은 날 샐 무렵의 비요　蒙麗戰伐殘更雨

　　만(滿)·한(漢)의 깃발은 큰 재난의 재로세　滿漢旌旗浩劫灰

라고 하였으니, 몽·려란 대체로 몽고(蒙古)와 고리(高麗)를 가리킨 것이다. 심계(心溪 李光
錫)가 일찍이 혜풍에게 말했다.

　"高麗의 '麗' 자를 중국 사람들은 비록 리(離)라고 읽지만 우리나라에서는 려(厲)라고
읽으니, 시(詩)를 지을 때 평성(平聲)을 따르지 않아도 되는 것 아닌가?"

　나도 심계의 말처럼 高麗 사람들이 스스로 산고수려(山高水麗)를 가리킨다고 하였다면

평성을 따르지 않아도 된다고 여긴다. 그러나 고구리(高句驪)의 '驪' 음은 리(離)인데, 태조(太祖) 왕건(王建)이 국호를 고리(高麗)라고 하면서 '구(句)' 자를 떼버리고, 또 驪자의 마방(馬旁)도 떼버렸지만, 어디까지나 본디 소리는 '리(離)'이다. 고리(高麗) 이전의 사서(史書)에도 고구리(高句麗)라 부른 데도 있고 고리(高麗)라 부른 데도 있으니. 꼭 태조가 맨 처음 고리(高麗)라 부른 것은 아니다. '고구리(高句驪)'라 부른 것은 『한서(漢書)』「지리지」에서 비롯되었다. 일찍이 나는 생각하기를, 고구리의 선대(先代)가 금와(金蛙)인데, 우리나라 방언(方言)에 와(蛙)를 개구리(喈狗里), 또는 왕마구리(王麻狗里)라 부르므로, 옛날 사람들이 솔직하고 순진하여 곧장 그 이름으로 나라이름으로 삼고 아울러 그 위에다 성(姓)을 얹어 고구리(高句驪)라 했던 것이 아닌가 여겼다. 이역(異域)의 방언은 소리만 있고 글자는 없는 것이 매우 많은데, 중국 사람들은 그 음을 번역하여 글자로 만들었기 때문에 전연 뜻이 없다.[73]

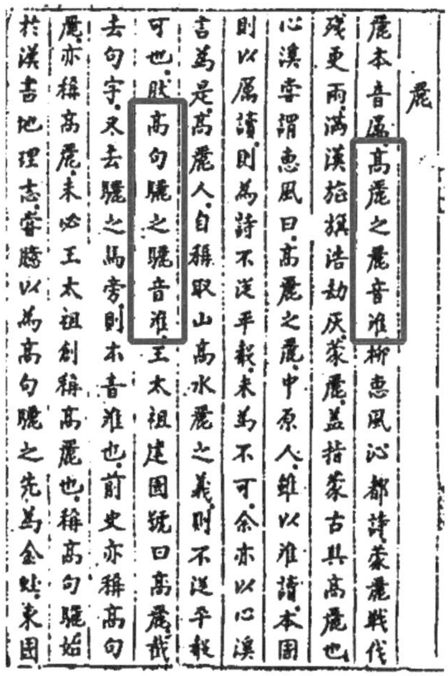
麗
麗本音厲高麗之麗音離惠風沁都詩蒙麗戰伐
殘更雨滿漢旌旗浩劫灰蒙麗盖指蒙古與高麗也
心溪嘗謂惠風曰高麗之麗中原人雖以離讀本國
則以厲讀則爲詩不從平聲未爲不可余亦以心溪
言爲是高麗人自稱取山高水麗之義則不從平聲
可也肰高句驪之驪音離王太祖建國號曰高麗截
去句字又去驪之馬旁則本音離也前史亦稱高句
麗亦稱高麗未必王太祖創稱高麗也稱高句驪始
於漢書地理志嘗臆以爲高句驪之先爲金蛙東國

그림 36 『청정관전서』 '麗' = 리(離)

이덕무는 먼저 ① 高麗에 쓰는 '麗' 음은 '리(離)' 임을 분명히 한다. 그리고 ② "중국 사람들은 '리(離)'라고 읽지만 우리나라는 '려(厲)'라고 읽으니, 평성(平聲)

73) 『青莊館全書』 卷33, 淸脾錄 2, 麗 〈麗本音厲 高麗之麗 音離. 惠風沁都詩 蒙麗戰伐殘更雨 滿漢旌旗浩劫灰 蒙麗盖指蒙古與高麗也. 心溪嘗謂惠風曰 高麗之麗 中原人雖以離讀 本國則以厲讀 則爲詩不從平聲 未爲不可. 余亦以心溪言爲是 高麗人自稱取山高水麗之義 則不從平聲可也. 肰高句驪之驪 音離 王太祖建國號曰高麗 截去句字 又去驪之馬旁 則本音離也. 前史亦稱高句麗 亦稱高麗 未必王太祖創稱高麗也. 稱高句驪 始於漢書地理志. 嘗臆以爲高句驪之先 爲金蛙 東國方言 稱蛙曰喈狗里 亦曰王麻狗里 古人質實 直以其名爲國號 兼冒其姓於上 曰高句驪耶. 異域方言 類多有聲無字 中國人 譯其音而充字故無義.〉

을 따르지 않아도 되지 않은가?"라는 질문에 대해 "高麗 = 산고수려(山高水麗)라면 그래도 좋다."고 전제를 하고, ③ "그러나 高麗 = 산고수려(山高水麗)가 아니고, 고구리(高句麗)를 이어받은 것이고, 본디 高句驪의 '驪' 음은 '리(離)'이기 때문에 본디 소리는 어디까지나 '리'이다."라고 분명한 논리를 세운다.

뿐만 아니라 ④ 고구리(高句麗) 때 바뀐 나라이름 고리(高麗)에 대해 확신은 없었던 것 같지만, 왕건의 고리(高麗) 이전인 고구리(高句麗) 때도 이미 '고리(高麗)'라는 나라이름을 썼다는 사실을 밝혔고, ⑤ 아울러 본디 고구리(高句麗)는 중국 사람들이 그 음을 따서 글자로 만들었기(音借) 때문에 전연 뜻이 없다는 것도 분명히 하였다. 고구리(高句麗)와 고리(高麗)의 어원과 소릿값에 대해 상당히 높은 탁견을 제시하였다. 고구리(高句麗)와 고리(高麗)가 본디 한자가 아니어서 우리말인 개구리와 왕마구리의 구리에서 찾아보려는 노력까지 했다는 것을 알 수 있다.

5) 1780년(정조 4), 연암 『열하일기』熱河日記의 고리＋내高麗臭

조선 후기 실학자이며 소설가인 연암 박지원(朴趾源, 1737~1805)의 『열하일기』를 보면 고리＋내(高麗臭)에 대해 기록되어 있다. 『열하일기』는 연암 박지원이 1780년(정조4) 청나라 황제의 여름별장지인 열하(熱河)까지 다녀온 기록을 담은 책인데, 여기에는 중국의 문물제도를 목격하고 견문한 내용을 각 분야로 나누어 기록하였다.

'麗'의 소리(音)는 리(離), '東'(의 소리는) 뚱(頭＋쯞의 반절)

역졸(驛卒)이나 하인 무리들이 배운 한어(漢語)는 그릇된 것들이 많았다. 그들의 말은 스스로 깨우치지 못한 채 늘 그대로 쓰고 있다. 냄새가 몹시 더러운 것을 '고리+내[高麗臭]'라고 하는데, 고리(高麗) 사람들이 목욕을 하지 않아 발 냄새가 몹시 더러운 것을 말한다. 물건을 잃으면 '뚱이[東夷]'라 하는데, 동이(東夷)가 훔쳐 갔다는 말이다. 麗의 소리(音)는 리(離)요, 동(東)은 '頭+登'의 반절음(切音)인데, 우리나라 사람들은 이를 모르고 냄새가 더러우면 '고리+내(高麗臭)'라 하고, 누가 물건을 훔쳤다고 의심되면 '아무개가 뚱이(東夷)'라고 한다. 그리하여 '뚱이'는 곧 물건을 훔쳤다는 별명인 것처럼 되었으니 어찌 한심하지 않으랴?[74]

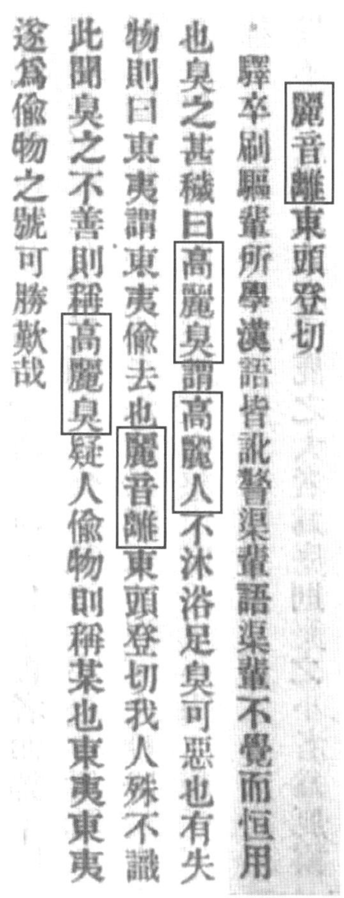
麗音離東頭登切
驛卒刷驅輩所學漢語皆訛謷渠輩語渠輩不覺而恒用
也臭之甚穢曰高麗臭謂高麗人不沐浴足臭可惡也有失
物則曰東夷謂東夷偸去也麗音離東頭登切我人殊不識
此聞臭之不善則稱高麗臭疑人偸物則稱某也東夷東夷
遂爲偸物之號可勝歎哉

그림 37 『열하일기(熱河日記)』

연암은 고리+내와 뚱이의 어원이 모두 외래어라고 밝혔다. 여기서 연암은 '麗' 자 음이 '리'라는 것이 고구리(高句麗) 때부터 내려온 것을 이야기하는 것인지, 아니면 당시 한어(漢語)의 소리가 그렇다는 건지 분명하지 않다. 다만 이 자료를 통해서 당시 일반화되어 있던 '고리+내'가 '高麗臭'의 음역이고 고리(高麗)의 '麗' 자는 '려'가 아닌

74) 朴趾源, 『熱河日記』 第 '20, (口外異聞' 崔南善 編修 『燕巖集』, 朝鮮廣文會, 1911, 卷 140 別集). 〈麗音離東頭登切 驛卒刷驅輩 所學漢語 皆訛謷. 渠輩語 渠輩不覺而恒用也. 臭之甚穢曰高麗臭 謂高麗人不沐浴足臭可惡也. 有失物則曰東夷 謂東夷偸去也. 麗音離 東頭登切 我人殊不識此 聞臭之不善則稱高麗臭 疑人偸物則稱某也東夷. 東夷遂爲偸物之號 可勝嘆哉.〉

‘리’로 읽어야 한다고 확실히 인식하고 있었다.

6) 1861~1866년^{철종 12년~고종 3년} 『대동지지』^{大東地志}의 고구리^{高句麗}·고리^{高麗}

19세기에 들어서도 ‘麗=리’라는 인식은 계속되었다. 실학자이며 지리학자인 김정호(金正浩)가 대동여지도를 완성한 뒤 쓴 『대동지지』는 1861년(철종 12) 편찬에 착수하여 1866년(고종 3년)까지 보완된 것으로 추정하는데, 이 책의 ‘고구리(高句麗)’ 편 첫머리에 이렇게 기록하고 있다.

【고구리(高句麗)】

본디 구리(句驪) 맥(貊)이다. 한나라 현도군에 속한 현에 고구리(高句麗)[(麗 자는) ‘리(离)’ 라고 읽는다]가 있었다. …….

『신당서』에는 부여에서 갈라져 나왔다(別種)[75]고 했다.(『수서』·『당서』를 살펴보면 모두 고리(高麗)가 남쪽으로 옮긴 뒤 나라이름을 바꾸었거나 역사서에서 생략한 것 같은데 자세히 고찰할 수가 없다.)[76]

高句麗를 ‘고구리’로 읽어야 한다는 분명한 인식을 가지고 있었다는 사실을 보여준다. 아울러 중국의 각 사서에 고구리(高句麗)를 고리(高麗)라고 기록한 것을 보고, 나라이름을 바꾸었거나 ‘구(句)’ 자를 생략했을 것이라고 보았다.

---

75) 羅竹風 主編, 中國漢語大詞典編纂委員會 編纂, 『漢語大詞典』(上海辭書出版社, 1986~1993)에 〈別種〉同 一種族的分支〉라고 했다. 별종이란 다른 종족이란 뜻이 아니고 ‘한 종족에서 갈라져 나간 가지’라는 뜻이다.

76) 金正浩, 『大東地志』, 권31 「歷代志」, 高句麗. 〈本句驪貊 漢玄菟郡屬縣有高句麗(音离) …… 新唐書云 本扶餘別種(按隋唐書 皆書以高麗南遷之後 或改國號歟 或史之省文歟 不可攷)〉

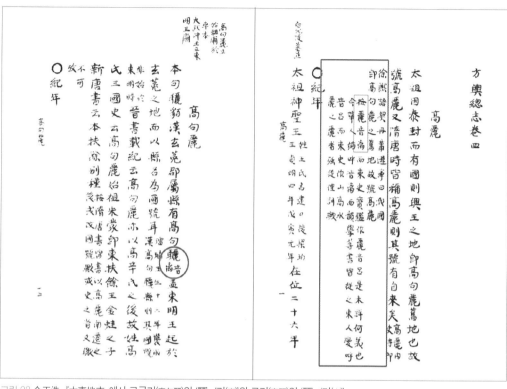

그림 38 金正浩, 『大東地志』에서 고구리(高句麗)의 '麗'='리(离)'와 고리(高麗)의 '麗'='리(离)'

한편 같은 책 '고리(高麗)' 편에서는 다음과 같이 쓰고 있다.

【고리(高麗)】

태조께서 태봉(泰封)을 바탕으로 나라를 일으키고 임금이 된 땅은 바로 고구리(高句麗) 옛 땅이기 때문에 고리(高麗)라고 이름을 붙였다. 또 수·당 때 모두 고리(高麗)라고 부른 것은 그 나라이름이 예부터 내려왔기 때문이다. 〈내사시랑 서희가 거란 소손녕에게 "우리나라는 바로 고구리(高句麗) 옛 땅에서 일어났기 때문에 고리(高麗)라 이름하였다"고 하였다〉. 〈살피건대 麗의 소리는 리(离)다. 그러나 『동사보감』은 麗의 소리를 려(呂)라고

했다. 이것은 왜 그랬는지 모르겠다. 오늘날 화인(華人)들은 지금도 역시 음을 '리(离)'라

고 부르고 음운학 책들도 모두 그렇게 따르는데 조선사람(東人)은 '려(呂)'라고 바꾸어 부

르고 있다. 그리고 『동사강목(東史)』에서는 산고수려(山高水麗)할 때의 려(麗)라고 하는

것은 속어일 뿐이라고 했다.〉.[77]

高麗에 대한 김정호의 주장은 다음과 같다. ① 서희 말을 근거로 '고구리(高句
麗)를 이어받아 고리(高麗)라 했다' 는 주장은 高麗＝산고수려(山高水麗)라는 해석
이 잘못되었다는 지적이고, ② 스스로 연구한 결과는 '麗'는 '리(離)'로 읽어야 한
다고 분명히 하였다. 그리고 고려 초 서희가 '고리(高麗)가 고구리(高句麗)를 이어
받았다'라는 논리로 요나라를 물리친 사실을 근거로 하여 고리(高麗)는 고구리
(高句麗)를 이어받은 나라라고 강조하였다.

7) 1903~1908년 고종 40년~광무 45 『증보문헌비고』의 고구리 高句麗 와 고리 高麗

『증보문헌비고』는 대한제국 시기 1894년 일어난 갑오경장으로 문물제도가 크
게 바뀌자, 이를 반영시키기 위해 『증정동국문헌비고(增訂東國文獻備考)』를 고쳐
다시 지은 책이다. 1903년 1월 법무국장 김석규(金錫圭)의 건의로 박용대(朴容大)
를 비롯한 33인이 참가하여 5년 만인 1908년에 완성했다.

　『증보문헌비고』에서도 '高麗＝山高水麗'가 아니라고 부정할 뿐 아니라 고리(高

---

77) 金正浩, 『大東地志』, 권32 「歷代志」, 高麗.〈太祖因泰封而有國 卽興王之地 卽高句麗舊地也. 故號高麗.
又隋唐時 皆稱高麗 則其號有自來矣. (高麗內史侍郞徐熙語契丹蕭遜寧曰 我國卽高句麗之舊地 故號高
麗. 按麗音離 而東史寶鑑作麗音呂 是未詳何義也 今華人猶呼音离 而韻學等書皆從之 東人變呼音呂 而東
史作山高水麗之麗者 强徒俚訓歟)〉

麗)의 어원을 적극적으로 밝힌다. 『증보문헌비고』에서는 '고리국(高麗國)'이란 주제에 다음과 같이 주석을 달아 설명하였다.

> 高麗라는 나라이름을 '산고수려(山高水麗)에서 뜻을 취했다'고 하는 사람이 있지만 그렇지 않다. 고리(高麗)는 고구리(高勾麗) 옛 땅에서 일어났기 때문에 고리(高麗)라고 부른 것이다. 고구리(高勾麗)의 '麗' 자는 본디 '驪' 자로 로(盧) + 계(溪)의 반절음(反切音)이다. 운서(韻書)에 고리(高麗)의 '麗' 자를 평성(平聲)으로 한 것은 이 때문이다. 만약 수려(水麗)라는 뜻을 가지려면 거성(去聲)으로 하여야 마땅하다.[78]

『증보문헌비고』의 논리를 간추리면 다음 두 가지다.

① 고리(高麗)라는 나라이름이 고구리(高勾麗)의 옛 땅에서 일어났기 때문에 그 나라이름을 이어받았다.
② 그렇기 때문에 고리(高麗)의 '麗'는 평성('리'로 읽는 경우)이고, 수려(水麗)의 '麗'는 거성('려'로 읽는 경우)이다.

원문에서는 평성과 거성이 '리'와 '려'라고 명시되지 않았지만 당시 운을 아는 모든 선비들은 평성은 '리'이고, 거성은 '려'라는 사실을 이미 알고 있었던 터라 『청장관전서(靑莊館全書)』처럼 자세하게 설명하지 않고 간단히

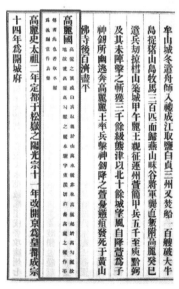

그림 39 『증보문헌비고』 '麗'는 평성 '리'

---

78) 『增補文獻備考』, 卷14, 「輿地」, 歷代國界, 高麗國, 弘文館(朝鮮) 編, 1908. 〈高麗國. 高麗之號 或以爲取義於山高水麗 非也. 高麗起於高勾麗故地 故號高麗. 高勾麗之麗本驪字 盧溪切. 韻書高麗之麗作平聲者 此也. 若取水麗爲義則當作去聲.〉

운만 이야기한 것이다.

고구리(高句麗)의 '麗' 자는 본디 '驪' 자라는 주장은 『한서(漢書)』에 가장 먼저 나온 고구리가 高句驪라고 되어 있었기 때문에 그렇게 말한 것이나, 본디 그 글자가 아니라 '고구리'를 한자로 음차하면서 얕잡아보느라고 동물 이름인 '가라말 려' 자를 썼지, 본디 고구리에서 그렇게 쓰지는 않았다.

8) 1908(순종 2년) 『동언고』_{東言考} ·『동언고략』_{東言攷略}의 구리_{句麗}와 고리_{高麗}

국립중앙도서관에 소장되어 온라인 원문보기가 가능한 『동언고(東言考)』[79]는 지은이가 박경가(朴慶家)라고 되어 있고, 펴낸 해와 펴낸 곳은 모두 알려지지 않았다. 한편 국회도서관에 소장되어 온라인 원문보기가 가능한 『동언고략(東言攷略)』[80]은 지은이, 펴낸 해, 펴낸 곳이 모두 뚜렷하게 나와 있다. 1908년(융희 2년) 정교(鄭喬)가 지은 이 책은 국·한문을 섞어 쓴 활판본인데 내용은 『동언고(東言考)』와 거의 같다. 가장 큰 차이는 『동언고(東言考)』는 주제가 되는 낱말만 한글로 하고 설명은 모두 한문으로 기록한 책인 데 반해 『동언고략(東言攷略)』은 설명 내용을 당시 한글로 옮겼다는 점이다. 시대적으로 『동언고』가 이르다는 것은 낱말에서 '죠구리'를 1908년에 '조구리'라고 한 것처럼 한글의 변천을 보면 알 수 있다.

이 두 책은 처음 '옛날이야기(古談)'부터 시작되며 이 장에 '구리'와 '고리'가 어원이 된 낱말들이 나온다. 내용을 자세히 보기 위해 '구리'와 '고리'에 관한 내용만 뽑아 정리해 보았다. 『동언고(東言考)』에서 뽑은 것은 ❶, ❷, ❸…으로 번호를

---

79) 朴慶家, 『東言考』, 「古談」 청구기호: 한古朝40-19. 표지에는 『동언고(東言考)』라고 되어 있지만 본문에는 『동언고략(東言考略)』이라고 되어 있다. 두 자료를 구분하기 위해 이 책은 「동언고」라고 한다.

80) 鄭喬, 『東言攷略』(上) 「古談」, 大韓皇城鐘路古今書海館, 隆熙 2년(1903), 2~3쪽.

매기고, 『동언고략(東言攷略)』의 내용은 ①, ②, ③… 으로 표시하고 글쓴이가 옮긴 것은 앞에 ▶ 표시를 붙였다.[81]

❶ 羅人深怨高句麗 常比於惡毒汚賤之物 如,

⓿ 新羅人이 깁히 高句麗룰 怨하야 항상 惡毒ᄒ고 汚賤ᄒ 物에 比喩ᄒ니,

▶ 신라 사람이 고구리를 매우 미워해 늘 악독하고 더러운 것에 빗대었는데 다음과 같다.

❶ 稱蠎謂「구리」者 句麗也

① 蠎을 稱ᄒ야 曰「구리」라 ᄒ者ᄂᆫ 句麗(려ᄂᆫ 支那音에 리ㅣ라)ㅣ오,

▶ 이무기(蠎)를 '구리'라고 하는 것은 구리(句麗)를 말하는 것이다.

❷ 稱蝦蟆爲「머구리」句麗也

② 蝦蟆을 稱하야 曰「머구리」라 ᄒ者ᄂᆫ 蟆(蟆은 支那音에 모ㅣ라)句麗ㅣ오,

▶ 두꺼비(蝦蟆)를 '머구리'라 하는 것은 마+구리(蟆句麗)를 말하는 것이다.

❸ 稱鵰鷲爲「죠구리」者 鵰句麗也,

③ 鵰鷲을 稱하야 曰「조구리」라 홈은 鵰句麗ㅣ오,

▶ (독)수리(鵰鷲)를 '죠구리/조구리'라 하는 것은 조+구리(鵰句麗)를 말하는 것이다.

---

81) 고주몽의 高자에 관련된 이야기도 이어지지만 여기서 나라이름과 관계되는 것만 정리한다.

❹ 稱鰌爲「미구리」者 尾句麗也.

④ 鰌를 稱하야 曰「밋구리」라 홈은 尾句麗ㅣ오.

▶미꾸라지(鰌)를 '미구리/밋구리'라 하는 것은 미+구리(尾句麗)를 말하는 것
이다.

❺ 稱山犬曰「산너구리」者 山攄句麗也,

⑤ 山犬을 稱하야 曰「산너구리」라 함은 山攄句麗ㅣ오,

▶산개(山犬)를 '산너구리'라 하는 것은 산노+구리(山攄句麗)를 말하는 것이다.

❻ 稱畜犬曰「마당너구리」者 馬塘攄句麗也,

⑥ 畜犬을 稱ᄒ야 曰「마당너구리」라 함은 馬塘攄句麗ㅣ오,

▶ 집개(畜犬)을 '마당너구리'라고 하는 것은 마당너+구리(馬塘攄句麗)를 말하
는 것이다.

❼ 又稱百物之尾曰「고리」者 高麗也, 欲其卑下也,

⑦ 쏘百物의 尾를 稱하야 曰「쏘리」라 함은 高麗ㅣ니 卑下타 홈이오,

▶또 온갖 것의 꼬리를 '고리/쏘리'라고 하는 것은 고리(高麗)를 업신여기려 하
는 말이다.

❽ 稱柳筥曰「고리」者 亦高麗也, 此器本出於高麗所造 而羅人使至賤之人 爲之
以辱之 至今猶然.

⑧ 柳筥를 稱하야 曰「고리」라 홈은 쏘한 高麗ㅣ니 此器ㅣ 本히 高句麗人의 造
ᄒ 배어늘 新羅人이 至賤한 人으로 製ᄒ야써 辱하엿더니 至今에 猶然하야

白丁이 製ㅎᄂ니라.

▶ 버들상자(柳笥)를 '고리'라 하는 것도 고리(高麗)를 말하는 것이다. 이 그릇은 본디 고리(高麗)에서 만든 것이었는데, 신라 사람들이 아주 천한 사람들에게 시키며 욕보였고, 오늘에 이르러서도 그리하여 백정이 만든다.

❾ 又有「각구리」者 角句麗也, 欲其釣取也,

⑨ ᄯᅩ「각구리」ᄅᆞᆫ거슨 角句麗ㅣ니 그 高句麗ᄅᆞᆯ 釣取코져 ᄒᄂᆞᆫ義이오,

▶ 또 '각구리'란 것은 각+구리(角句麗)를 말하는 것으로 (고구리를) 낚아 취하려 한다는 뜻이다.

❿ 「말구리」者 末句麗也, 欲其椓剝也,

⑩ 「말구리」ᄅᆞᆫ거슨 末句麗ㅣ니 그 高句麗ᄅᆞᆯ 剝 椓코저ᄒᄂᆞᆫ義ㅣ오,

▶ '말구리'란 것은 말+구리(末句麗)를 말하는 것으로, (고구려를) 벗겨 말라죽게 하려 한다는 뜻이다.

⓫ 稱簣爲「쇽구리」者 束句麗也, 欲其輪取土地也.

⑪ 簣ᄅᆞᆯ 稱하야 曰「쇽구리」ᄅᆞᆫ거슨 束句麗ㅣ니 그 高句麗의 土地ᄅᆞᆯ 輪取하야 其 人民을 束縛코져ᄒᄂᆞᆫ 義ㅣ오,

▶ 삼태기(簣)를 '쇽구리/속구리'라고 하는 것은 속+구리(束句麗)를 말하는 것으로, (고구리) 땅을 쳐서 빼앗아 그 인민을 속박하고자 한다는 뜻이다.

⓬ 高麗之俗 預爲葬穴 及至老病垂死 納之穴中 謂之高麗葬 羅人因以人之殘劣 短氣者 稱以「고림장」者 즉高麗葬之意也.

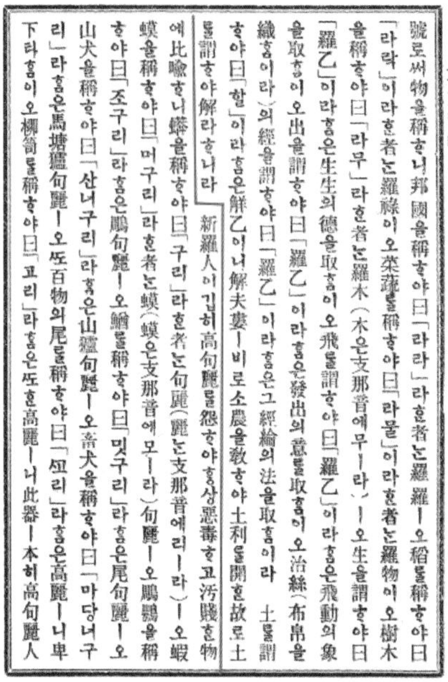

그림 40 『동언고략』(1)

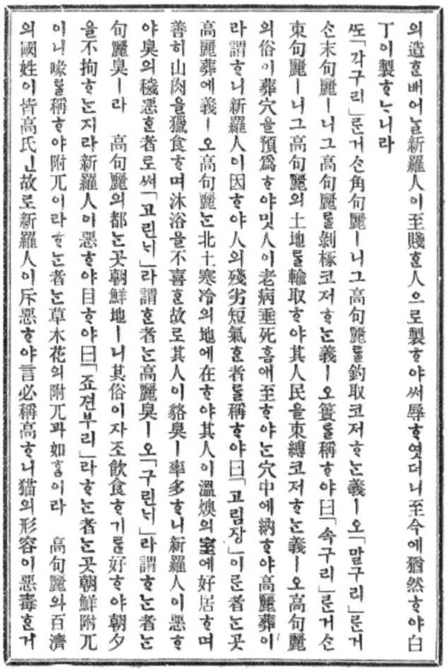

그림 41 『동언고략』(2)

⑫ 高句麗의 俗이 葬穴을 預爲ᄒᆞ야 밋人이 老病垂死홈애 至ᄒᆞ야ᄂᆞᆫ 穴中에 納ᄒᆞ야 高麗葬이라 謂ᄒᆞ니 新羅人이 因ᄒᆞ야 人의 殘劣短氣ᄒᆞᆫ롤 稱ᄒᆞ야 曰「고림장」이룬 자난 곳 高麗葬에 義ㅣ오.

▶ 고리·고구리(高麗·高句麗) 풍속은 구덩이에 장사지내는 것을 좋아해 늙고 병들어 거의 죽을 때가 되면 구덩이에 넣어두는 것을 고리장(高麗葬)이라고 하는데, 신라 사람들이 힘이 모자라 헐떡거리고 기력이 약한 사람을 「고림장」이라고 하는 것은 곧 고리장(高麗葬)을 뜻하는 것이다.

⓭ 麗在北土寒冷之地 其人好居溫燠之室 善獵食山肉 性不善沐浴故 其人率多貉臭 羅人惡之 以臭之穢惡者 謂之「고린닉」者 高麗臭也. 謂之「구린닉 句麗臭.

⑬ 高句麗는 北土寒冷의 地에 在ㅎ야 其人이 溫貊의 室에 好居ㅎ며 善히 山肉
을 獵食ㅎ며 沐浴을 不喜혼 故로 其人이 貊臭ㅣ 率多ㅎ니 新羅人이 惡ㅎ야
臭의 穢惡혼자로써 「고린니」라 謂한 자는 高麗臭ㅣ오, 「구린니」라 謂혼 자
는 句麗臭ㅣ라.

▶ 고구리·고리는 북녘 땅이라 춥고 차서 그곳 사람들은 따뜻한 방을 좋아하
고, 산에서 사냥해서 먹는 고기를 좋아하며, 목욕을 좋아하지 않는 성질이
라 그 사람들은 오랑캐 냄새(貊臭)가 많이 난다. 신라 사람들이 이를 싫어하
여 냄새가 더러운 것을 '고린내'라고 하는데 고리(高麗)+냄새(臭)를 말하는
것이고, '구린내'라는 것은 구리(句麗)+냄새(臭)를 말하는 것이다.

앞에서 본 13가지 낱말의 어원에 대한 것을 표로 만들면 다음과 같다.

표 28 『동언고』에 언급된 고구리·고리 관련 낱말들

	뜻	낱말	어원	
1	이무기(蟒)	「구리」	句麗	
2	두꺼비(蝦蟆)	「머+구리」	蟆+句麗	
3	수리(鵰鶚)	「죠+구리/조+구리」	鵰+句麗	
4	미꾸라지(鰌)	「미+구리/밋+구리」	尾+句麗	
5	산개(山犬)	「산너+구리」	山攄+句麗	
6	집개(畜犬)	「마당너+구리」	馬塘攄+句麗	
7	온갖 것의 꼬리 (百物之尾)	「고리/실리」	高麗	
8	버들상자(柳箱)	「고리」	高麗	
9	갈고리	「각+구리」	角+句麗	
10	말구리	「말+구리」	末+句麗	
11	소쿠리	「쇽+구리/속+구리」	束+句麗	소쿠리
12	고려장	「고림+장」	高麗+葬	
13	고린내	「고린+닉」 「구린+닉」	高麗+臭 句麗+臭	

〈표 28〉에 나온 낱말 13가지 중에 구리(句麗)에서 파생되었다고 보는 것이 9개,
고리(高麗)에서 파생되었다고 보는 것이 4개이다. 이 책의 내용에 대한 평가는 그

다지 후하지 않다.『민족문화대백과사전』에서는 이렇게 보았다.

> 이 책은 약 820개의 어사(語辭)에 대하여 그 어원을 모두 중국어에서 구하려고 하였다. 간혹 재미있는 견해도 없지 않으나 그 대부분이 억지로 끌어 붙여 어떤 조건이나 이치에 맞추려고 하였다. ……그러나 이 책은 국어 및 국사연구의 자료가 된다.[82]

먼저 '어원을 모두 중국어에서 구하려고 하였다'는 평가를 되짚어 보면 '고리'와 '구리'에서 파생되는 단어들은 그렇지는 않았다. 그 낱말 자체가 중국어가 아닌 순수 우리말에서 시작되었기 때문이다.『동언고』를 쓴 사람은 구리＝句麗, 고리＝高麗라는 사실을 알고 어원을 풀이하며 당시 사용된 낱말과 같은 소릿값이기 때문에 연결하여 풀이한 것이다. 그러나 후대에 한문으로 된 내용을 우리말로 옮긴『동언고략』에서는 高麗→고리, 句麗→구리로 읽을 때 '麗＝리'가 된 것이 '(려는 支那音에 리ㅣ라)'라고 해서 중국어의 소릿값과 같기 때문에 '고리'와 '구리'라고 했다. 그렇다면 왜 중국어 읽는 법이 순수한 우리 낱말이 되었는지 설명할 수가 없다. 저자는 본디 구리와 고리는 순수한 우리말이고 당시 고구리와 고리에서 그렇게 읽었다는 것을 모르고 합리화시키기 위해 덧붙인 설명이라고 볼 수 있다.

글쓴이가 이 자료를 분석한 것은 한문으로 설명한『동언고』에서 주제가 되는 낱말 14개가 모두 순우리말이고 그 어원은 모두 구리＝句麗와 고리＝高麗에서 왔다고 주장하였다는 사실 때문이다. 글로 쓸 때는 '高麗 적'이라고 했으나 입으로 전해오는 말로는 '고리 적'이라고 한 것과 마찬가지로, 여기서도 흔히 쓰이는 낱

---

82) 한국학중앙연구원,『한국민족문화대백과』, 동언고.

말들이 句麗＝구리, 高麗＝고리라고 인식되고 있었다는 사실만은 틀림이 없기 때문이다. 정확한 전거를 대지 않았기 때문에『민족문화대백과사전』의 평가처럼 '억지로 끌어 붙여 조건이나 이치에 맞춘 것인지 아닌지는 단언하기는 어렵다. 다만 당시 '고리'나 '구리' 또는 그 낱말이 들어가는 다른 낱말들이 高麗나 句麗라는 낱말에서 왔다고 해석하는 저자는 句麗＝구리, 高麗＝고리라는 인식이 뚜렷이 있었다는 것을 증명해 주는 것이다. 그런 측면에서 '이 책은 국어 및 국사연구의 자료가 된다.'는 평가가 가능하다고 본다.

9) '高麗 적 이야기'와 '고리高麗 적 이야기'

앞 장에서 高麗를 '고려'라고 잘못 읽는 자료들에 대해서도 검토해 보았다. 그런데 그처럼 글로 쓴 자료에는 '고려'라고 되어 있지만, 실제 전해 내려오는 말에는 '고리'라고 하는 사례가 바로 '고리 적'이라는 것이다.

앞에서 본 조선 후기의『오륜행실도』(1979, 정조 21년)에 '고려(高麗) 적'이라는 말이 3회 나온다. '고려'에 대한 예문 6개 가운데 절반이 '고려 적'이란 표현을 썼다.

① 최시난 고려 적 녕암 선비 인우의 똘이니……

⇒ 최씨는 고려 때 영암 선비 인우의 딸이니 …)

② 비시논 고려 적 경산 사롬인 진수 듕선의 똘이라……

⇒ 배씨는 고려 때 경사 사람인 진사 중선의 딸이라)

③ 최누빅은 고려 적 슈원아전 샹자의 아돌이니……

⇒ 최누백은 고려 때 수원 아전 상자의 아들이니

이 3가지 예문은 모두가 고리(高麗)시대 열녀와 효자들에 관한 이야기인데, 한자 원문에는 없었는데 후대에 한글로 옮기면서 시대를 표시하기 위해 '고려 적'이라고 썼다. 여기서 '적'을 『우리말큰사전』에서 찾아보면 다음과 같다.

[적²¹] ② 이름씨 뒤에 쓰이니, 지나간 '그때'를 나타냄

♧ 세 살 ~에 찍은 사진, 처녀 ~ 생각이 난다, 태고 적 이야기

따라서 여기서 '고려 적'이라는 말은 '고려 때'를 말한다. 다만 글을 쓸 때는 '고려 적'이라고 썼지만 말을 할 때는 모두 '고리 적'이라고 하는 게 일반적이다. 입에서 입으로 전해온 이름은 '고리'였기 때문이다. 우리는 지금도 '고리 적'이라는 말을 많이 하고 듣는다. 주로 "고리적=오래된, 고리타분한" 같은 뜻으로 쓰이는데, 사전에는 사이 ㅅ을 넣어 '고릿적'으로 나온다.

- 고릿-적 [-리쩍/- 릳쩍] 〔고릿적만 [-리쩡-/- 릳쩡-]〕「명」옛날의 때.
  ¶ 왜 또 고릿적 얘기는 꺼내고 그래?   [국립국어원, 표준국어대사전]
- 고릿적 [이] → 옛적 〈경기〉 한글학회 [우리말큰사전]
- 고릿적 [명사] 옛날의 때. [네이버 사전]
- 고릿-적 [高麗—] ずっと昔むかし;ひとむかし。
  그런 ~ 이야기는 듣기도 싫다.
  ⇒ そんなひと昔むかしの話はなしなんか聞ききたくもない。
  ─ [네이버 한일사전]

사전에 나온 고릿적은 고리적과 같은 것으로 고리+적으로 합성할 때 '고리'를

매김씨(冠形詞)로 만들면서 사이시옷을 넣은 것이다. 다시 말하면 '고릿적=고리의 적(때)'이다. 그렇기 때문에 고릿적의 '고릿'도 '고리'라는 이름씨라는 것을 알수 있다.

입에서 입으로 전해 내려온 '高麗'는 어떤 소릿값인지 보기 위해, 현재 인터넷 검색 사이트에서 찾아보면 고리적이나 고릿적에 관한 보기가 많이 나온다.

가) 고리적

① 옛날 옛적 고리적 : 서울도 시골놈들 수학여행의 제일지로 손꼽히던 시절.

② 옛날 옛적 고리적 스팀청소기랑, 큰아들한텐 작고 작은아들한텐 커다란 옷이랑.

③ 저도 고리적 걸로 하나 올리려고 준비 중입니다.

④ 오늘 그동안 그렸던 그림과 옛날에 그렸던 고리적 그림까지 몽땅 올려서 대박 업데이트.

⑤ 옛날 고리적에 만든 법이 무슨 영향인지 바뀌지 않고 있어요.

⑥ 아~~ 고리적 얘기는 그만하고, 현대에서도 흙은 다양한 건축 재료로 사용됩니다.

⑦ Naver 이미지 검색 :

  * 고리적 : 대체 이것은 몇 살 때였을까? 엄마와 뜨개질한 옷을 입은 나와 선미.

  * 고리적 성균관

나) 고릿적

① 칙칙한 쪽방 고시원 고릿적 얘기 대학가 주변 고시원이 업그레이드 되고 있다.

② 진라면 하나 꺼내와 부서먹으면서 고릿적에 받아놓은 아수라 성의 눈동자를 감상.

③ "고릿적 옷보다 청바지가 더 잘 어울린다."

④ 원빈을 사랑하기 시작한 지는 저 고릿적 〈레디고〉 시절부터였으니 …

⑤ 결국 사건에 휘말려 저세상으로 가버렸다(저세상이라니 표현이 너무 고릿적ㅋㅋ)

⑥ 고릿적 학창시절에 단대 신문사에 투고 했던 글입니다.

⑦ 이러한 주장을 케케묵은 고릿적 얘기라고 치부하지 못하게 한다.[83]

결국 고리적이나 고릿적은 모두 같은 뜻으로 '옛날', '오래된'이란 뜻으로 쓰여 온 것을 알 수 있다. 그렇다면 고리적이나 고릿적에 나오는 '고리'의 어원은 무엇인가? 이에 대한 명확한 답이 없어서 온라인에서 논의의 대상이 되고 있다.

[질문] 고리적에 : 오래된 옛날을 말할 때 쓰는 "고리적에" 라는 말이 있는데 이때, 고리가 무슨 의미 인가요? 어원이나 다른 의미 등을 찾아 주세요.[84]

[답] re : 고리적에

① 古來?, 高麗? 명확한 근거를 찾기 어렵네요.

② "고려적에"가 맞습니다. 여기서 '고려'는 당연히 조선시대 이전의 우리나라인 '고려시대'를 뜻합니다. 즉 "고려적에"는 "고려시대에", "고려시대 그 때에"의 뜻으로 "아주 오래전에", "옛날 옛적에" 정도로 이해하시면 됩니다. 출처 : 직접작성

③ 고리가 아니고 고래가 맞을 것 같아요. 古來 : 예부터 지금까지를 말합니다. 自古以來 (자고이래) 준말.

모두가 분명한 문헌이나 출처를 대지 못하고 추측할 뿐이라는 것을 알고 있다. 논의 핵심은 어원이 '고래(古來)'와 '고리(高麗)' 두 가지로 간추릴 수 있다. 결론

---

83) 이상은 2007년 네이버에서 검색한 것임.

84) 2007년 naver.com 지식인.

부터 말하면 '高麗 = 고리'가 맞다. '고래(古來) = 예부터 지금까지'를 말하는데, '적'이란 지난 시간을 뜻하고 지금을 뜻하지는 않기 때문에 들어맞지 않는다. 아마 고래(古來)를 주장하는 이들은 '고래적(古來的)'으로 생각하고 있을 가능성이 크다. 그러나 앞에서 『오륜행실도』에 나온 예를 보았듯이 '고리(高麗)적'의 '적'은 지나간 '그때'를 이야기하는 것이지 한문의 '的'이 아니다. 그렇기 때문에 '고리적'이라고 띄어쓰기를 해보면, '高麗 적'이 되고 '고리'를 관형화하면 사이시옷을 넣어 '고릿적'이 되는 것이다. 결국 '고리=高麗'라고 보아야 하고, 고리의 어원은 高麗라는 사실을 알 수 있다.

이상에서 보는 바와 같이 조선시대 언해본에 '고려 적'이라고 옮긴 '高麗'가 입으로 전해 내려올 때는 '고리'였다는 것을 알 수 있으며, 끈질긴 구전(口傳)의 생명력은 지금까지도 이어오고 있다. 따라서 각종 언해본에는 '고려 적'이라고 쓰였지만, 입으로 전해 내려온 것은 '고리 적'이었고, 그것이 '고리적'이나 '고릿적'으로 관용화 되고 일반화되었으며, 이것은 바로 '高麗 =고리'였다는 것을 증명해 준다.

다섯째 마당

갖가지 자전과 사전에 나타난 高句麗와 高麗의 소릿값

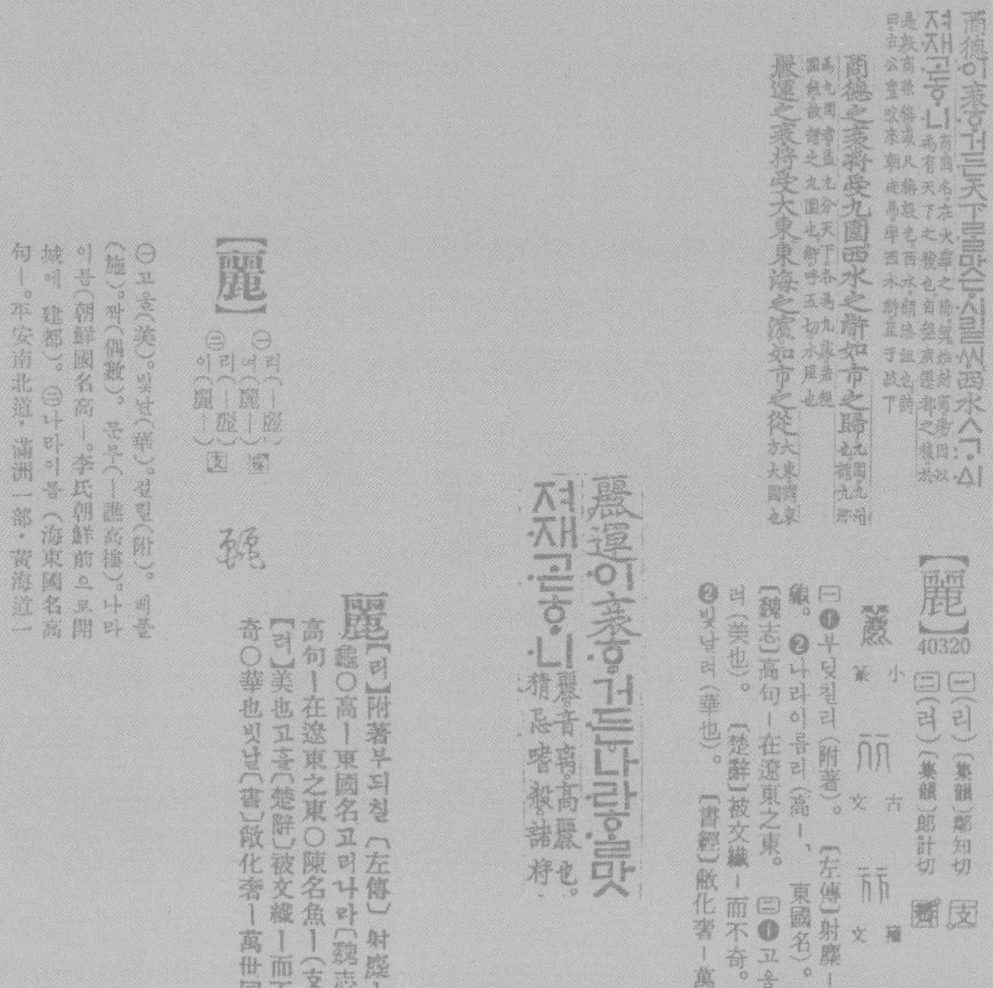
商德이衰ᄒᆞ거든天下ᄅᆞᆯ맛ᄃᆞ실西水ㅅᄀᆞᅀᅵ 져재ᄀᆞᆮᄒᆞ니
商德之衰將受九圍西水之滸如市之歸
麗運之衰將受大東東海之濱如市之從
麗運이衰ᄒᆞ거든나라ᄒᆞᆯ맛ᄃᆞᆯ져재ᄀᆞᆮᄒᆞ니 麗音离高麗也。

【麗】40320 ㈠(리)(集韻)鄰知切 支 ㈡(려)(集韻)郎計切 霽
㈠❶부딪칠리(附著)。〔左傳〕射麋ㅣ龜。❷나라이름리(高ㅣ、東國名)。〔魏志〕高句ㅣ在遼東之東。㈢❶고울려(美也)。〔楚辭〕被文織ㅣ而不奇。❷빛날려(華也)。〔書經〕敵化奢ㅣ萬

麗【리】附著부듸칠〔左傳〕射麋ㅣ龜○高ㅣ東國名고려나라〔魏志〕高句ㅣ在遼東之東○陳名魚ㅣ(支)【려】美也고흘〔楚辭〕被文織ㅣ而不奇○華也빗날〔書〕敵化奢ㅣ萬世同

【麗】㈠려(ㅣ澤) 霽 여(麗ㅣ) ㈡리(ㅣ㕦) 支 이(麗ㅣ)
㈠고울(美)。빛날(華)。걸릴(附)。베풀(施)。짝(偶數)。문루(ㅣ譙高樓)。나라이름(朝鮮國名高ㅣ。李氏朝鮮前으로開城에 建都)。㈢나라이름(海東國名高句ㅣ。平安南北道·滿洲一部·黃海道一

이제부터는 갖가지 자전과 사전을 분석하여 고구리(高句麗)와 고리(高麗)의 바른 소릿값을 밝히려고 한다. 대개 한자를 모아 사전의 표제자로 선정하여 일정한 순서로 배열해 놓고 각 한자의 음과 의미 등의 정보를 기술한 책을 자전(字典) 또는 옥편(玉篇)이라고 한다.

중국에서 펴낸 자전을 한국에서 다시 펴낸 자전으로는 『용감수경(龍龕手鏡)』(997), 『대광익회옥편(大廣益會玉篇)』(1414), 『신간배자예부운략옥편(新刊排字禮部韻略玉篇)』(1524) 들이 있다. 그리고 우리나라 초기 자전으로는 『운회옥편』(1537년 12월 이후), 『삼운성휘보옥편』(홍계희, 1769) 등과 1796년 이후에 편찬된 『전운옥편』(편자 미상) 등을 들 수 있다. 『운회옥편』과 『삼운 성휘보 옥편』에서는 한글을 전혀 사용하지 않았고, 한자 표제자의 정의 정보만을 한자로 기술해 놓았다. 『전운옥편』에서는 표제자를 부수와 획수별로 배열한 다음 표제자의 우리나라 속음, 통용자, 속자 등을 제시하였으며, 한글을 사용하여 발음 정보를 기술하고 한자로 정의 정보를 기술하였다. 그래서 『전운옥편』은 한국 최초의 본격적인

목판본 자전이라고 한다.[85]

1. 조선시대 자전에 나타난 '麗'자

1) [1716년] 청나라의 『강희자전』康熙字典에 나온 고리高麗와 고구리高句麗

한국에서 본격적인 자전인 『전운옥편』이 나오는 데는 80년 전에 나온 청나라 『강희자전(康熙字典)』이 큰 바탕이 되었다.

『강희자전(康熙字典)』은 청나라 강희제(康熙帝)의 칙명으로 대학사(大學士) 진정경(陳廷敬)·장옥서(張玉書) 같은 30명의 학자가 5년 만인 1716년에 완성한 자전이다. 자해는 거의 정확하며, 적절한 고전의 용례를 경사백가(經史百家) 및 한(漢)·진(晋)·당(唐)·송(宋)·원(元)·명(明) 이래의 시인, 문사들의 저술에서 광범위하게 인용·예증하였다. 그러므로 오랫동안 가장 좋은 자전으로서 널리 이용되어 왔다. 이 자전은 청나라뿐 아니라 당시 조선과 일본에서 지식인들이 가장 많이 사용하고 영향력이 컸기 때문에 그 내용을 자세히 보기로 한다.

이 자전에는 高句麗를 '고구리'로 읽어야 한다는 분명한 예를 알려준다.

【麗】

①음 : 『당운(唐韻)』『집운(集韻)』

　　　『운회(韻會)』: 郎計切(郎+計의 반절음)

---

85) 박형익, 『한국 자전의 역사』, 도서출판 역락, 2012.

『정운(正韻)』: 力霽切(力+霽의 반절음)

보기 : 『광운(廣韻)』아름다울 미(美),

『정운(正韻)』 꽃 화(華) 등

☞ 한국 음 : '려'

②음 : 『광운(廣韻)』: 呂支切(呂+支의 반절음),

『집운(集韻)』『운회(韻會)』: 鄰知切(隣+知의 반절음),

『정운(正韻)』: 鄰溪切(隣+溪의 반절음), 竝音은 리(離),

보기 : 『釋名』麗離也 言一目視天 一目視地 目明分離 所視不同也.

又高麗國名『魏志』高句麗在遼東之東.『前漢書』作高句驪

☞ 한국 음 : '리'

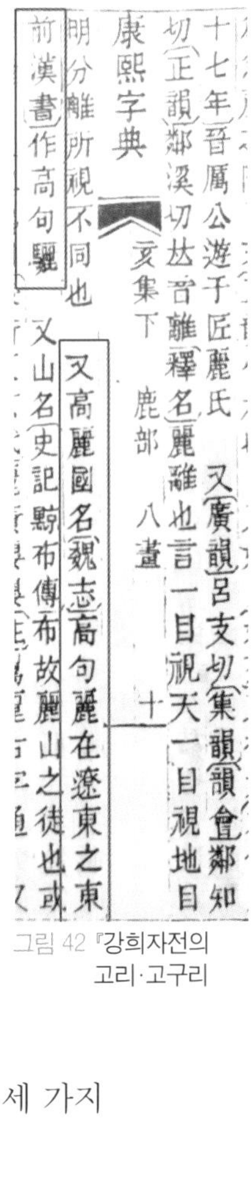
十七年晉厲公遊于匠麗氏 又廣韻呂支切集韻韻會鄰知
切正韻鄰溪切丛音離釋名麗離也言一目視天一目視地目
康熙字典 亥集下 鹿部 八畫 十
明分離所視不同也 又高麗國名魏志高句麗在遼東之東
前漢書作高句驪 又山名史記黥布傳布故麗山之徒也或

그림 42 『강희자전의 고리·고구리

『강희자전』에는 ① 한국말에서 '려'로 읽는 17가지 보기를 들었고, ② 한국말에서 '리'로 읽는 4가지의 예를 들었다. 그리고 '리'로 읽어야 하는 ②의 보기를 들면서 두 번째에 나라이름인 '고리(高麗)'라고 밝히고, 이어서 『위서(魏書)』에 나오는 고리(高麗)와 『전한서』에 나오는 고구리(高句麗)의 예를 들었다. 좀 더 정확하게 원문과 번역문을 보자.

…… 又高麗國名.『魏志』高句麗在遼東之東.『前漢書』作高句驪

…… 또 고리(高麗)라는 나라이름(에도 쓴다).『위지(魏志)』(에는) 고구리(高句麗)는 요동의 동쪽에 있다(고 했다).『전한서(前漢書)』에는 고구리(高句驪)라고 했다.

이처럼 『강희자전』에는 고리(高麗)와 고구리(高句麗), 고구리(高句驪) 세 가지 보기를 모두 들고, 그 음은 '리'로 읽어야 한다고 분명히 하고 있다. 이러한 『강희자전』의 소릿값은 그 뒤로 한국은 물론 일본의 자전에도 모두 영향을 주었고, 조선과 일본의 자전에는 모두 '麗'를 나라이름으로 쓸 때는 '리'로 읽어야 한다는 설명과 함께 그 예로 항상 '고리(高麗)', '고구리(高句麗)'를 들고 있다.

2) [1796년(추정)] 『전운옥편全韻玉篇』의 고리高麗

이제부터는 한국 최초의 본격적인 자전인 『전운옥편』을 보기로 한다. 이 자전은 정조 때(1776~1800) 만든 옥편으로 저자는 미상이다. 중국의 『강희자전』을 본떠 만들었는데 일상용어만 골랐기 때문에 『강희자전』 내용의 의 10분의 1쯤 된다. 『전운옥편』에는 【麗】 자 읽는 법이 두 가지가 있다는 것을 밝히고 있다.

> 【麗】【리】: 附, 著, 東國高一, 陳名, 魚一.支 = 支韻.
> 　　　　【려】: 美也, 華也, 施也, 偶數, 高樓, 一讎 霽 = 霽韻.

우리가 흔히 읽는 '빛날 려' 자는 '고울(美) 려', '빛날(華) 려', '베풀(施) 려', '짝수(偶數) 려', '문루(高樓) 려' 같은 경우에 쓰고, '리' 자로 읽는 경우는 다음과 같은 경우이다.

① 붙일(附) '리'
② 나타날(著) '리'
③ 동쪽나라(東國) '고리(高麗)'
④ 진(陳) 이름 '리': 어리(魚麗)[86]

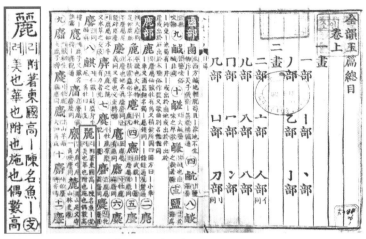

그림 43 『전운옥편』 동쪽나라(東國) '고리(高麗)'

이처럼 『전운옥편』의 '麗' 자 소릿값 가운데 '리'의 ③에서 『강희자전』과 마찬가지로 고리(高麗)라고 읽도록 명기하고 있음을 알 수 있다.

3) [1846년] 『어정시운』^{御定詩韻} 의 고리^{高麗}

『어정시운(御定詩韻)』은 1846년(헌종 12)에 간행된 운서(韻書)로서, 주로 한시를 창작할 때에 운자를 찾아보는 사전으로 이용되었다. 윤정현(1793-1874)의 후기[識]와 서문이 달려 있으며, 연경재(研經齋) 성해응(成海應, 1760-1839)이 소장한 목판으로 간행한 것이다. 이 운서의 평성(平聲) '지운(支韻) 4'에 보면 '麗' 자가 평성일 때('리'음일 때) 다음과 같은 뜻이 있다고 되어 있다.

---

86) 이 항목은 『강희자전』에 나오지 않는다.

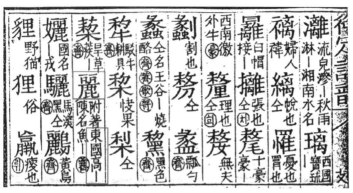

그림 44 『어정시운』 동쪽나라(東國) '고리(高麗)'

【麗】: 附, 著, <u>東國高一</u>, 陳名, 魚一.[87]

이 내용은 앞에서 본 『전운옥편(全韻玉篇)』의 평성 '리'에 나온 내용과 똑같이 '동쪽나라(東國) 고리(高麗)'라고 하여 高麗는 '고리'라고 읽어야 한다는 것을 뚜렷이 하고 있다.

2. 한말, 일제강점기의 자전에 나타난 '麗'자 소릿값

1) [1909년] 지석영 편, 『자전석요』

1909년(융희3) 간행. 종래의 옥편류가 자음과 자의를 한글로 달지 않은 데 반해 이 책은 자음과 자의를 한글로 달아 한자의 소리와 뜻을 알아보기 쉽게 하였

---

87) 御筆 『御定詩韻』(上), 硏經齊板, 平聲 支四, 10쪽 右(자료 : 지암 류동열 선생 제공).

고, 또한 속음과 속자를 붙여 근대적 색채를 띤 한 최초의 옥편이다.

【麗】
【리】附也 붓흘 리
【려】義仝 ○美也 고울 려 ○華也 빛날 려, ○偶數 짝마즐 려

『자전석요』는 '리'로 읽는 법과 '려'로 읽는 법을 모두 밝히고 있지만 간단한 자전이기 때문에 1~3가지 뜻만 골라서 밝히고 있어 '나라이름 리'가 빠져 있다.

2) [1915년] 조선광문회 편, 『신자전』新字典 88)의 고리나라高麗國와 고구리高句麗

이 신자전(新字典)은 유근(柳瑾, 1861~1921)이 편찬한 것으로 되어있다. 그러나 『신자전』의 원고를 유근 혼자 스스로 작성한 것은 아니었다. 먼저 조선 광문회 동인이 유근에게 『한문 대자전』의 원고를 부탁하였다. 그는 긍사(肯沙) 이인승(李寅承)과 원천(圓泉) 남기원(南基元)의 협조를 얻어 원고를 작성해 나갔다. 그 후 5년 가까운 시간이 흘러 이 『한문 대자전』을 완성하였다. 이 자전은 분량이 많아 급하게 간행하기가 어려웠으나 조선 광문회에서는 자전을 서둘러 간행하기를 원했다. 유근은 그가 작성한 원고 가운데 간이하고 긴요한 것을 선택하고 편집하여 『신자전』이라는 책명을 붙였다.

이 『신자전』은 경성의 신문관에서 1915년에 초판을 발행하였다. 신문관은 최남선이 1907년 여름 일본에서 귀국하여 부친에게 받은 돈으로 만든 출판사였다.

---

88) 유근, 『新字典』, 朝鮮廣文會, 1915.

유근이 완성한 『한문 대자전』의 원고는 출판 사정으로 간행되지 못하고 『신자전』이라는 축소판 자전이 간행되었다.[89]

비록 축소판이지만 근대적 성격을 띤 자전 가운데 가장 본격적이고 자세한 자전으로 후대 자전에 큰 영향을 미쳤다. 이 자전은 청나라의 『강희자전(康熙字典)』을 대본으로 하고, 내외고금의 자전류를 참작하여 시대에 맞도록 빼고 더하고 바로잡아서 만들어졌으며, 국내 옥편가운데서는 1800년대에 성행하던 『전운옥편(全韻玉篇)』을 기준으로 하였다. 이 『신자전』이 『전운옥편』을 기준으로 했다는 것은 '나라이름 리' 소리를 먼저 놓고 '고을 려' 소리를 뒤에 놓은 것을 보면 알 수 있다. 해방 뒤 나온 수많은 옥편이나 자전들은 대부분 '고을 려'를 먼저 놓고 나라이름 '리'를 뒤에 놓았기 때문이다. 『신자전』의 내용을 옮겨보면 다음과 같다.

【麗】

【리】 附著 부듸칠 [左傳] 射麋麗龜, ○高麗東國 고리나라 [魏志] 高句麗在遼東
　　　之東, ○陳名魚麗(支)

【려】 美也 고흘 [楚辭] 被文纖麗而不奇, ○華也 빗날 [書] 敏化奢麗萬世同流, ○
　　　附也 걸릴 [易] 日月麗乎天, ○施也 베풀 [書] 不克開于民之麗, ○偶數 짝
　　　[史記] 麗皮爲禮, ○麗譙高樓 문루 [莊子] 盛鶴例於麗譙之間(霽)[90]

이 옥편에서도 『강희자전』의 예와 마찬가지로 '리' 자로 읽어야 하는 경우의 예로서 '고리나라(高麗東國)'를 들고 『위지』에 나온 보기에서 고구리(高句麗)를 들었다.

---

89) 박형익, 『한국 자전의 역사』, 도서출판 역락, 2012.
90) 조선광문회편, 『신자전(新字典)』, 신문관, 1915.

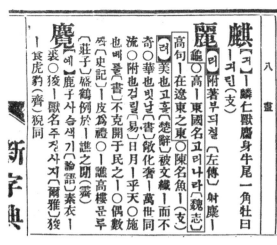

그림 45 『신자전』 '高麗國 = 고리나라'

【리】附著⁹¹⁾ 부듸칠 [좌전(左傳)] 사미리구(射麋麗龜), ○ 高麗東國 고리나라 [위
지(魏志)] 고구리(高句麗)는 요동 동쪽에 있다. ○ 진명(陳名) : 어리(魚麗)
〈支韻〉

『전운옥편』에서 쓴 '동쪽나라 고리(東國高麗)'를 '고리 동쪽 나라(高麗東國)'로
나라이름을 앞으로 내고, 우리말로 '고리나라'라고 토를 달았고, 『강희자전』에서
단 『위지』의 보기를 그대로 옮겨서 '고구리(高句麗)는 요동 동쪽에 있다'고 하므
로 해서 高句麗도 '고구리'로 읽어야 한다는 점을 뚜렷하게 밝혔다. 다만 업신여
겨 쓴 고구리(高句驪)의 '驪' 자는 '麗' 자로 바꾸었다. 이 『신자전』은 해방 뒤인
4283(1950)에도 1915년판을 그대로 인쇄한 판본이 나왔다.⁹²⁾

---

91) 附·著는 ㉠ 걸릴(附) '리', ㉡ 나타날(著) '리' 같은 두 가지로 나뉘어야 하는데, 『신자전』에서는 '附著'로
붙여서 부듸칠【리】라고 했다. 《左傳·宣十二年》射麋麗龜에 대한 「杜註」에서 '麗,著也'라고 했다. 리(麗)
는 나타나다(著)는 뜻이라고 하는 것을 보면, 두 가지를 나누어봐야 한다는 것을 알 수 있다.
92) 단국대학교 동양학연구소 소장본 참조.

3. 1950년대 자전과 사전에 나온 고구리高句麗와 고리高麗

해방 뒤 조선광문회 편 『신자전』이 나오기도 했지만 혼란된 상황이라 출판이 그렇게 활발하지는 못했다. 한국전쟁이 끝난 뒤 어느 정도 사회가 안정되자 여러 자전과 옥편들이 다투어 나오기 시작했다. 당시는 모든 신문을 비롯하여 책들이 대부분 한문을 많이 쓰고 있어서 자전이나 옥편의 수요가 대단히 컸기 때문이다. 이하 주로 국립중앙도서관과 국회도서관에 소장된 자료를 기준으로 '려' 자에 대한 소릿값을 살펴보려 한다. 물론 두 도서관에 소장 되지 않은 자전이나 판본도 있겠지만 이 연구는 자전 자체를 연구하는 것은 아니라서 전체적으로 흐름을 파악하는 데는 큰 문제가 없으리라고 본다.

1) [1952년]명문당 『명문신옥편』과 『한한대자전』의 고리高麗 ·고구리高句麗

명문당 옥편은 한국전쟁이 시작된 1950년에 준비되어 등록하였으나 전쟁으로 인해 발행하지 못하다가 전쟁이 끝나가는 1952년 10월 25일 인쇄하여 10월 30일 발행하였다. 한국전쟁 이후 처음 나온 옥편이다.

명문당은 일제강점기인 1926년에 '영산방'이라는 이름으로 창립되어 1930년 '도서출판 명문당(明文堂)'이라는 회사명으로 변경하여 지금까지 이어온 출판사이다. 현재 국립중앙도서관과 국회도서관에서 간직하고 있는 명문당 옥편이나 사전 가운데 가장 오래 된 것이 1957년(단기 4290년)에 발행된 것으로 김혁제(金赫濟)가 지은 것이다. 그런데 블로그에 1952년 초판본을 간직한 분이 있어 부탁하여 초판을 볼 수 있었다.[93]

'옥편(玉篇)'이라는 용어는 중국에서는 고유명사인 책명으로만 사용된다. 그런데 우리나라에서는 '옥편'이 15세기 무렵부터 사용되어 '자전(字典)'이나 '사전(辭典, 事典, 辭典)' 같은 용어보다 먼저 사용되었다. 따라서 중국과 다르게 우리나라에서는 '옥편'이라는 용어가 한자 사전을 가리키는 대명사처럼 쓰였다.

지금까지 명문당 옥편을 조사해 본 결과, 많은 판본들이 여러 도서관에 소장되어 있었다.

金赫濟 著, 『國漢明文新玉篇』, 明文堂, 4285(1952) 개인소장

金赫濟 著, 『國漢明文新玉篇』, 明文堂, 4289(1956) 국립도서관

金赫濟 著, 『國漢明文新玉篇』, 明文堂, 4290(1957) 국회도서관

金赫濟 著, 『國漢明文新玉篇』, 明文堂, 1960 남산도서관

金赫濟 著, 『國漢明文新玉篇』, 明文堂, 1979 국립도서관

金赫濟 著, 『(最新)明文新玉篇』, 明文堂, 2008. 국회도서관

金赫濟 著, 『(最新)明文新玉篇』, 明文堂, 2013. 명문당 홈페이지

그런데 그림 45에서 본 바와 같이 초판인 1952년 판과 최신판이란 이름이 붙은 2008년 판의 내용이 글자 하나 틀리지 않고 조판형태도 똑같다. 그 내용은 다음과 같다.

【麗】

囼 美也 고울 려 華也 빛날 여 附也 걸릴 여 施也 베풀 여 偶數 짝 여 高樓―譙문루 여

---

93) http://blog.naver.com/duck1044/220442167466

麗 附著 부딪칠 이, 國名 高句—, 高— 나라이름·이

　비록 간단하지만 '나라이름 이' 자로 쓰이는 보기로 고구리(高句麗)와 고리(高麗)를 들어 소릿값을 정확히 나타냈다.

　명문당에서는 1984년 『명문한한대자전(明文漢韓大字典)』이라는 새로운 자전을 펴낸다. 『명문신옥편』이 1,092쪽인데 비해 무려 3,303쪽이나 되는 대자전이었다. 김혁제와 김성원이 함께 엮은 이 사전은 그림에서 보듯이 내용이 굉장히 많이 추가되었다다.[94]

　앞에서 본 『국한명문신옥편』과 『명문한한대자전(明文漢韓大字典)』에서 '麗' 자를 찾아 '나라이름 이'를 찾아 견주어 보면 다음과 같다.

　『국한명문신옥편』: 麗 高句—, 高— 나라이름·이
　『명문한한대자전』: 麗 高—, 國名 나라이름·이(魏志, 高句—在遼東之東, 前漢書,
　　　　　　　　作高句驪)

　이 옥편이나 자전에서는 '나라이름 리'라고 하지 않고 '나라이름 이'라고 해서 'ㄹ두음법칙'을 적용하여 첫 글자에 쓰는 소리를 위주로 했다.

　김제혁이 단독으로 지은 옥편에 비해 김성원과 함께 엮은 『명문한한대자전』은 사서에 나온 보기까지 더 자세하게 들었다. 그런데 내용을 뜯어보면 앞에서 본 『강의자전』을 그대로 옮겼을 뿐이다. 위에서 본 바와 같이 1952년 첫 판을 낸 뒤 현재 팔리고 있는 2013년 판까지 이 옥편에서는 50년이 넘게 '高句麗 = 고구리',

---

94) 金赫濟, 金星元 共編著, 『(明文)漢韓大字典』, 明文堂, 1984.

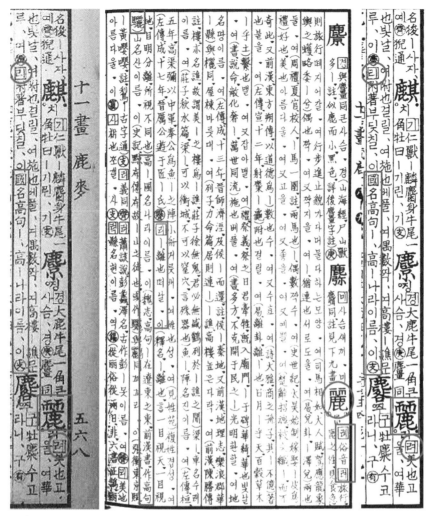

그림 46 『명문한한대자전』高句-, 高- 나라이름·이(왼쪽부터 1952년판, 1984년판, 2008년판)

'高麗=고리'로 읽어야 한다는 사실을 모든 국민들에게 끊임없이 알려 왔다.

2) [1956]사서출판사 편집부 편, 『한한사전』_{漢韓辭典}의 고구리_{高句麗}

이 사전은 '고울 려'와 '나라이름 리'를 함께 실었는데, 왕건의 高麗는 '고려'라
하고 추모의 高句麗는 '고구리'라고 하였다.

그림 47 『한한사전』 나라이름 '리' 고구리(高句麗)

㊀ 려(‑麗) 여(麗‑) : 고울 려, 빛날 려, 걸릴 려, 베풀 려, 짝 려 문루 려, 나라이름 려(朝鮮國名高‑. 李氏朝鮮前으로 開城에 建都).

㊁ 리(麗‑) 이‑(麗) : 나라이름 리(海東國名高句‑. 平安南北道·滿洲一部·黃海道一部·咸境道의 一部地). 부딪칠 리(附著).

좀 더 구체적으로 보면 '高麗＝고려'는 제운(霽韻) '려'로, '高句麗＝고구리'는 지운(支韻) '리'로 쓰고 있는데, 나라이름 부분만 옮겨보면 다음과 같다.

㊀ 나라이름 【려】: 조선의 나라이름 고려(高麗). 이씨조선 전으로 개성에 서울을 세움.

㊁ 나라이름 【리】: 해동의 나라이름 고구리(高句麗). 평안남북도·만주 일부·황해도 일부·함경도의 일부 지역.

이전의 사전들은 모두 '高麗＝고리', '高句麗＝고구리'라고 했는데, 이 사전에서 처음으로 高句麗만 '고구리'라고 하고 高麗를 '고려'라고 한 것은 편찬자가 현재 교과서나 대중들이 사용하고 있는 '고려'를 반영한 게 아닌가 한다. 이 사전에서는 '麗' 자가 낱말 맨 앞에 나올 때는 ㄹ두음법칙을 써서 '이'라 하고, 뒤에 나올 때는 '리'라고 쓴다는 친절한 설명까지 곁들였다.

국회도서관에는 두 가지 판본이 있는데 내용은 똑같다.[95]

3) [1957(3판)]『한글학회 큰사전』의 고구리

『한글학회 큰 사전』, 또는 『우리말 큰사전』은 조선어학회가 1933년부터 본격적으로 제작한 『조선어사전』을 광복 이후 다듬어 1947년부터 발간되기 시작하여 1957년에 완간한 최초의 대형 한국어 사전이다. 이 『큰사전』에는 '고구려'라는 올림말(標題語)도 있지만 특별히 이어서 '고구리'라는 올림말을 더 넣었다.

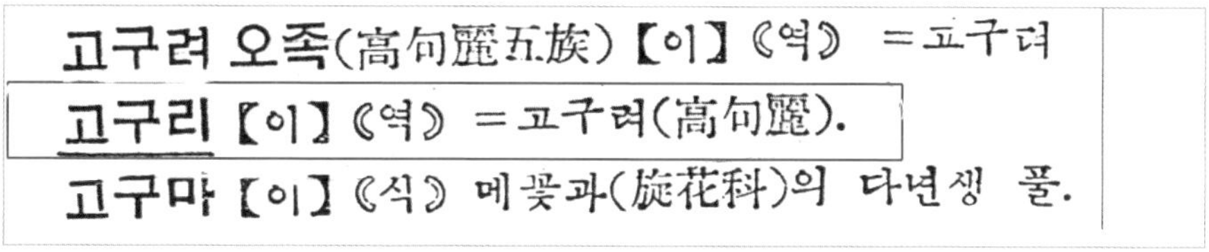
고구려 오족(高句麗五族) 【이】《역》 =고구려
고구리 【이】《역》 =고구려(高句麗).
고구마 【이】《식》 메꽃과(旋花科)의 다년생 풀.

그림 48『한글학회 큰사전』 고구리 = 고구려[96)]

여기서 '이'는 이름씨(名詞)를 뜻하고 《역》은 '역사'에서 쓰는 낱말이라는 뜻이다. 이처럼 당시 사전을 편찬하면서 '고구리'라는 올림말을 올릴 만큼 '고구려=고구리'로 읽어야 한다는 사실이 식자들 사이에서는 많이 알려져 있었다는 것을 증명해 준다.

4) [1958년] 홍자출판사『최신홍자옥편』最新弘字玉篇의 고구리高句麗와 고리高麗

사전만 전문으로 내는 홍자출판사는 옥편 이름도 회사이름을 써서 『홍자옥편』이라는 했으며, 더하여 '최신'이란 낱말도 제목에 넣었다. 1958년에 처음 발행된

95) 辭書出版社編輯部 編,『漢韓辭典』, 辭書出版社, 檀紀4289[1956]. 辭書出版社編輯部 編,『漢韓辭典』, 辭書出版社, 檀紀4293[1960].

96)『한글학회 큰사전』, 을유문화사, 1957.

『최신홍자옥편(最新弘字玉篇)』은 '옥편'이라는 이름으로는 가장 많이 알려진 책 가운데 하나이다.

弘字出版社編輯部 編,『(國漢)最新弘字玉篇』, 弘字出版社 1958, 1962, 1965,

弘字出版社編輯部 編,『(國漢)最新弘字玉篇』, 弘字出版社 1979. 국립중앙도서관

弘字出版社編輯部 編,『(國漢)最新弘字玉篇』, 文泉社 1979. 국립중앙도서관

弘字出版社編輯局 編,『最新弘字玉篇』, 民衆書林, 1997. 국회도서관

弘字出版社編輯局 編,『(修正增補)最新弘字玉篇』, 民衆書林, 2014. 국회도서관

국회도서관이나 국립중앙도서관에는 1958년 판은 없고 1962년 판부터 2014년 도 판까지만 있다. 1979년에는 홍자출파사와 문천사(文泉社) 두 출판사에서 출판 된 것을 보면 1979년 발행사가 바뀐 것을 알 수 있다. 그리고 1997년 판부터는 민 중서림이 맡아 출판하여 2014년 판까지 계속 이어지고 있다.

이 『홍자옥편』은 1958년 처음 나오면서부터 『국한명문신옥편(國漢明文新玉 篇)』을 지은 김혁제가 저작권 위반혐의로 고소하면서 법정소송에 휘말린다.[97]

---

97) 동 고소장에 의하면 고소인 김씨는 4285(1952)년 2월 28일 한문자전인『국한명문신옥편』을 발행한 후 계속 5판(1955)을 발행하였는데 1958년 피고소인인 정씨가『국한최신옥편』이라고 하여 전기 고소인의 옥편과 같은 자구상「어휘」「해석」을 붙이고 고소인의 옥편에 의역이 잘못된 데까지 똑같이 표절하여 자전을 편찬 1958년에 5천부를 불법 인쇄하여 판매하였고, 또한 1959년에도 5천부를 다시 인쇄판매하 였다는 것이다.(동아일보 1959년 10월 10일자) 이 기사에서 김혁제의 『국한명문신옥편(國漢明文新玉篇)』 이 1952~1955년 3년 만에 5판을 기록했다는 사실을 알 수 있고, 이어서 1958년 나온『국한최신홍자옥편 (國漢最新弘字玉篇)』도 1년 만에 5000부를 다 팔고 다시 5000부를 찍었다는 것을 알 수 있다. 이때만 해 도 신문만 읽으려 해도 한자 옥편을 뒤져야 하기 때문에 국어사전이나 영어사전보다도 가장 필수적인 것이 이 한자 옥편이기 때문이다. 이 소송은 1962년까지 이어졌는데 그 판결문은 당시 우리나라 옥편의 역사를 볼 수 있는 내용이기 때문에 이곳에 옮겨본다.
　그 진술내용에 비추어 그 방면에 전문적인 소양이 있는 것으로 인정되는 증인 이숭녕(李崇寧)은 우리

재판부는 당시 자전이나 옥편들이 앞에서 본 3가지 자전(『강의자전』, 『자전석요』, 『신자전』)을 바탕으로 하기 때문에 비슷할 수밖에 없다는 결론에 이르렀다. 실제로 그 내용을 보자

【麗】

回 美也 고울 려, 華也 빛날 려, 附也 걸릴 려, 施也 베풀 려, 偶數 짝 려, 高樓 一謙 문루 려.

回 附著 부딪칠 리, 國名 高句一, 高一 나라이름 리

『국한명문신옥편』에서 나온 내용에 비해서 'ㄹ두음법칙'을 쓰지 않고 '려', '리'라고 한 것을 빼놓고는 글자 하나 틀리지 않고 똑같다. 따라서 『홍자옥편』의 내용도 간단하지만 아주 명확하다. 그리고 1962년 판에서 최근에 나온 2014년 판까지 내용이 하나도 바뀌지 않고 똑같은 판으로 그대로 찍어내고 있다. 2014년 판은 수정증보판이라고 했지만 1962년 판이나 2014년 판이나 쪽수마저 623쪽으로 똑같다(그림 49 참조).

나라의 국한문 옥편은 이 지(즈)음에서 약 200여년의 옛적에 저자 미상의 "전운옥편"(全韻玉篇)을 비롯하여 융희(隆熙) 3년 5월에 간행된 지석영(池錫永)선생의 "국한문 자전석요"(國漢文字典釋要)와 1915.11.1에 최남선(崔南善)선생의 "신자전(新字典)" 등의 간행에 전후하여 지금에 이르기까지 퍽 많은 그런 류의 옥편이 나왔으나 이들 내용은 대개 대동소이(大同小異)할 뿐더러 그 모태(母胎)는 위의 지석영, 최남선 두 선생의 간행물과 중국(中國)의 "강희자전(康熙字典)에 두었다고 하는 사실과 또 옥편은 그 성질이 그렇게 할 수 밖에 별다른 방법이 없는 것이라고 하는 요지의 말을 하고 있고 그밖에 증인들도 별달리 위의 증언이 사리에 어긋나는 것임을 말하지 않고 있음에 비추어 위에 인정 된 바 두 옥편의 내용이 다르다고 하는 그 나머지 부분이 설혹 원고의 말과 같이 똑같다손치더라도 그와 같은 정도는 우리들의 사회관념이나 생활감정상 피고의 그것이 원고의 그것을 그대로 모방한 것이라고는 인정할 수가 없을 것 같다. (서울고등법원 제3민사부 1962.5.18.판결, 61나1243 간행물 출판금지). Korea IP Law Blog : https://iplawyer.wordpress.com/2006/10/26/한자옥편의 저작물성.)

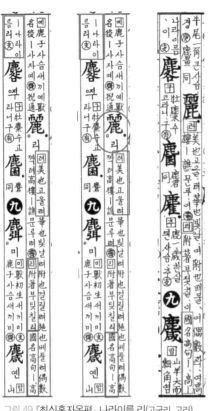

그림 49 『최신홍자옥편』 나라이름 리(고구리, 고리)
왼쪽부터 1962, 2014, 1983 춘원

그리고 이 옥편도 50년 가까이 '麗'
자는 ㊅ =지운(支韻)일 때 나라이름
'리'라고 읽는데, 보기를 들면 고구리
(高句麗)와 고리(高麗)라고 뚜렷이 기
록했다.

당시 위의 두 옥편이 얼마나 인기가
있었는지는 다음 옥편을 보면 알 수
있다. 1983년 다음과 같은 옥편이 출
판된다.

1983년에 이 사전은 그림에서처럼
판본 형태가 『최신홍자옥편』과 똑같
다. 다만 'ㄹ두음법칙'을 써서 '리'를
'이'라고 한 것만 『국한명문신옥편』과
같게 하여 교묘하게 베꼈다.

4. 1960년대 자전과 사전에 나온 고구리高句麗와 고리高麗

1) [1964년] 장삼식 『대한한사전』大漢韓辭典의 고리高麗와 고구리高句麗

장삼식이 지은 『대한한사전(大漢韓辭典)』은 1964년 성문사(省文社)에서 처음
나와 1973년까지 10년 동안 6판이 나올 정도로 많이 보급되었다.[98]

그런데 1973년부터 출판사가 바뀌기 시작한다.

張三植 編,『大漢韓辭典』, 省文社. 1973(6판).

李家源·張三植,『漢子大典』, 유경출판사, 1973.

張三植 著,『大漢韓辭典, 敎育書館, 1973.

위의 3가지 판본을 보면 1973년 한 해에 3가지 출판사에서 똑같은 사전을 펴냈다. 저자인 장삼식은 성문사가 문을 닫자 당시 한문의 대가인 이가원 선생과 공저로 유경출판사에서 펴냈지만 끝내는 교육서관으로 옮겼다. 그 뒤 1975년에 박문사[99], 1979년과 1980년에 진현서관[100], 1983년에 집문당[101], 1985년에 삼영출판사[102], 1987년에 교육서관[103], 1990~1992년에 교육도서 등 여러 출판사에서 돌아가며 똑같은 내용의 장삼식『대한한사전』이 출판된다. 1980년 이후 교육도서[104]에서 출판할 때는 책이름을 약간 바꾸어『한한대사전』이라고 했지만 내용은 모두 같다. '1990년대 판에는 영어·일어·중국어가 처음 추가되어 범우사에서는『(韓日英中 겸용)한한대사전』[105] 이라는 이름으로 출판하기도 했다.

사전에서 '麗' 자를 찾아보면 다음과 같다.

【麗】

一 ❶ 부딪칠리(附著). [左傳] 射麋麗龜, ❷ 나라이름리(高一, 東國名). [魏志] 高

---

98) 張三植 編,『大漢韓辭典』, 省文社. 1964(초판), 1965(재판), 1968(3판), 1971(4판), 1972(5판), 1973(6판).
   1965년 재판이 국립중앙도서관에 간직되어 있음.

99) 張三植 著,『大漢韓辭典』, 博文社, 1975. (국회도서관, 국립중앙도서관)

100) 張三植 著,『大漢韓辭典』, 進賢書館, 1979, 1980. (국립중앙도서관)

101) 張三植 著,『大漢韓辭典』, 集文堂, 1983. (국립중앙도서관)

102) 張三植 著,『大漢韓辭典』, 三榮出版社, 1985 (국회도서관)

103) 張三植 著,『大漢韓辭典』, 敎育書館, 1987. (국회도서관, 국립중앙도서관)

104) 張三植 著,『漢韓大辭典』, 敎育圖書, 1990, 1991. 1992 (국립중앙도서관)

105) 張三植 著,『(韓日英中 兼用)漢韓大辭典』, 범우사, 1992.(국립중앙도서관)

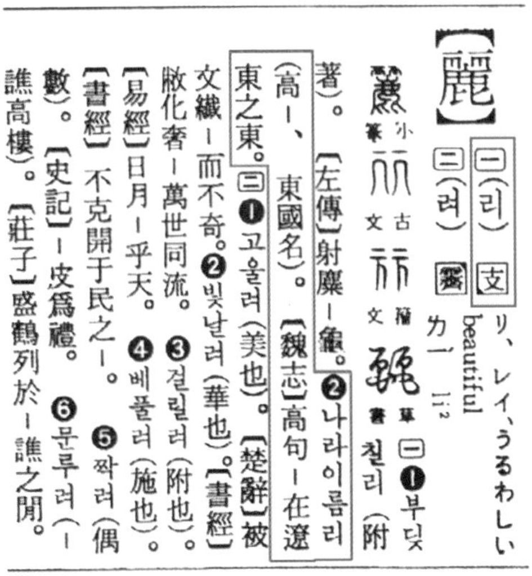

그림 50 『대한한사전』(1964) 나라이름 리(高麗=고리)

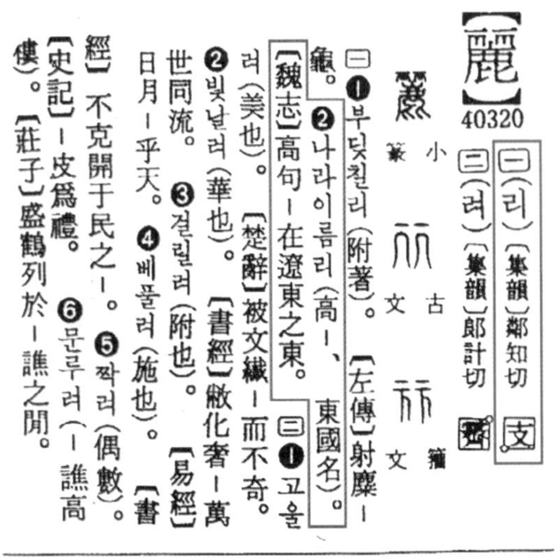

그림 51 『대한한사전』(1991) 나라이름 리(高麗=고리)

句–在遼東之東.

㊀ ❶ 고울려(美也). [楚辭] 被文纖–而不奇, ❷ 빛날려(華也) [書] 敝化奢麗萬世同
流, ❸ 걸릴려(附也) [易] 日月麗乎天, ❹ 베풀려(施也) [書] 不克開于民之麗,
❺ 짝려(偶數) [史記] 麗皮爲禮, ❻ 물루려(–譙高樓) [莊子] 盛鶴例於麗譙之閒
(霹)

1964년 성문사에서 나온 초판이나 1991년 교육도서에서 나온 내용이나 영어
중국어 일본어 읽는 법을 덧붙인 부분을 빼놓고는 모두 똑같다. 고구리(高句麗)·
고리(高麗) 관련 내용을 좀 더 알아보기 쉽게 옮겨보면 다음과 같다.

【리】❶ 부듸칠 리 ❷ 나라이름 리 [(고리(高麗) 동쪽 나라 이름). [위지(魏志)] 고
구리(高句麗)는 요동의 동쪽에 있다.

【려】❶ 고을 려 ❷ 빛날 려 ❸ 걸릴 려 ❹ 베풀 려 ❺ 짝 려 ❻ 문루 려

이 내용은 한국 근대 자전의 시작이라고 했던 조선광문회의 『신자전』을 아주 충실하게 따랐다. '麗' 자를 나라이름으로 쓸 때는 고리(高麗)와 고구리(高句麗)처럼 읽어야 한다는 것을 뚜렷하게 보여준 옥편이다.

이 사전은 1990년대까지도 한국에서 가장 많이 사용되는 옥편 가운데 하나였다. 글쓴이도 1970년대부터 이 옥편을 썼으나 책이 너무 크고 무거워 1990년대 이후 엷은 종이를 써서 작게 만든 핸드북 스타일의 옥편으로 바꾸어 썼다. 최근에 이 사전이 다시 출간되지 않은 이유는 이런 시대의 추세를 따르지 못해 출판이 중단된 게 아닌가 한다. 내용이 아주 충실했지만 큰 출판사에서 기획출판을 하지 않고 개인이 출판사를 옮겨 다니면서 출간하는 형태이다 보니 생기는 현상으로 보인다.

2) [1967년] 이상사 『한한최신표준옥편』과 [1968년] 권영달(權寧達) 『(국한전초)최신옥편』의 고구리高句麗와 고리高麗

1967년 이상사(理想社)에서 『한한최신표준옥편(漢韓最新標準玉篇)』[106]이 나오는데 그 내용은 1950년대 나온 『최신홍자옥편』과 똑같으며, 다음해인 1968년 권영달(權寧達)이 지은 『국한전초 최신옥편 (國漢篆草 最新玉篇)』은 『국한명문신옥편』과도 똑같다.

　　① 『최신홍자옥편』 / 『한한최신표준옥편』 : 高句–, 高– 나라이름·리
　　② 『국한명문신옥편』 / 『국한전초 최신옥편』 : 高句–, 高– 나라이름·이

---

106) 理想社編輯部 編, 『漢韓最新標準玉篇』, 理想社, 1967.

위에 나온 옥편 4권은 두음법칙을 썼느냐 안 썼느냐의 차이만 있고 나머지는 똑같은 내용이다. 사실상 지금까지 보아온 모든 옥편이나 자전이 거의 같은 내용이라고 보면 된다. 결국은 『강희자전』이나 『신자전』의 영향이 가장 컸다고 볼 수 있다. 나중에 1983년 문화출판사에서 나온 『최신대옥편(最新大玉篇)』[107]도 ①과 똑같은 것을 보면 우리나라 자전이나 옥편 편찬사에서 '麗'자는 나라이름으로 읽을 때는 고구리(高句麗)와 고리(高麗)로 읽어야 한다는 것이 일반화되었음을 알 수 있다.

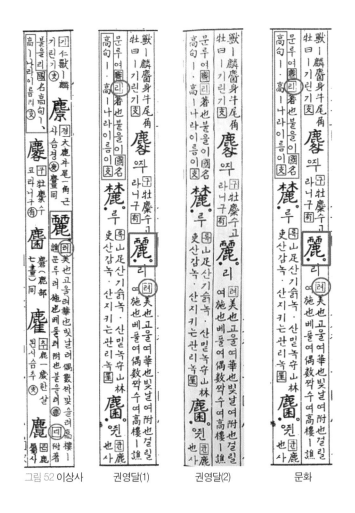

그림 52 이상사   권영달(1)   권영달(2)   문화

권영달의 『(국한전초)최신옥편』은 1960년대 후반부터 1990년대까지 꾸준히 출판된 옥편이다. 1968년 연수사[108]에서 처음 발행된 뒤 1979년부터는 도산서원 109)에서 1981년, 1982년, 세 차례 발간되었고, 1984년에는 신문출판사[110], 1985년에는 금호서관[111]에서 발간했으며, 1992년에는 혜원출판사[112]에서 나왔다.

이 옥편은 옥편의 맨 위 공간에 해당 글자의 전서(篆書)와 초서(草書)를 실었다고 해서 제목 앞에 전초(篆草)라는 문구를 넣었다. 그리고 처음에 흑백으로 인쇄하다가 나중에 가서는 읽은 음을 모두 빨간 글씨로 표현해 두 가지 색깔로 인쇄했다는 것도 특기할 만한 일이다. 이 옥편도 장삼식의 『대한한사전』과 마찬가지로 기획하는 출판사가 없이 개인이 판권을 가지고 출판사를 옮겨 다니며 펴낸 탓에 1990년대 새로운 변화를 건지지 못하고 절판되고 만다.

3) [1963년] 동아출판사 『한한대사전』^{漢韓大辭典} 의 고구리^{高句麗}

1960년대에 들어와 개인이 아닌 출판사가 개발한 자전 가운데 1963년에 동아출판사에서 펴낸 『한한대사전(漢韓大辭典)』이 오늘날까지 이어지고 있다.[113]

그러나 이 사전의 초기 내용은 앞에서 본 사전들에 비해 설명이 아주 부실했다. '麗' 자에 ❶ 려(여–)와 ❷ 리(이–)라는 소리가 있다고 설명하고, '리' 음에 '나라이름'이라고 표기했지만 그 나라가 '고구리'나 '고리'라는 보기를 빼버려서 사

---

107) 『最新大玉篇』, 문화출판사, 1983.

108) 權寧達 著, 『(國漢篆草)最新玉篇』, 研修社, 1968.

109) 權寧達 著, 『(國漢篆草)最新玉篇』, 陶山書院, 1979, 1981, 1982.

110) 權寧達 編, 『(國韓篆草)最新玉篇』, 新文出版社, 1984.

111) 權寧達 編, 『(國韓篆草)最新大玉篇』, 錦湖書館, 1985.

112) 權寧達 編, 『(國韓篆草)最新大玉篇』, 혜원출판사, 1992.

113) 東亞出版社辭書部 編, 『漢韓大辭典』, 東亞出版社, 1963.

용자들이 어떤 나라 이름인지를 알 수 없게 하였다. 편찬하는 사람들이 역사적으로 高句麗와 高麗를 고구리와 고리로 읽는 것을 믿을 수 없어서 다른 사전에는

그림 53 동아출판사 『한한대사전』 나라이름 리(麗)

모두 있었지만 빼버린 것이라고 볼 수 있다.

그 뒤 동아출판사는 1990년이 되어서야 본격적인 옥편을 편찬하여 『(동아)새漢韓辭典』이란 옥편을 펴낸다. 『(동아)새漢韓辭典』, 東亞出版社, 1990(초판). 1992(3쇄)에 나온 내용은 다음과 같다.

【麗】

❶ 고울 려 , ❷ 꾀꼬리 리 , ❸ 나라 이름 려

❶ 1. 곱다, 2. 짝, 3. 지나다. 4. 붙다. 5. 매다, 6. 베풀다, 7. 걸리다, 8. 수, 9. 생각하다, 10. 마룻대, 11. 높은 누각, 12. 함께 가다.

❷ 13. 꾀꼬리. 14. 진. 15. 사파뜨기. 16. 나라이름, 우리나라의 고대 왕조. ¶고구리(高句麗)

❸ 17. 나라 이름, 우리 나라의 옛 왕조. ¶고구려(高句麗)·고려(高麗)

이 사전은 지금까지 보아온 사전이나 옥편에 비해 특이한 점을 발견할 수 있다. 지금까지의 사전은 대부분 다음 두 가지 소리로 나뉘었다.

【려】거성(去聲)=제운(霽韻) : 아름다울 '려' 등

【리】평성(平聲)=지운(支韻) : 나라이름 '리' 등

그런데 이 사전에서는 3가지 운으로 나누었다.[114]

❶ 고울 려 霽,

❷ 꾀꼬리 리 支 : 16 나라 이름, 우리나라의 고대 왕조. 고구리(高句麗)

❸ 나라 이름 려 齊 : 17 나라 이름, 우리나라의 고대 왕조. 고구려(高句麗)·고려(高麗)

곧, 다른 사전에 없는 ❸ 제운(齊韻)이 더 추가되어 '나라이름 려'라고 한 것이다. 다른 사전은 다 ❷ 평성=지운(支韻)인 '리'가 '나라이름 리'라고 하였는데, 이 사전에서는 ❷에서는 '꾀꼬리 리'라고 하고, 그 보기를 들 때는 16번에서 나라이름 '리'라 했으며, '우리나라의 고대 왕조 고구리(高句麗)'라고 했다. 이어서 ❸에서도 '나라이름 려'라고 한 뒤 '17 나라이름, 우리나라의 고대 왕조. 고구려(高句麗)·고려(高麗)'라고 해서 나라이름에 '리'와 '려'를 다 쓸 수 있다고 특히 高麗는 '고려'라고 해야 한다고 했다. 결과적으로 이 사전에는 '高句麗=고구리·高句麗=고구려'라는 두 가지로 읽고, '高麗=고려'로만 읽는다는 새로운 소릿값을 제공하였다.

그렇다면 이 사전에서는 왜 지금까지 다른 사전에는 없었던 제운(齊韻)이 추가되고, 두 가지 음이 모두 나라이름에 쓰일 수 있다고 되었을까? 이는 일본에서 나온 『대한화사전(大漢和辭典)』의 내용을 그대로 옮겼기 때문이다. 다음 절에서 일

---

114) 자세한 것은 다음 절에서 보는 대만 출판 『辭海』를 보면 알 수 있다.

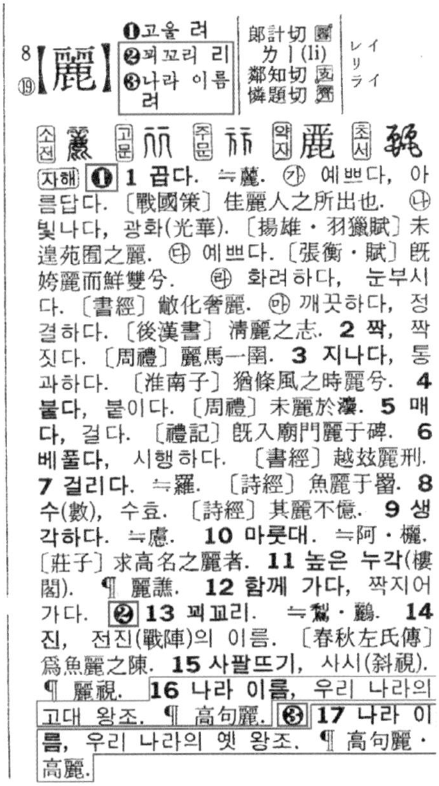

【麗】
❶고울 려
❷꾀꼬리 리
❸나라 이름 려

郞計切 麗
力 ㅣ(li)
鄰知切 囷
憐題切 麗

レイ
リイ

[소전] 麗 [고문] 祐 [주문] 祐 [약자] 麗 [초서] 魏

[자해] ❶ 1 곱다. ≒麗. ㉮ 예쁘다, 아름답다. 〔戰國策〕 佳麗人之所出也. ㉯ 빛나다, 광화(光華). 〔揚雄·羽獵賦〕 未遑苑囿之麗. ㉰ 예쁘다. 〔張衡·賦〕 旣姱麗而鮮雙兮. ㉱ 화려하다, 눈부시다. 〔書經〕 敝化奢麗. ㉲ 깨끗하다, 정결하다. 〔後漢書〕 淸麗之志. 2 짝, 짝짓다. 〔周禮〕 麗馬一圉. 3 지나다, 통과하다. 〔淮南子〕 猶條風之時麗兮. 4 붙다, 붙이다. 〔周禮〕 未麗於瀸. 5 매다, 걸다. 〔禮記〕 旣入廟門麗于碑. 6 베풀다, 시행하다. 〔書經〕 越玆麗刑. 7 걸리다. ≒羅. 〔詩經〕 魚麗于罶. 8 수(數), 수효. 〔詩經〕 其麗不億. 9 생각하다. ≒慮. 10 마룻대. ≒阿·欐. 〔莊子〕 求高名之麗者. 11 높은 누각(樓閣). ¶ 麗譙. 12 함께 가다, 짝지어 가다. ❷ 13 꾀꼬리. ≒鴷·鸝. 14 진, 전진(戰陣)의 이름. 〔春秋左氏傳〕 爲魚麗之陳. 15 사팔뜨기, 사시(斜視). ¶ 麗視. 16 나라 이름, 우리 나라의 고대 왕조. ¶ 高句麗. ❸ 17 나라 이름, 우리 나라의 옛 왕조. ¶ 高句麗·高麗.

그림 54 『(동아)한한대사전』 고구리·고구려·고려

본의 자전을 분석할 때 보겠지만 이 제운(齊韻)에도 高句麗를 적용한 보기는 다른 사전이나 옥편에는 없고 일본의 『대한화사전(大漢和辭典)』에만 있다. 『대한화사전(大漢和辭典)』을 검토하면서 자세히 보기로 한다.

4) [1965년] 민중서관 『한한대자전漢韓大字典』의 고려高麗와 본음 고리高麗

1945년 설립된 민중서관은 1965년 설립자인 이병준(李炳俊)이 편찬한 『한한대자전(漢韓大字典)』을 펴내며 사서류(사전)를 전문 출판사로 두각을 나타내기 시작하였다. 20년 이상 성공을 거두던 민중서관은 같은 계열 기업인 주식회사 민성

전자의 투자실패로 1977년 3월 부도가 발생하였으며, 재고도서를 판매하며 운영하여 오다가 1979년 5월 완전히 해산하였다. 사서류는 편집국장 등 사원들과 함께 법문사(法文社) 계열 출판사인 민중서림(民衆書林)에 인수되어 발간되었으며, 단행본 및 전집류는 거의 폐간되었다. 이런 까닭에 1979년을 기점으로 발행처가 그 이전은 민중서관, 그 뒤는 민중서림으로 되어 있다.

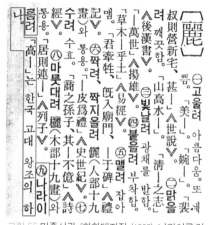

그림 55 민중서관 『한한대자전』(1965). 나라이름 려

민중서관은 꽤 알려진 출판사였지만 '나라이름 '麗'에 관한 한 1950년~1960년 출간된 옥편이나 사전 가운데 가장 부실한 사전이 바로 민중서관 『한한대자전(漢韓大字典)』이었다. 우선 1965년에 나온 초판을 보면 모든 올림자(標題字)에 4성이나 운(韻)에 대한 정의가 없다.

【麗】려 ①~⑨ 려, ⑩ 리

　一 고울 려 三 맑을 려 三 빛날 려 四 붙을 려 五 맬 려 六 짝 려, 짝지을 려 七 수 려

　八 마룻대 려 九 나라이름 려, '高―'는 한국 고대 왕조의 하나[115]

4성이나 운에 대한 설명이 없어서 4성이나 운에 따라 다른 소리가 나는 내용을 다루지 않은 것은 당연한 일이다. 그렇기 때문에 민중서관 『한한대자전(漢韓大字典)』에는 읽는 법이 '려'한 가지뿐이고, '리'로 읽는 음은 아예 삭제해 버려 '나라 이름 '리'는 물론이고 고구리(高句麗)·고리(高麗)의 근본조차 찾을 수 없는 자전

---

115) 李炳俊 編, 『漢韓大字典』, 民衆書館, 1965. 전체적인 흐름을 보기 위한 것이기 때문에 예문은 생략함.

이 되었다. 1979년, 법문사의 계열사인 민중서림은 이 사전을 그대로 이어받아 다시 찍었다. 1979년에 처음 찍은 초판[116]과 한 글자도 틀리지 않고 쪽수 또한 1,414쪽으로 똑같다.

민중서림의 1965년 초판 서문에는 이렇게 씌어 있다.

거편(巨篇)의 자전을 이룩하기에는 여러 모로 벅찬 현실(現實)이므로 우리는 우선 그 수록(收錄) 한자의 범위에 있어서 일만삼천 자(一萬三千字) 정도로 좁히고 주로 그 글자들의 자해(字解)에 주력(主力)을 기울이기로 하였다. 이를 위하여서는 우리나라의 신자전(新字典), 중국의 강희자전(康熙字典)·사해(辭海) 등을 비롯한 정평(定評) 있는 여러 자전을 종합하여 알기 쉽고 자세한 내용을 담기에 힘썼다. (1965년 4월)[117]

조선광문회의 『신자전』이나 『강희자전』을 참고했다고 했으나 언급한 것처럼 두 자전에서는 모두 평성(平聲)·지운(支韻)에서는 반드시 '나라이름 리'로 읽어야 하고 보기로 고구려(高句麗)와 고리(高麗)를 들었다. 다음 절에서 보겠지만 중국의 『사해(辭海)』[118]에서도 분명히 '고리(高麗)'로 읽으라는 보기를 들었다. 결국의 참고한 서적들에 충실하지 않고 자의적으로 선택해서 해석을 했다는 것을 알 수 있다.

1980년대 이후 출판계에서 세로쓰기가 사라지고 가로쓰기로 바꾸어지는 과정에서 민중서림 『한한대자전(漢韓大字典)』도 크게 달라진다. 우선 4성과 운을 추

---

116) 民衆書館編輯局 編, 『漢韓大字典』, 民衆書林, 1979.

117) 李炳俊 編, 『漢韓大字典』, 民衆書館, 1965. 서문.

118) 여기서 중국의 『사해(辭海)』라는 것은 1936년 중화민국 때 나온 『사해』와 대만에서 나온 『사해』를 말하는 것으로 다음 절에 다룬다. 중화인민공화국에서 나온 『사해』는 1958년 중화서국 사해 편집소가 생기고, 1959년에야 사해편집위원회가 성립되어 1979년 초판이 나와서 1965년에는 인용할 수가 없다.

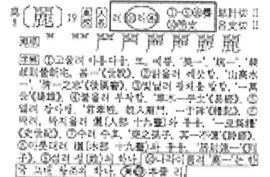

그림 56 『漢韓大字典』民衆書林, 1997. 나라이름 려   그림 57 『漢韓大字典』民衆書林, 2014. 나라이름 려

가하고 소리도 반절음을 넣어 충실하게 꾸미려고 노력하였다. 그러나 편자가 4
성이나 절운에 제대로 된 이해 없이 다른 자전이나 옥편에서 그대로 옮긴 정황이
뚜렷하다. 1990년대 말에 『한한대자전』의 '麗' 자에서 高麗에 대한 설명을 보면
잘 알 수 있다. 좀 더 자세히 보기 위해 1997년 말에 나온 민중서림의 『한한대자
전』을 분석해 보면 편찬자 자신이 지금까지 나온 다른 자전의 내용과 현실에서
실제 쓰고 있는 음을 두고 혼란을 일으키고 있다(그림56 『漢韓大字典』民衆書林,
1997 참조).

　【麗】려 ①~⑨ 려, ⑩ 리

　① 고울 려 ② 맑을 려 ③ 빛날 려 ④ 붙을 려 ⑤ 맬 려 ⑥ 짝 려 ⑦ 수 려 ⑧ 마룻대 려

　⑨ 성 려 ⑩ 나라이름 려, '高—'는 한국 고대 왕조의 하나 ❿ 本音 리[119]

　이 자전에서는 '【麗】려'를 설명하면서 '(⑩리㊀)'이라고 했다. 곧 ①~⑨까지는

---

119) 民衆書林編輯局 編, 『漢韓大字典』民衆書林, 1997

거성(去聲)이고 제운(霽韻)이며 우리 음으로는 '려'로 소리 낸다는 것이고, 다만 ⑩은 평성(平聲)이고 지운(支韻)이기 때문에 '리'라고 소리 낸다는 것을 밝히고자 했다. 그러나 실제 보기를 드는 과정에서는 '⑩나라이름 려'라고 해서 다른 자전과 다른 음을 제시했다. 그리고 특별히 '※❿ 本音 리'라고 주를 달았는데, 이는 본음은 '리'지만 현실음은 '나라이름 려'라는 어정쩡한 편집을 한 것이다. 당시까지 아직 '麗' 자에 대한 학술적인 연구 성과가 나오지 않은 상태에서 실제 쓰이고 있는 '고구려'와 '고려'를 무시할 수 없어 꽤 고심을 하다가 기존 판에 '※❿ 本音 리'라는 주석을 단 것이다.

그러나 이처럼 소극적으로나마 본디 소리는 고리(高麗)라고 단 주석도 1997년 31쇄 본과 같은 회사에서 출판한 『민중 엣센스 실용한자사전』에는 사라져 버린다. 가장 최근에 나온 2014년 판[120]을 보면 첫머리에 '(⑩리④)'라고 해서 ⑩번은 본음이 '리'라고 설명하였지만 실제 본문에서는 〈⑩ 나라이름 려 '高一'는 한국 고대 왕조의 하나〉라고만 나오고 1997년 판에 나온 '※❿ 本音 리'를 지워버렸다. 이처럼 완전히 '나라이름 려'로 바꾸었기에 다시 1965년 판과 똑 같아져버렸다. 차이가 있다면 1965년 판은 설명이 9가지인데 2015년 판에는 '⑨ 성(姓) 려' 자를 하나 더 넣어 10가지가 된 것뿐이다.

전체적으로 볼 때 같은 시기에 나온 다른 자전이나 옥편에 비해 민중서관이나 민중서림의 옥편은 사전의 기능 가운데 가장 중요한 전통적 내용에 대한 충실한 전승성이 가장 부족한 옥편이 되어버렸다.

---

120) 民衆書林編輯局 編, 『漢韓大字典』民衆書林, 2014.

5. 2000년대 사전에서 사라져 가는 고구리麗·고리麗

1) '나라이름 리'는 이어진다.

2000년대에 들어와 정보화시대가 되면서 옥편과 자전에도 많은 변화가 온다. 모든 것을 온라인으로 해결하려는 성향이 생기면서 두꺼운 자전이나 사전은 찾는 빈도수가 점점 줄어들게 된다. 그럼에도 불구하고 앞에서 본 여러 자전이나 옥편들은 한두 회사를 빼고는 옛날 그대로 '나라이름 리'를 잘 고수하고 있다. 한편 2000년 이후 출판된 크지 않은 옥편이지만 아주 정확히 실은 옥편들도 있다.

성안당의 『(라이브 한+)한자사전』[121]은 1,448쪽으로 다른 대자전에 비해 규모는 큰 편이 아니다. 2007년에 처음 발행되고 최근 2014년에 새로운 판이 나왔는데 비록 복잡하지 않지만 아주 짜임새 있고 내용도 정확하다.

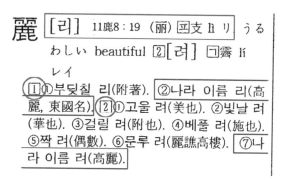

그림 58 『(라이브 한+)한자사전』 高麗=고리·고려

먼저 ㉠=평성(支韻) '리'와 ㉡=거성(霽韻) '려', 두 가지 소릿값을 정확히 나누었

---

121) 한자사전편집위원회 편저, 『(라이브 한+)한자사전』, 성안당, 2007, 2014.

고, ① '리' 음 ②에서 '나라 이름 리(高麗, 東國名)'라고 해서 충실하게 전통적인 자전과 옥편의 내용을 전하고 있다. 이처럼 원칙을 밝히면서도 현실에 쓰이는 음을 무시할 수 없기 때문에 ② '려' 음 ⑦에서도 '고려(高麗)'를 집어넣었다.

이처럼 대형 자전이 아닌데도 제대로 된 음과 뜻을 충실하게 실은 자전도 있지만 고구리(高句麗)·고리(高麗)라는 보기를 빼고 '나라이름'이라고만 쓴 옥편도 제법 많다.

보기를 들어 새로운 세대를 위해 만들었다는 『찾기 쉬운 컴퓨터 옥편』[122]의 '麗' 자에는 '려'와 '리'라는 두 가지 소리가 있고, 그 가운데 '리' 소리에는 '② 나라이름'이 있다는 사실은 밝혔지만 예문 고구리(高句麗)·고리(高麗)는 없다. 이경우는 예문은 없어도 고구리(高句麗)·고리(高麗)의 소릿값에 대한 정확한 기반은 남아 있다.

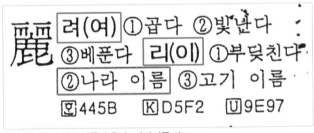

그림 59 『찾기 쉬운 컴퓨터 옥편』 나라이름 리(麗)

2) '나라이름 리(麗)'가 사라져 간다.

2000년을 앞뒤로 해서 '나라이름 리' 자체가 빠지고 오로지 '나라이름 려'만 남

---

122) 홍현의 외 지음, 『찾기 쉬운 컴퓨터 옥편』, 씨쓰리, 1997.

기는 옥편들이 여러 권 나오기 시작한다.

(1) [1998년] 교학사 『대한한사전(大漢韓辭典)』

교학사는 1951년 설립되어 교과서와 학습교재를 중점으로 출판하였으며, 아울러 학습에 필요한 각종 사전도 함께 펴냈다. 교학사가 한자사전을 기획하여 펴낸 것은 2000년이 다 되어 가는 1998년이다. 다른 회사에 비해 늦었지만 야심찬 기획이었다. 홈페이지에서 『대한한사전(大漢韓辭典)』[123]을 보면 '한문 고전을 읽는 데 꼭 필요한 한자, 우리 선인들이 만들어 쓴 국자 등 총 3만 7,823자와 15만여 단어를 정선하여 자세히 풀이한 우리나라 최초의 가장 큰 한자사전!'이라고 했다. 3,952쪽에 가격도 27만 원이나 되는 대형 사전이다.

그러나 내용에서 '麗' 자를 찾아보면 실망스러운 결과다. 설명을 크게 '■ 고울 려 ■ 걸릴 리 ■ 수효 려'라고 나누었는데, 왜 세 가지로 나누었는지 설명이 없다. 머리 부분에 4성과 시운(詩韻)에 대한 설명이 빠졌기 때문이다.

■에서는 음을 '려'라고 읽는 보기들을 들었는데, ⑰번 설명에서 '나라이름 려(國名)'라고 해서 ㉠ 고구려의 준말, ㉡ 고려의 준말이 들어가 있다. 이것은 고구리(高句麗)와 고리(高麗)를 거성인 '려'로만 취급했기 때문이다. 현실적으로 사용하고 있는 음을 그대로 채용한 것이다. 그러나 앞에서 보았듯이 조선의 선학들이 고구리(高句麗)와 고리(高麗)의 '麗' 자는 거성으로 읽는 '산고수려(山高水麗)'의 '麗'가 아니라고 수없이 강조하였고, 우리나라 사전의 시조인 『전운옥편』을 비롯하여 수많은 자전과 옥편들이 거성 '려'가 아니고 평성인 '리'라고 편집한 책들과 완전히 다르다.

---

123) 大漢韓辭典編纂室 編, 『敎學大漢韓辭典』, 敎學社, 1998, 2003, 2006.

古字 麗 ┃ 同字 麗 ┃ 俗字 麗 ┃ 略字 廉 ┃ 二 ①울

려(美麗). ㉠아름답다. [楚辭·招魂] 被衣服纖 麗而不奇些. ㉡화려하다. [書·畢命] 敝化奢麗. ㉢청아하다. 깨끗하다. [後漢書 45·周榮傳] 清麗之志. ②빛날 려(華也). ㉠찬란하다. [揚雄·甘泉賦] 于胥德兮麗萬世. ㉡빛. 광채. 광휘. [常建·詩] 林嶺分夕麗. ③짝 려(偶也). 쌍. 둘. [周禮·夏官 校人] 麗馬一圉 八麗一師. ④나란히멍에할 려(並駕). 두 필의 말을 한 수레에 나란히 멍에하다. [漢書 87·揚雄傳上] 麗鉤芒與驂蓐收兮. ⑤동행할 려(結伴而行). 동반자가 되어 함께 가다. [張衡·西京賦] 若其五縣遊麗辯論之士 街談巷議. ⑥지나갈 려(過也). 경과하다. [淮南子·俶眞] 夫貴賤之於身也 猶條風之時麗也. ⑦건너뛸 려(跨越). 뛰어 넘다. [論衡·薄葬] 徑庭麗級而諫. ⑧베풀 려(施也). 더하다. [荀子·宥坐]

성 려(姓也). ⑰國 나라이름 려(國名). ㉠고구려의 준말. [三國史記 41·金庚信傳] 必踐於麗濟兩王之庭. ㉡고려의 준말. [萬機要覽·軍政編 1 五衛] 內麗制置義興親軍十衛. 三 ①걸릴 리(遭遇). ㉠걸려 들다. [詩·小雅 魚麗] 魚麗于罶 鱨鯊. ㉡범하다. 범하여 저지르다. [書·呂刑] 越兹麗刑. ㉢법에 따라 형벌에 처하다. [書·呂刑] 惟時苗民 匪察于獄之麗. ②시름 리(憂也). 우수(憂愁). [曹丕·大牆上蒿行] 今爾何爲自低卬 悲麗平壯觀. ③어리 리(魚麗). 군진(軍陣)의 이름. [左傳·桓 5] 原繁高渠彌以中軍奉公 爲魚麗之陳. ④이황 리(麗黃). 꾀꼬리. 황리(黃鸝). [張衡·東京賦] 雎鳩麗黃. ⑤나라이름 리(國名). 상대(商代)의 제후국(諸侯國). 驪(34584)와 통용. [路史·國名紀戊] 驪 四 수효 려(數目). 낱낱의 수효. [詩·大雅 文王] 商之孫子 其麗不億.

그림 60 『대한한사전』(2) 나라이름 려(麗)

三에서는 음을 '리'라고 읽는 보기들을 들었는데, ⑤ '나라이름 리(國名)'라고 해서 '상대(商代)의 제후국'이라는 설명을 붙였다. 수많은 국내외 자전이나 옥편들이 이 평성 '리' 음의 보기로 고구리(高句麗)·고리(高麗)를 들고 있는데, 이 사전에서는 상나라 제후국이란 설명을 붙이고 우리나라 역사에 나온 나라이름은 빼먹은 결과를 보여 준 것이다.

3년 뒤인 2001년 교학사는 『대한한사전』에서 '대' 자를 뺀 『한한사전(漢韓辭典)』[124]을 펴낸다. 모두 2,686쪽이니 큰 사전의 3분의 2 수준으로 줄이고 가격도

---

124) 大漢韓辭典編纂室 編, 『教學漢韓辭典』, 教學社, 2001, 2010.

3분의 1 가격인 75,000원으로 낮추었다. '이웃나라인 중국의 간화자(簡化字), 일본의 상용한자(常用漢字)등 이형동자(異形同字)를 일목요연하게 총정리하였다'고 강조하며, 특징을 ① 철저한 고증을 통한 정확한 자음, ② 정선된 어휘의 간명하고 정확한 해설이라고 하였다.

이 사전에서는 『대한한사전(大漢韓辭典)』에서 빼먹은 4성과 운(韻)을 추가한 것이 돋보인다. 그러나 옥편을 살펴보면, 앞에서 본 많은 옥편들이 평성(支韻) '리'와 거성(霽韻) '려'가 있다고 소개하고 있는 데 비해 상성(上聲) '려'를 추가했는데, 이는 앞에서 본 동아출판사의 『한한대사전(漢韓大辭典)』과 같은 형태다. 이러한 편찬방식은 일본의 『대한화사전(大漢和辭典)』을 본떴음을 동아출판사 옥편을 분석할 때 보았다. 그런데 내용을 자세하게 따져보면 일본 『대한화사전(大漢和辭典)』이나 동아출판사 『한한대사전(漢韓大辭典)』과는 완전히 다르다. 두 사전에서는 모두 평성(支韻)에서는 '리', 상성(霽韻)에서는 '려'라고 읽는다고 했는데, 교학사 『한한사전』에서는 1998년에 나온 『대한한사전(大漢韓辭典)』과 마찬가지로 거성(去聲)에 '나라 이름 려'를 배치하고, 앞의 두 옥편에서 배치한 평성과 상성에서는 '나라이름 리'도 없고 '나라이름 려'도 없다. 이렇게 되면 조선시대 수많은 선학들이 열심히 부정했던 '高麗의 麗 = 산고수려(山高水麗)의 약자'가 되어버린 셈이다.

교학사에서 '한자를 처음으로 공부하는 학생과 직장인을 위해 발행한 『(교학)한자활용사전』[125]에서도 거성 '려'만 있고, 평성 '리'는 아예 빠져 있다(그림 85 참조). 결과적으로 교학사의 사전에서는 고구리(高句麗)나 고리(高麗)라는 보기가 처음부터 끝까지 등장하지 않는다.

---

125) 金東吉 編, 『(敎學)漢字 活用 辭典 : 한자·한문 학습의 길잡이』, 교학사, 2008.

8 【麗】* 一 려: 因霽　ll, レイ
⑲ 二 려: 止薺　ll, レイ
17150 三 리　囮支　ll, リ

소전 麤　초서 𪋐　간체 丽　★고울 려 자의 一 麗
(17132)는 속자. ①곱다. ㉠아름답다. [楚辭] 麗而不奇些. ㉡화려하다. [書經] 斂化奢麗. ㉢청아하다. 깨끗하다. [後漢書] 淸麗之志. ㉣빛나다. ㉠찬란하다. [揚雄·賦] 于胥德兮麗萬世. ㉡빛. 광채. 광휘. [常建·詩] 林巒分夕麗. ③짝. 쌍. 둘. [周禮] 麗馬一圉. ④두 필의 말을 한 수레에 나란히 멍에하다. [漢書] 麗鉤芒與驂蓐收兮. ⑤건너뛰다. 뛰어 넘다. [王充·論衡] 徑庭麗級而諫. ⑥맞히다. 적중시키다. [左傳] 射麋麗龜. ⑦매다. 붙잡아 매다. [禮記] 麗于碑. ⑧붙다. 의지하여 붙다. [易經] 日月麗乎天. ⑨들보. 대들보. [莊子] 梁麗可以衝城. ⑩짝하다. 또는 맞먹다. [劉禹錫·詩] 魚目麗璵璠. ⑪國 나라 이름. ㉠고구려(高句麗)의 준말. [三國史記] 必踐於麗濟兩王之庭. ㉡고려(高麗)의 준말. [萬機要覽] 因麗制置義興親軍十衛. 二 수목(數目). 낱낱의 수효. [詩經] 其麗不億. 三 ①걸리다. ㉠걸려 들다. [詩經] 魚麗于罶. ㉡범하다. 범하여 저지르다. [書經] 越玆麗刑. ㉢법에 따라 형벌에 처하다. [書經] 匪察于獄之麗. ②어리(魚麗). 군진(軍陣)의 이름. [左傳] 爲魚麗之陳. ③이황(麗黃). 꾀꼬리. 황리(黃鸝). [張衡·賦] 雎鳩麗黃.

그림 61 『(교학)한한사전』(2001) 나라이름 려(麗)

8 【麗】* 려: 因霽　ll, レイ
⑲ 6308

소전 麤　예서 麗　간체 丽　이름 고울 려: 자원 상형. 아름다운 뿔이 한 쌍 나 있는 사슴의 모양을 본떴다.

필순 丆 芇 𦥑 𦥑 麀 麀 麗 麗 麗 麗

새김 ❶곱다. 아름답다. ㉠麗容(一, 얼굴 용)아름다운 얼굴. ②화려하다. ㉠美辭麗句(아름다울 미, 말 사, 一, 글귀 귀)아름다운 말과 화려한 글귀. ㉡一를 나열하다. ❸나라 이름. ㉠고구려의 준말. ㉡麗濟(一, 백제 제)고구려와 백제. ㉡고려의 준말. ㉠麗朝(一, 아침 조)고려의 왕조.

그림 62 『(교학)한자활용사전』(2008) 나라이름 려(麗)

교학사의 『대한한사전』과 『한한사전』은 현재도 계속 발행하고, 그 밖에 위에서 본 『(교학)한자활용사전』과 『신일용옥편』, 『신교육한자전』, 『한자단어사전』, 『한자필순사전』 같은 여러 한자사전을 펴내 공부하는 사람들에게 영향력이 꽤 있다는 점에서 우려스럽지 않을 수 없다. 나라이름은 평성 '리'라는 사실이 밝혀진 이상 빠른 시일 안에 개정되기를 바란다.

(2) 1999년 동화사, 『(21세기)한한대자전』126)

㈜동화사는 대구에 본사를 둔 학습자료 출판사로 교과서를 비롯한 학습과 관련된 책들을 내고 있다. 이 회사에서 나온 『한한대자전』은 2,816쪽이나 되는 큰

---

126) 동화사편집국 편, 『(21세기)漢韓大字典』, 同和社, 1999, 2009, 2010.

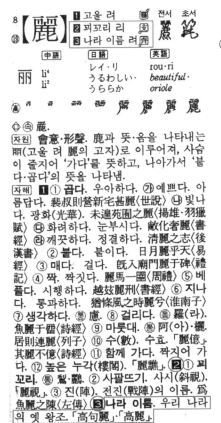

8
⑲ 【麗】 ① 고울 려 ② 꾀꼬리 리 ③ 나라 이름 려

篆書 초서
麗 芘

[中語] 丽 li⁴ li² [日語] レイ・リ うるわしい うらうか [英語] rou・ri beautiful oriole

麗 麗 麗 麗

◇ 涿 麗.

[자원] 會意·形聲. 鹿과 뜻·음을 나타내는 丽(고울 려 麗의 고자)로 이루어져, 사슴이 줄지어 '가다'를 뜻하고, 나아가서 '붙다·곱다'의 뜻을 나타냄.

[자해] ❶① 곱다. 우아하다. ㉮예쁘다. 아름답다. 裴叔則營新宅甚麗〈世說〉 ㉯빛나다. 광화(光華). 未遑苑囿之麗〈揚雄·羽獵賦〉 ㉰화려하다. 눈부시다. 斂化奢麗〈書經〉 ㉱깨끗하다. 정결하다. 淸身之志〈後漢書〉 ② 붙다. 붙이다. 日月麗乎天〈易經〉 ③ 매다. 걸다. 旣入廟門麗于碑〈禮記〉 ④ 짝. 짝짓다. 麗馬一圉〈周禮〉 ⑤ 베풀다. 시행하다. 越玆麗刑〈書經〉 ⑥ 지나다. 통과하다. 猶條風之時麗兮〈淮南子〉 ⑦ 생각하다. 통慮. ⑧ 걸리다. 통羅(라). 魚麗于罶〈詩經〉 ⑨ 마룻대. 통阿(아). 居則連麗〈列子〉 ⑩ 수(數). 수효. 「麗億」 其麗不億〈詩經〉 ⑪ 함께 가다. 짝지어 가다. ⑫ 높은 누각(樓閣). 「麗譙」 ❷① 꾀꼬리. 통鸝·䴇. ② 사팔뜨기. 사시(斜視). 「麗視」. ③ 진(陣). 전진(戰陣)의 이름. 爲魚麗之陳〈左傳〉 ❸나라 이름. 우리 나라의 옛 왕조. 「高句麗」. 「高麗」.

그림 63 『(21세기)한한대자전』 나라이름 려(麗)

---

8 高 ⑲ 【麗】 고을 려 떨어질 리

beautiful レイ (うるわしい) 麗

麗 麗 麗 麗 麗 麗 麗

[자원] 사슴의 뿔 둘이 아름답게 나란히 있는 것을 나타낸 회의문자(會意文字).

[자해] 1.고울, 빛날(려) ☆ 麗人(여인). 2.붙을, 걸릴(려) ☆麗天(여천). 3.나라 이름(려) ☆ 高麗(고려). 4.떨어질, 나두일(리) ☆ 魚麗(어리)

그림 64 『플러스 활용옥편』 나라이름 려(麗)

옥편으로, 1999년 처음 펴냈다. '麗' 자만 보면 이 옥편은 동아출판사와 마찬가지로 3가지 운으로 음의를 나눈 것이 일본의 『대한화사전(大漢和辭典)』을 본뜬 것이다. 다만 지운(支韻)에서 동아출판사는 ❷ 16 '우리나라의 고대 왕조. ¶고구리(高句麗)'라고 소개했는데, 이 사전에서는 아예 이 부분을 빼버렸다. 그런데 ❸에서는 동아출판사와 글자 한 자도 틀리지 않는다.

가장 중요한 부분을 빼버린 결과가 되었다.

(3) KG미디어『플러스 활용옥편』

최근 교육부 선정 기초 한자 1,800자를 중심으로 뽑아 실은 옥편들이 많이 나오는데『플러스 활용옥편』[127]도 그런 옥편 가운데 하나이다. 이처럼 작은 사전들은 그림에서 보는 바와 같이 대부분 '나라이름 려'라는 설명만 있고 '나라이름 리'는 아예 넣지 않는다.

3) 포털사이트의 한자자전에서 고착되어 가는 '나라이름 려'

최근에는 모든 사람들이 인터넷을 통해 한자의 음과 뜻을 찾고 있는데, 우리나라에서 가장 강력한 검색엔진에서 '나라이름 려'만 나오면서 진실과는 훨씬 멀어져가고 있다. 이는 다음에 보겠지만 중국 본토에서 나온 자전들에서도 이 부분이 사라져가는 과정과 겹쳐 상당히 우려할 만한 일이고, 이 문제는 시급히 논의가 되어 바로잡아야 한다.

(1) naver 한자사전

네이버 한자사전이 '麗' 자는 '고울 려'와 '고울 여' 두 가지만 나와 있어 '리'라는 소릿값이 있다는 것 자체를 빼버렸다. 그리고 8번째 설명에서 '나라이름 려'라고만 하고 그에 대한 보기도 들지 않았다. 그렇기 때문에 이 사전을 바탕으로 보면 '나라이름 리'는 아예 존재하지도 않기 때문에 고구리(高句麗)나 고리(高麗)는 생각할 수조차 없다. 조선시대 천자문 때문에 잘못 읽은 것과 똑같은 형태로 돌아가버렸다.

---

127) 편집부,『플러스 활용옥편』, KG미디어, 2007.

【麗】고울 려, 고울 여

1. 곱다 2. 아름답다 3. 맑다 4. 짝짓다 5. 빛나다 6. 매다 7. 붙다(부착) 8. 나라 이름 9. 마룻대(용마루 밑에 서까래가 걸리게 된 도리) 10. 짝 11. 수, 수효(數爻)[128]

(2) daum 한자사전

다음 한자사전은 네이버에 비해 비교할 수 없을 정도로 충실하다. 지금까지 나온 큰 옥편이나 자전처럼 정확하지는 않지만 그래도 소릿값이 '려'와 '리' 두 가지가 있다는 점도 밝혔으며, 뜻을 설명하면서 각 뜻마다 경서나 사서에 나온 보기를 뽑아 덧붙여 충실하게 꾸몄다.

그러나 '나라이름 리'는 빼고 '꾀꼬리 리'만 내세웠으며, '나라이름 려'로 못박은 것은 네이버나 마찬가지다.

【麗】고울 려, 나라 이름 려, 꾀꼬리 리

1. 곱다.

   (1) 아름답다. 예쁨. 佳麗人之所出也(戰國策), 美麗

   (2) 빛나다. 화려함. 藍田麗釆(梁簡文帝)

2. 맑다. 깨끗함. 淸麗之志(後漢書)

3. 짝. 둘. 麗馬一圉(周禮)

4. 매다. 旣入廟門麗于碑(禮記)

5. 붙다. 부착시킴. 草木麗乎土(易經)

---

128) http://hanja.naver.com/hanja?q=%E9%BA%97

6. 베풀다. 시행함. 越玆麗刑(書經)

7 마룻대. 居則連麗(列子)

8. 걸리다. 日月麗乎天(易經)

9. 함께 가다. 짝지어감. 涉患麗禍(論衡)

10. 지나다. 猶條風之時麗兮(淮南子)

11. 수(數). 其麗不億 詩經

I. 나라이름. 고구려(高句麗) 및 고려.

其麗不億(詩經)

1. 꾀꼬리. 유의자 鸝...

2. 진(陣) 이름. 魚麗之陣(左氏傳)

3. 사팔뜨기. 麗視[129]

이렇게 해서 온라인을 통해서 접근하는 자전이나 옥편에서는 '나라이름 리'가 완전히 사라져 버렸다. 앞으로 가장 시급한 것이 다른 어떤 책보다도 이 온라인에서 가장 강력한 두 한자사전에 '나라이름 리'를 부활시키는 것이다.

---

129) http://dic.daum.net/word/view.do?wordid=hhw000011920&supid=hhu000011923

4) 한국 자전(字典)의 결정판, 단국대학교 『한한대사전(漢韓大辭典)』

(1) 『한국한자어사전(韓國漢字語辭典)』

단국대 동양학연구소에서는 지난 1970년대 말부터 한자어사전 편찬사업을 시작하여 1992년 『한국한자어사전(韓國漢字語辭典)』을 초판 발행하고 2002년 개정판을 발행하였다. 그런데 세계 최대의 한자사전을 추구했다는 『한국한자어사전(韓國漢字語辭典)』130)에도 '나라이름 리'가 빠져 있고, 따라서 '고구리(高句麗)'나 고리(高麗)라는 보기도 모두 빠져 있다.

'麗' 자 읽는 법에 '고울 려'와 '붙을 리' 두 가지가 있다고 머리에 밝혔지만 각 음에 대한 설명이나 보기가 하나도 없다. 그리고 '나라이름 리'가 있다는 사실 자체가 완전히 빠지고 '고울 려'의 '려' 음에다 '나라이름 려'를 만들어 그 보기만 '① 고구려(高句麗)를 줄여서 이르는 말', '② 고려(高麗)를 줄여서 이르는 말'이라는 설명과 보기만 들었다.

'나라이름 리'가 빠진 것도 이해가 가지 않지만 '고울 려'나 '붙을 리'에 대한 설명이나 보기가 하나도 없다. 이 사전의 「일러두기」에 나온 편집방향을 보면 다음과 같다.

> 자음(子音)은 현재 통용하고 있는 것을 취하고, 자훈(字訓)은 대표되는 것만을 취하였다.

다시 말하면 지금 통용되는 보기들을 채록하여 정리한 결과라는 말이다. 그래서 이 사전은 그때까지 채록된 낱말(語彙)을 묶어서 낸 것이지 이른바 사전의 체

---

130) 檀國大學校 附設 東洋學研究所 編, 『韓國漢字語辭典』, 檀國大學校出版部, 1992(초판), 2002(개정초판)

麗 고울 려
　　붙을 리

國義 나라 이름. ①고구려(高句麗)를 줄여서 이르는 말. 《三國史記 41, 金庾信傳》春秋恨之, 欲請高句麗兵, 以報百濟之怨, 王許之. 將行, 謂庾信曰, 吾與公同體, 爲國股肱. 今我若入彼見害, 則公其無心乎. 庾信曰, 公若往而不還, 則僕之馬跡, 必踐於麗·濟兩王之庭. ②고려(高麗)를 줄여서 이르는 말.《萬機要覽, 軍政編 1, 五衞, 衞制, 總例》我太祖元年, 因麗制置義興親軍十衞.
麗景 여경】봄날.《芝峯類說 9, 文章部, 詩評》鄭湖陰四達亭題詠曰, 朱明麗景爍庭心, 簾額波光亂躍金. 午枕慵來開睡瞼, 黃鸝飛下綠槐陰. 按, 春日謂之麗景, 而今日朱明麗景, 則恐未妥.

그림 65 단국대『한한대자전』

계를 갖추지 못한 것임을 알 수 있다.

그러나 사전을 사용하는 사람들 입장에서는 사전에 있는 내용을 믿고 활용한다. 결과적으로 보면 이 사전은 선대의 실학자들이 그렇게 반박하고 비판했던 '高麗는 산고수려(山高水麗)다'는 논리를 대변하면서 기정사실로 받아들이게 하는 역할을 하였다. 사전이 본디 소리와 뜻을 제대로 알려야 하는 기능을 상실한 셈이다.

(2)『한한대사전(漢韓大辭典)』

단국대 동양학연구소에서는 사전 편찬 작업을 시작한 지 30년 만인 2008년 전체 16권 규모의 완성판을 내놓았다. 그런데 세계 최대의 한자사전이라는『한한대사전(漢韓大辭典)』[131]에도 '나라이름 리'가 빠져 있고, 따라서 '고구리(高句麗)'

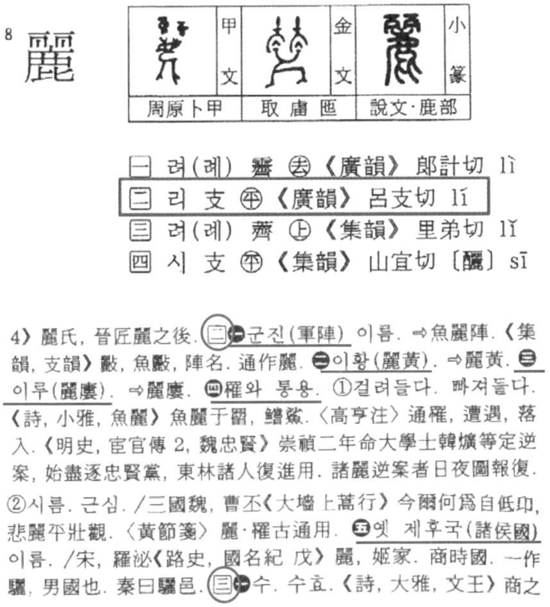

8 麗

甲文	金文	小篆
周原卜甲	取膚匜	說文·鹿部

一 려(례) 霽(去) 《廣韻》 郞計切 lì
二 리 支 ㊅ 《廣韻》 呂支切 lí
三 려(례) 薺(上) 《集韻》 里弟切 lǐ
四 시 支 ㊅ 《集韻》 山宜切 〔䌥〕 sī

4) 麗氏, 晉匠麗之後. 三●군진(軍陣) 이름. ⇒魚麗陣.《集韻, 支韻》驪, 魚驪, 陣名. 通作麗. ●이황(麗黃). ⇒麗黃. 三이루(麗廔). ⇒麗廔. 四羅와 통용. ①걸려들다. 빠져들다.《詩, 小雅, 魚麗》魚麗于罶, 鱨鯊.《高亨注》通羅, 遭遇, 落入.《明史, 宦官傳 2, 魏忠賢》崇禎二年命大學士韓爌等定逆案, 始盡逐忠賢黨, 東林諸人復進用. 諸麗逆案者日夜圖報復. ②시름. 근심. /三國魏, 曹丕《大牆上蒿行》今爾何爲自低卬, 悲麗平壯觀.《黃節箋》麗·罹古通用. 五옛 제후국(諸侯國) 이름. /宋, 羅泌《路史, 國名紀 戊》麗, 姬家, 商時國. 一作驪, 男國也. 秦曰驪邑. 三●수. 수효.《詩, 大雅, 文王》商之

그림 66 『한한대사전(漢韓大辭典)』 나라이름 '리' 자체가 없다.

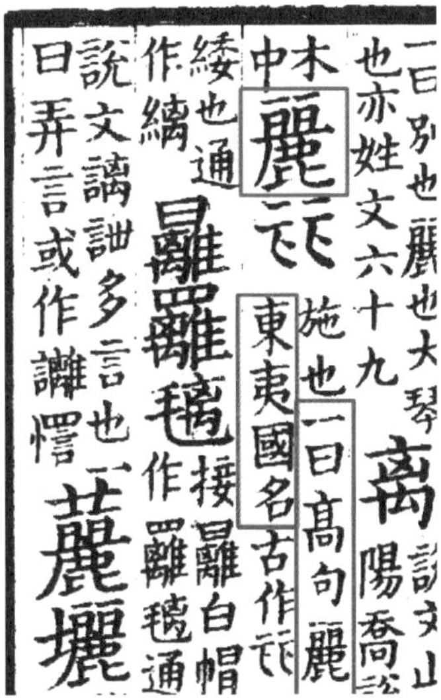

그림 67 『한한대사전(漢韓大辭典)』 나라이름 '리' 없음.

나 고리(高麗)의 보기 또한 모두 빠져 있다.

　『한한대사전(漢韓大辭典)』의 '麗' 자를 보면 『한국한자어사전(韓國漢字語辭典)』과는 달리 모두 4가지 소리와 그에 따른 뜻이 있다는 내용을 밝혔는데, 주로 『광운(廣韻)』과 『집운(集韻)』을 인용하였다. 그 가운데 두 번째 음의인 三에서 '麗' 자는 '지운(支韻)'이고 '평성'이며, '리'라고 읽는다고 하였다. 그리고 三에 대한 보기로 5가지를 들고 있다. 그런데 이 평성·지운에 당나라부터 최근 옥편까지 수많은 자전들이 '나라이름 리'라는 뜻을 더하면서 그 보기로 고구리(高句麗)와 고리(高麗)를 들고 있는데 이 사전에는 빠져 있다. 특히 ●군진 이름인 어리진(魚麗陣)은

---

131) 檀國大學校 附設 東洋學研究所 編,『漢韓大辭典』, 檀國大學校出版部, 2008.

『집운』을 전거로 들었는데, 앞에서 본 바와 같이 『집운』 평성의 '麗' 자에는 분명히 '一曰高句麗 東夷國名'이라고 되어 있다. 왜 이것이 빠져 있는지 이해가 되지 않는다. ❺에서 중국의 제후국은 보기로 들었는데 우리 역사에서 중요한 고구리(高句麗)·고리(高麗)를 빼고 중국의 제후국만 집어넣은 것은 더욱 더 이해가 가지 않는다. 뒤에서 자세히 보겠지만 일본이나 대만에 나온 자전에는 모두 '리' 음에서 고구리와 고리를 보기로 드는데, 유독 중화인민공화국에서 나온 자전에서는 빠진 것을 보면, 단국대 『한한대사전(漢韓大辭典)』은 바로 중화인민공화국의 보기를 그대로 따른 않았나 하는 느낌이 든다.

이 사전 편찬자들은 현재 '麗' 자 음이 '려'로 읽히고 있기 때문에 본디 소리인 '리'가 '려'로 바뀌었다고 생각할 수 있다. 그러나 사전에서는 바뀌기 이전 본디 소리 '리'를 정확하게 기록해 놓아야 사전 보는 사람들이 잘못되었다는 것을 알 수 있고, 나중에 바로 잡을 수 있는데, 이 사전은 그렇게 할 수 있는 싹을 잘라버린 결과가 되었다.

우리가 앞에서 우리나라 자전을 살펴 볼 때 전통적인 조선광문회 『신자전』, 『홍자옥편』, 『명문옥편』, 『대한한사전』 들이 모두 평성에서는 고구리(高句麗)·고리(高麗)로 읽는다는 것을 정확히 밝혔다. 다만 민중서관 『한한대자전(漢韓大字典)』에서는 고려(高麗)의 '본음은 고리(高麗)'라고 주석처럼 달아놓았다가 최근 판에서는 주석을 지워버렸고, 후대에 나온 교학사 자전은 처음부터 '본음은 고리(高麗)'조차 빼버리고 나오는 현실을 그대로 반영한 이 사전은 사전의 비중에 걸맞게 제대로 된 편집이 필요하다.

글쓴이는 그런 면에서 일본에서 나온 『대한화사전(大漢和辭典)』의 체재를 추천한다. 『대한화사전(大漢和辭典)』은 전통적으로 내려온 성조와 운을 정확하게 넣고 다음 이어서 현실음을 집어넣어 역사와 현실을 고르게 편집했던 것이다. 자세한 것은 다음 절에서 다루기로 한다.

사실 단국대 동양학연구소가 30년에 걸쳐 만든 사전은 대단한 사업이었기 때문에 2000년 대 들어서 사라져가는 고구리(高句麗)·고리(高麗)의 바른 소릿값을 바로잡아 주어야 하는 중요한 사명이 있었는데 참으로 아쉬운 일이다. 단국대에서는 이 사전의 디지털 작업을 하는 중이라고 한다.

> 단국대학교는 동양학연구원이 국내 최초로 '한국한자어사전' 디지털화에 성공했다고 2일 밝혔다. 이 날 동양학연구원은 ㈜네이버와 우리말 표기를 위해 고유한자를 집대성한 '한국한자어사전'을 네이버 사전 서비스 실시를 위해 업무 협약을 체결했다.
>
> 이번 협약을 통해 사용자들은 늦어도 오는 12월부터 방대한 고전한자를 네이버 사전을 통해 손쉽게 이용할 수 있게 됐다.
>
> 한시준 원장은 "동양학연구원은 사라져가는 우리 선조의 언어유산을 집대성하기 위해 지난 1973년부터 30여 년 간 수많은 한학자와 4백억 원에 달하는 막대한 자금을 투입해 『한국한자어사전』과 『한한대사전』을 완간했다."며 이번 협약을 통해 우리나라 고전과 문화에 대한 연구가 한층 심도 있게 진행되는 계기가 마련되길 기대한다고 했다.
>
> 한편, 단국대 동양학연구원은 지난 2010년 『한한대사전』 16권과 『한국한자어사전』 4권의 디지털화 구축 사업에 착수했다. 오는 2017년 12월 완성되면 총 5만 5천여 글자, 50만 어휘에 달하는 콘텐츠를 온라인으로 활용할 수 있게 된다.[132]

앞으로 한국 최대의 포털사이트에서 제공될 이 사전에는 반드시 이 부분을 추가하여 완벽한 『한한대사전』이 이루어지기를 바란다.

---

132) 「단국대, 국내 유일 '한국한자어사전' 디지털화 성공」, 『머니투데이』, 2016. 06. 02.

6. 중국과 일본의 자전에 나타난 고구리_{高句麗}·고리_{高麗}

중화민국 15년(1926) 상해에서 출판된 이
자전은 서체인 해서(楷書)·초서(草書)·예서
(隸書)·전서(篆書)를 다양한 자료에서 뽑아
정리한 자전이다. 그리고 올림글자(標題字)
아래 그 글자의 읽는 소리(讀音)와 뜻을 간단
히 적었는데 '麗' 자에 대해서는 다음과 같이
설명했다.

그림 68 『四體大字典』 고리(高麗)

【麗】

① 隸 華美也, 附着也.

② 離 高麗, 國名 卽今朝鮮. 産參.[133]

【麗】 자는 두 가지 소리를 낸다고 밝히고 있다.

①은 隸[li]인데, 고대음은 거성(去聲)인 [례(liei)]이고, 북경어는 4성인 [리(li)]다.

②는 離[li]인데, 고대음은 평성(平聲)인 [리(li)]이고, 북경어는 2성인 [리(li)]다.

①은 거성으로 우리 한자의 '빛날 려'와 같은 뜻이고,

②는 평성으로 우리 한자의 '나라이름 리'임을 알 수 있다.

그리고 ②의 '나라이름 리'에서 고리(高麗)를 그 보기로 들고 있다.

---

133) 陳和祥 主編, 『사체대자전(四體大字典)』, 上海掃葉山房, 1926.

② 離【리】 고리(高麗)는 나라이름으로(國名) 바로 지금의 조선이다(卽今朝鮮). 삼(參) (많이) 난다.

2) [1936년] 중화민국 『사해(辭海)』의 고리(高麗)

『사해(辭海)』는 1915년(中華民國 25년) 중국 근대 저명한 교육가이며 출판가인 육비규(陸費逵)의 발의로 시작되어 서신성(舒新城)·심이(沈頤)·서원고(徐元誥)· 장상(張相) 같은 이들이 주편이 되어 20년 넘게 작업한 뒤 1936년 첫 판을 냈다. 이 책은 상해에 있는 중화서국유한공사(中華書局有限公司)에서 펴냈는데, 옥편이면서 어문사전이고 백과사전과 같은 역할을 한 권위 있고 종합적인 자전이다. 1981년 중화서국(中華書局)에서 축쇄판을 냈고, 2015년 신성출판사(新星出版社)에서 축쇄판을 내서 국내 도서관에도 비치되어 있다.

이 『사해(辭海)』에서는 나라이름 '리(麗)'에서 고리(高麗)를 보기로 들고 있다.

【麗】

【甲】里詣切 音戾 霽韻 : ❶ 美好也 ❷ 華靡也 ❸ 耦也 ❹ 附著也 ❺ 連也 ❻ 數也 ❼ 施也 ❽ 通欐也 姓也

【乙】力移切 音離 支韻 : ❶ 麗歷也 ❷ 高麗·見高麗條 ❸ 通驪

【丙】力米切 音禮 霽韻 : 見委麗條[134]

【갑】은 리(里)+예(詣)의 반절음이고 '례(戾)'라고 소리나며 제운(霽韻)이다. 우

---

134) 舒新城·沈頤·徐元誥·張相 主編, 『老辭海』, 新星出版社, 1936. [麗].

리나라 옥편의 '려'로 소리 나는 경우와 같다.

【을】은 소리(音)가 력(力)+이(移)의 반절음이고, 또 리(離)와 같은 소리이며, 운도 앞에서 본 많은 보기와 같은 지운(支韻)이다. 모두 '리'로 읽으라고 강조한 것이다. 이처럼【麗】= '리'로 읽는 보기를 3가지 들었는데 그 ❷번째 보기로 '高麗'가 있다. 바로 '高麗 = 고리'로 읽어야 한다는 것이다. 그리고 그 고리(高麗)에 대한 설명은 '고리(高麗)'라는 올림말(標題語)을 보라는 설명이 곁들여져 있다. 고리(高麗)와 고구리(高句麗)를 보면 또 구리(句麗)를 보도록 안내하고 있다.

【고리(高麗)】옛 나라 이름: ➊고구리(高句麗)를 줄여서 부르는 것. 상세한 것은 '구리(句麗)'를 볼 것. ➋오대(五代) 양(梁)나라 때(917: 옮긴이 주), 왕건(王建)이 고구리(高句麗) 옛 땅에서 고리(高麗) 왕이라고 불렀다. '조선(朝鮮)'이란 낱말을 참조할 것.[135]

【고구리(高句麗)】나라이름. 고구리(高句驪)라고도 쓰며, 고리(高麗)라고 줄여 쓰는데, 조선의 옛 이름이다. 상세한 것은 구리(句麗)란 낱말을 참조할 것.[136]

【구리(句麗)】옛 나라이름. 구리(句驪)라고도 쓴다. 『통전(通典)』「변방전(邊方典)」: 『고구리(高句驪) 선조 주몽(朱蒙)이 재난을 피해 흘승골성(紇升骨城)으로 옮겨와 살면서, 나라를 세우고 구리(句麗)라 하고 고(高)를 성씨로 삼았다. 조사해 보면 지금의 조선이다. 조선이란 낱말 참조.[137]

---

135) 舒新城·沈頤·徐元誥·張相 주편,『老辭海』, 新星出版社, 1936. 〈【高麗】古國名:➊高句麗之簡稱. 詳句麗條. ➋五代梁時, 王建據有高句麗舊壤稱高麗王. 參閱朝鮮條.〉

136) 舒新城·沈頤·徐元誥·張相 주편,『老辭海』, 新星出版社, 1936. 〈【高句麗】國名. 亦作高句驪, 簡稱高麗, 朝鮮之古名也. 詳句麗條.〉

137) 舒新城·沈頤·徐元誥·張相 주편,『老辭海』, 新星出版社, 1936. 〈【句麗】古國名. 亦作句驪. 通典邊方典:『高句驪先祖朱蒙避難居紇升骨城, 建國號曰句麗以高爲氏.』按卽今之朝鮮; 參閱朝鮮條.〉

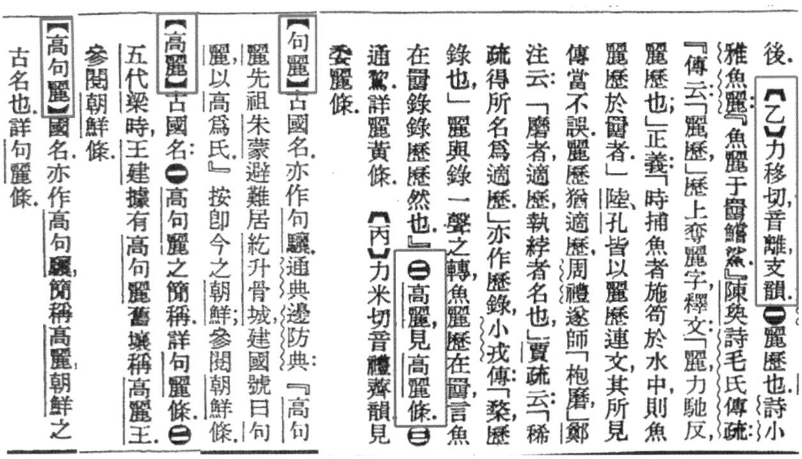

後.

【乙】力移切音離支韻. ❶麗歷也. 詩小
雅魚麗『麗歷』魚麗于罶鱨鯊. 陳奐詩毛氏傳疏
『傳云「麗歷」歷上奪麗字釋文』麗力馳反
麗歷也』正義「時捕魚者施笱於水中則魚
麗歷於罶者」陸孔皆以麗歷連文其所見
傳當不誤麗歷猶適歷周禮逢師「枹歷」鄭
注云「歷者適歷執絭者名也」賈疏云「稱
疏得所名爲適歷」亦作歷錄小戎傳「桼歷
在罶錄麗歷在罶言魚
錄也」❷麗與錄一聲之轉魚麗歷歷然也
通鑑詳麗黃條.

【丙】力米切音體齊韻見
委麗條.

【句麗】古國名. 亦作句驪通典邊防典:『高句
麗先祖朱蒙避難居紇升骨城建國號曰句
麗以高爲氏』按卽今之朝鮮; 參閱朝鮮條.
❷高句麗之簡稱詳句麗條.

【高麗】古國名. ❶高句麗見高麗條. ❷高句
麗之簡稱詳句麗條.

【高麗】古國名. 亦作句驪通典邊防典:『高句
五代梁時, 王建據有高句麗舊壤稱高麗王.
麗以高爲氏』按卽今之朝鮮; 參閱朝鮮條.

【高句麗】國名. 亦作高句驪簡稱高麗朝鮮之
古名也. 詳句麗條.

그림 69 『辭海』(1936). 고구리(高句麗)·고리(高麗)·구리(句麗)

이 『사해(辭海)』에서는 나라이름(國名)으로 읽을 때는 '【麗】= '리'라고 읽도록
하고, 아울러 그렇게 읽어야 하는 낱말인 고리(高麗)·고구리(高句麗)·구리(句麗)
를 올림말로 올려 그 뜻을 설명하고 있다. 위에서 나온 세 낱말에 대한 설명을 보
면 다음 3가지를 알 수 있다.

① 이런 이름들은 모두 '【麗】= '리'라고 읽어야 한다.
② 고구리(高句麗) 때 고리(高麗)라고 줄여 쓰기도 했다.
③ 왕건이 고리(高麗=高句麗) 땅에서 일어나 나라이름을 그대로 이어 고리(高
麗)라고 했다.
④ 이런 나라들은 모두 조선의 선조 나라들이다. 곧 고구리(高句麗) → 고리(高
麗) → 조선(朝鮮)으로 이어졌다는 것을 밝히고 있다.

3) [1959년] 일본 『대한화사전』_{大漢和辭典 138)}의 고구리_{高句麗}

『대한화사전(大漢和辭典)』은 1925년 시작하여 더하고 고친 책(補卷)이 나온 2000년까지 무려 75년에 걸쳐 만들어 세계에서 가장 큰 한화사전(漢和辭典)이라고 알려졌다. 이 사전은 한국에 아직 완벽한 옥편이 나오기 전에 복제본이 나와서 학자들 사이에 널리 퍼져서 영향력이 꽤 컸다. 먼저 관계되는 내용만 간추려 보면 다음과 같다.

【麗】

　一 レイ(레이), ライ(라이) : [集韻]郎計切 (霽韻)

　※ 한국의 '려'로 읽는 경우이다.

　二 リ(리) : [集韻]鄰知切 (支韻)

　※ 한국 옥편에서 '리'로 읽는 경우이다.

　❻ 高句麗は國の名,[集韻]麗, 一曰, 高句麗, 東夷國名.

　三 レイ(레이), ライ(라이) : [集韻] 憐題切 (齊韻)

　※ 한국의 '려'로 읽는 경우이다.

　❶ 高句麗は國の名,[集韻]麗, 一曰, 高句麗, 東夷國名.

위에서 본 바와 같이 『대한화사전(大漢和辭典)』에는 7가지 음과 뜻을 달고 이에 따른 운도 덧붙이고 있다. 7가지 운은 모두 『집운(集韻)』¹³⁹⁾을 인용하고 있는

---

138) 諸橋轍次, 『大漢和辭典』, 大修館書店, 1959년 초판발행, 1986년 재판 발행.
139) 1039년(北宋 寶元 2) 정도(丁度) 등이 왕명을 받들어 찬(撰)한 운서(韻書).

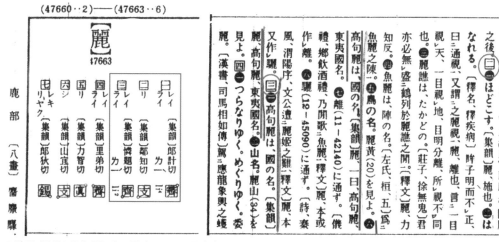

그림 70 『大漢和辭典』(1959). 고구리(高句麗). 고구라이(高句麗)

것을 보면 내용이 『집운』을 바탕으로 하고 있다.

　㊀과 ㊂는 『강희자전』의 내용처럼 음(音)은 ㊀= '려', ㊂= '리'이고, 운(韻)도 ㊀ = (霽韻)', ㊂= (支韻)으로 똑같다. 그리고 ㊂= '리'에서 '고구리(高句麗)' 라는 보기를 든 것도 같다. ㊂= '리'에서 보기로 든 ❻의 내용은 다음과 같다.

　　❻ 高句麗は國の名, [集韻]麗, 一曰, 高句麗, 東夷國名.
　　❻고구리는 나라이름, 『集韻』의 麗(자 설명에서는) 고구리(高句麗) 동이의 나라이름이라
　　　고 했다.

　그런데 『강희자전』과는 달리 제운(霽, 齊韻)인 ㊂에서도 똑같은 보기를 들었다. ㊂은 소리(音)가 レイ(레이), ライ(라이)이기 때문에 ㊀의 '려'와 같으나 운은 제운(霽, 齊韻)으로 앞의 두 운과는 다르다. 그렇기 때문에 왜 보기를 음과 운이 다른 ㊂와 ㊂에 겹쳐서 실었는지 이해하기 힘들다. 결과적으로 '리'와 '려' 두 가지

소리를 다 쓸 수 있다는 것이기 때문이다. 이는 이미 옛날부터 각 사전에 내려오는 내용을 인용하여 전통적일 음을 인정하고, 아울러 일본과 한국에서 현재 쓰이고 있는 '려'와 '라이(ㅋ イ)'를 반영한 게 아닌가 싶다.

앞에서 본 1990 동아출판사 『새한한사전』 같은 1990년대 이후 나온 자전들 가운데 몇몇 자전들이 바로 이 사전을 그대로 옮긴 것이라는 것이다.

4) [1972년] 대만 『중문대사전』_{中文大辭典}의 고구리_{高句麗}

대만에서 발행된 이 사전도 일본의 『대한화사전(大漢和辭典)』의 영향을 받아 고구리(高句麗)와 고구례(高句麗, 우리나라의 려)를 함께 보기로 들고 있다.

【麗】

【乙】呂支切 ❺ 高句麗 國名. [集韻] 麗 一日 高句麗 東夷國名.

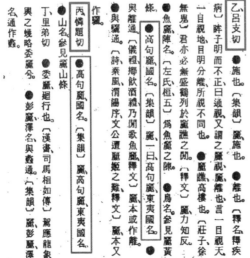

그림 71 『中文大辭典』(1972) 고구리(高句麗).

【丙】憐題切 ❶ 高句麗 國名. [集韻] 麗 高句麗 東夷國名.

이 『중문대사전(中文大辭典)』에서도 『집운』을 바탕으로 '리' 소리로 읽는 경우에 고구리(高句麗)를 보기로 들고 있다.

5) [1982(민국 71)년] 대만 중화서국 『사해』

대만에서 발행된 이 『사해』에서는 일본의 사전을 옮기지 않고 기본적으로 『강희자전』을 그대로 이었다고 볼 수 있다. 여기서도 高麗는 '고리'로 읽어야 한다는 기준을 확실히 보여준다.

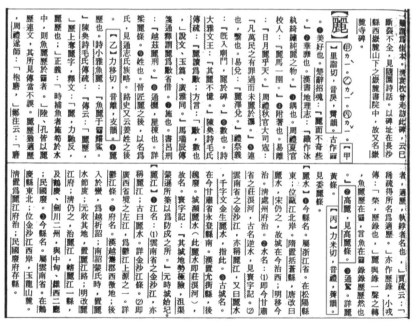

그림 72 『辭海』(1982). 고리(高麗)

【麗】

【甲】里詣切 音戾 霽韻：❶ 美好也 ❷ 華靡也 ❸ 耦也 ❹ 附著也 ❺ 連也 ❻ 數也 ❼ 施也 ❽ 通儷也 ❾ 姓也

【乙】力移切 音離 支韻：❶ 麗歷也 ❷ 高麗·見高麗條 ❸ 通鸝

【乙】은 소리(音)가 '력(力)+이(移)의 반절음이고, 또 리(離)와 같은 소리이며, 운도 위에서 본 많은 보기와 같인 지운(支韻)이다. 이『사해(辭海)』는 앞에서 본 1936년도 출간본『사해(辭海)』를 충실하게 이어받았다는 것을 알 수 있다.

6) [2000년] 베트남『고금한월어자전』_{古今漢越語字典 140)}

베트남 한자사전에 나온 '麗' 자를 찾아보니 그 나라에서도 레(Lê) 음과 리(Li)음 두 가지로 읽는데, '레' 음에는 수려(秀麗) 같은 '아름다울 려'에 관계되는 낱말들을 들었고, ④에서는 '리' 음에 해당하는 보기를 들면서 '高麗'라는 낱말을 썼다.

④【高麗】Cao Ly [Gâo li]

다만 그 발음은 현재 북경음으로 쓰고 있다는 것을 알고 있다. 그렇지만 '麗' 자는 두 가지 소리를 가졌고, '나라이름 리' 자에는 高麗라는 보기를 들었다는 점은 고대부터 끈질긴 생명력을 가지고 대부분의 자전에서 채용하고 있다는 것을 확인할 수 있다.

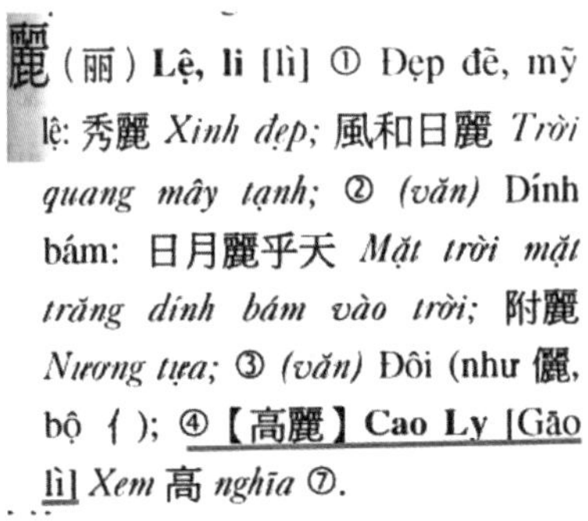

麗 (丽) Lệ, li [lì] ① Đẹp đẽ, mỹ lệ: 秀麗 Xinh đẹp; 風和日麗 Trời quang mây tạnh; ② (văn) Dính bám: 日月麗乎天 Mặt trời mặt trăng dính bám vào trời; 附麗 Nương tựa; ③ (văn) Đôi (như 儷, bộ 亻); ④【高麗】Cao Ly [Gâo li] Xem 高 nghĩa ⑦.

그림 73『古今中越語字典』. Cao Ly(高麗)

7) [2002년] 일본 『신한화사전』新漢和辭典 141) 의 고구리高句麗

이 사전은 1959년 『대한화사전(大漢和辭典)』을 편찬한 모로하시 데쯔지(諸橋轍次)를 비롯한 4명이 엮은 사전인데 『대한화사전(大漢和辭典)』 내용을 간추려 새롭게 냈다. 흔히 모로하시 사전(諸橋辭典)[142]이라고 부른다. 이 사전에서는 ㊀ レイ(레이), ライ(라이)로 읽히는 제운(霽韻)과 ㊁ リ(리)로 읽히는 지운(支韻) 두 가지로만 나누었는데, リ(리)로 읽는 ㊁의 ⑤에서 고구리를 들고 있다.

⑤ 高句麗 コウクリ 國の名.

⑤ 高句麗 고-구리, 나라이름.

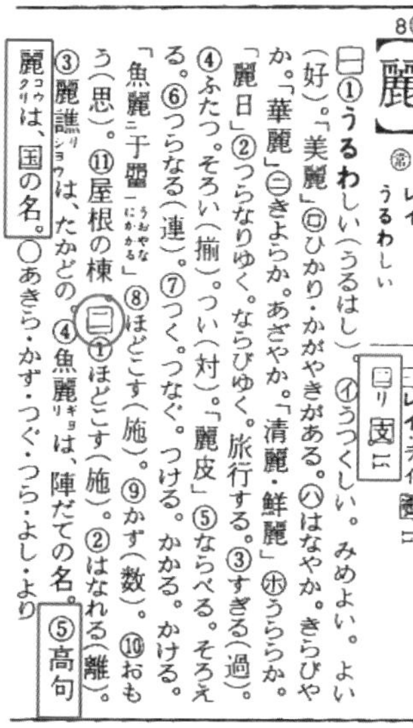
8Ⓒ 【麗】 ㊥ レイ うるわしい ㊀レイ・ライ 霽 ㊁リ 支

㊀①うるわしい(うるはし) ㋑うつくしい。みめよい。よい(好)。「美麗」㋺ひかり・かがやきがある。㋩はなやか。きらびやか。「華麗」㋥きよらか。あざやか。「清麗・鮮麗」㋭うららか。「麗日」②つらなりゆく。ならびゆく。旅行する。③すぎる(過)。④ふたつ。そろい(揃)。つい(対)。「麗皮」⑤ならべる。そろえる。⑥つらなる(連)。⑦つく。つなぐ。つける。かかる。かける。「魚麗二于罶一(うおやなにかかる)」⑧ほどこす(施)。⑨かず(数)。⑩おもう(思)。⑪屋根の棟。㊁①ほどこす(施)。②はなれる(離)。③麗譙(リショウ)は、たかどの。④魚麗(ギョリ)は、陣だての名。⑤高句麗(コウクリ)は、国の名。○あきら・かず・つぐ・つら・よし・より

그림 74 『新漢和辭典』 高句麗 = 고-구리

8) 중화인민공화국에서 출판된 대자전大字典의 '麗' 자

위에서 본 것처럼 당나라 육덕명 이후 오늘날까지 중국과 일본의 중요한 큰 사서들과 운서들이 '麗' 자에 대한 음운을 달 때 평성과 지운(支韻)으로 읽는 '리' 음에서는 모두 고구리(高句麗)와 고리(高麗)를 보기를 들고 있다는 것을 알 수 있다.

그런데 이런 전통을 완전히 뒤엎는 현상이 중국 본토에서 일어났다. 중국에서

140) Trần Văn Chánh, "Tự điển Hán Việt", Nhà Xuất Bản Từ Diển Bac Khoa, 2000, 1091쪽.

141) Morohashi G. (諸橋轍次), 『大漢和辭典』, 大修館書店, 1959년 초판발행, 1986년 재판 발행; 諸橋轍次·渡邊末吾·鎌田正·米山寅太郞, 『新漢和辭典』, 大修館書店, 2002년(新裝大型版) 1011쪽.

142) 처음 이 사전을 쓸 때 '모로바시사전'이라고 들었다. 그런데 영문이름을 보니 '하' 음에 연쇄탁음을 붙이지 않고 '하시'라고 쓴다.

권위 있는 세 자전을 검토해본 결과 모두 ① 제4성 'lì' (한국음에서 려로 읽는 경우)음과 제2성 'lí' (한국음에서 리로 읽는 경우)음을 구별하여 설명하고 있지만 고구리(高句麗)와 고리(高麗)라는 예문은 모두 빠져 있다.

(1) [1979년] 『사해(辭海)』의 '麗' 자

중국 공산당의 명령에 따라 1957년부터 1936년 발행된 『사해』를 개정하기 시작하여 22년 뒤인 1979년 상해사서출판사에서 1차 수정판을 내고 10년마다 개정판을 내고 있다. 그리고 이 『사해』를 바탕으로 하여 2002년부터는 『대사해(大辭海)』를 내기 시작했다.

이 『사해』의 '麗' 자에는 2개의 음이 소개되고 있다. 똑같이 '麗' 음이지만 ㊀는 제4성이고, ㊁는 제2성이다. 현재 보통어로 쓰이고 있는 북경음은 모두 '리'로만 읽고 다만 4성의 성조가 다를 뿐이다. 여기서 ㊀제4성은 옛날의 거성(去聲)이고 제운(霽韻)이며, ㊁제2성은 평성이고 지운(支韻)이다. 그런데 제4성(去聲)이나 제2성(平聲)이나 그 어떤 경우도 고구리(高句麗)나 고리(高麗)를 보기로 들지 않았다는 것을 알 수 있다.

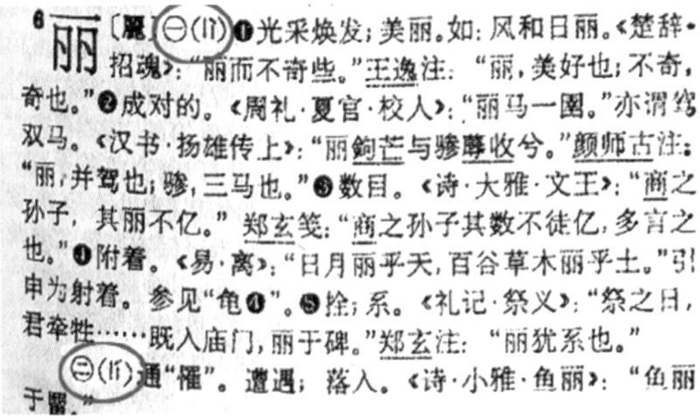
6 丽〔麗〕㊀(lì) ❶光采焕发；美丽。如：风和日丽。《楚辞·招魂》："丽而不奇些。"王逸注："丽，美好也；不奇，奇也。"❷成对的。《周礼·夏官·校人》："丽马一圉。"亦谓驾双马。《汉书·扬雄传上》："丽鉤芒与骖蓐收兮。"颜师古注："丽，并驾也；骖，三马也。"❸数目。《诗·大雅·文王》："商之孙子，其丽不亿。"郑玄笺："商之孙子其数不徒亿，多言之也。"❹附着。《易·离》："日月丽乎天，百谷草木丽乎土。"引申为射着。参见"龟❹"。❺拴；系。《礼记·祭义》："祭之日，君牵牲……既入庙门，丽于碑。"郑玄注："丽犹系也。"
㊁(lí)通"罹"。遭遇；落入。《诗·小雅·鱼丽》："鱼丽于罶。"

그림 75 중화인민공화국 『辭海』(1979). 高麗 없음

---

143) 辭海編輯委員會 編, 『辭海』, 上海辭書出版社, 1979年版(縮印本, 1980年 1版 1985年 6次 印刷)

㉠ (l i) ❶ 光彩煥發; 美麗. ❷ 成對的. ❸ 數目, ❹ 附着, ❺ 拴; 系.

㉢ (l i) 通 '罹'. 遭遇; 落入.[143]

(2) [1986~1993년] 뤄주펑(羅竹鳳) 주편, 『한어대사전(漢語大詞典)』의 '麗' 자

『한어대사전(漢語大詞典)』은 1975년에 시작하여 산둥(山東)·쟝수(江蘇)·안휘(安徽)·줴쟝(浙江)·푸젠(福建)·상하이(上海) 같은 성(省)과 시에서 1,000명이 넘은 전문가들이 참가하였다. 뤄주펑(羅竹鳳)을 주편으로 중국한어대사전편찬위원회가 구성되어 진행되었는데, 모두 12권에 2만 2,700자, 27만 5,000 단어, 약 5천만자에 이르는 방대한 사전을 완성하여, 1986년 1권을 펴낸 뒤 1993년 12권 전체를 펴냈다.

이 사전은 1998년 새로운 시대적 흐름에 맞추어 CD로도 출간되었고, 한국에서도 2014년 판이 아래한글로 변환되어 많은 사람들이 쓰고 있어 가장 많이 쓰이고 있는 사전이라고 할 수 있다.

이 사전에서는 거성, 평성, 상성 같은 3가지로 나누어 설명하고 있다.

麗①[l ì ㄌㄧˋ][郎計切, 去霽]

麗②[l í ㄌㄧˊ][回支切, 平支]

麗③[l ǐ ㄌㄧˇ][里弟切, 上薺][144]

음은 모두 '리'로 나오는데 ①은 제4성으로 거성(去聲)·제운(霽韻), ②는 제2성으로 평성(平聲)·지운(支韻)이며, ③은 제3성으로 상성(上聲)·제운(霽韻)이다. 이

---

144) 羅竹鳳 主編, 『漢語大詞典』, 上海辭書出版社, 2014. 이 글에서는 한국에서 널리 돌아다니는 2014년 혼글판을 바탕으로 보았다.

세 가지 소리 가운데 ① 제4성은 20가지 보기를 들고, ② 제2성에서는 4가지 보기를 들었으며, ③ 제3성에서 한 가지 보기를 들고 있다.

그러나 지금까지 전통적인 사서나 자전에서는 제2성 평성에서 거의 예외 없이 고구리(高句麗)나 고리(高麗)를 보기를 들었던 것과는 다르게 이 사전에서는 모두 빠져 있다.

이는 이전의 『사해(辭海)』에서 고구리(高句麗)나 고리(高麗)가 '지금의 조선(今朝鮮)'이라는 설명이 있었기 때문에 이 부분을 지우기 위한 것으로 보인다. 이때 이미 고구리·고리를 중화인민공화국 역사로 편입하려는 의도가 있었다는 것을 뜻한다.

(3) [1986~1990년] 『한어대자전(漢語大字典)』의 '麗' 자

이 사전은 시추안사서출판사(四川辭書出版社)와 후베이(湖北辭書出版社)가 함께 펴낸 사서로, 300명이 넘는 필진이 10년 넘게 작업하여 1986~1990년까지 4년에 걸쳐 8권의 책으로 펴냈다. 첫판에서 5만 4,674자를 올림자로 실었는데, 2010년에 나온 2판에서는 6만 370자로 늘려 모두 9권으로 펴냈다.

이 『한어대자전(漢語大字典)』에서도 앞에서 본 『한어대사전(漢語大詞典)』과 마찬가지로 다음 3가지로 나누어 기술하고 있다.

麗①[lì ㄌㄧˋ] [郞計切, 去霽]

麗②[lí ㄌㄧˊ] [回支切, 平支]

麗③[lǐ ㄌㄧˇ] [里弟切, 上薺][145]

---

145) 漢語大字典編輯委員會, 『漢語大字典』. 四川辭書, 1990(초판), 2010(2판)

麗² [丽]　[lí《广韵》<u>吕支切,平支,來</u>。] ❶见"麗₂黄"、"魚麗陣"。 ❷见"麗₂廔"。 ❸通"罹"。(1)遭遇; 落入。《诗·小雅·鱼丽》:"魚麗于罶,鱨鯊。"<u>高亨</u>注:"通罹,遭遇,落入。"《明史·宦官传二·魏忠贤》:"<u>崇禎</u>二年命大學士<u>韓爌</u>等定逆案, 始盡逐忠賢黨, 東林諸人復進用。諸麗逆案者日夜圖報復。"<u>清吴下阿蒙</u>《断袖篇·东乡太岁》:"後官以賄敗。<u>末</u>名麗案中, 禍且不測,自知業報,因以夢備告所親。"(2)忧愁。<u>三国魏曹丕</u>《大墙上蒿行》:"今爾何爲自低卬,悲麗平壯觀?"

麗³ [丽]　[lí《集韵》<u>里弟切,上薺,來</u>。] 数目。《诗·大雅·文王》:"<u>商</u>之孫子, 其麗不億。"<u>毛传</u>:"麗,數也。"

그림76 중화인민공화국 『漢語大字典』(1990). 高麗 없음.

　위 그림에서 보는 바와 같이 이 사전에서도 제2성 평성에서 3가지 큰 보기를 들고 있지만 고구리(高句麗)나 고리(高麗)는 빠져 있다.

　이처럼 대륙에서 의도적으로 고구리(高句麗)나 고리(高麗)을 빼버린 사전들을 최근 나온 한국의 옥편에서 그대로 베끼는 경향이 있어 크게 우려가 된다.

　이는 이전의 『사해(辭海)』에서 고구리(高句麗)나 고리(高麗)가 '지금의 조선(今朝鮮)'이라는 설명이 있었기 때문에 이 부분을 지우기 위한 것으로 보인다. 이때 이미 고구리·고리를 중화인민공화국 역사로 편입하려는 의도가 있었다는 것을 뜻한다.

다섯째 마당

고구리(高句麗)·고리(高麗)의
소릿값에 대한 종합 고찰

1. 나라 안팎의 자료들 : '高句麗 = 고구리 · 高麗 = 고리'라고 읽어야 한다.

위에서 본 것처럼 수많은 나라 안팎의 자료들이 '高句麗 = 고구리 · 高麗 = 고리'라고 읽어야 한다고 주장하고 있어 이제는 바꿀 수 없는 진실이 되었다. 먼저 그 내용을 4가지로 간추려 본다.

1) 고구리(高句麗) · 고리(高麗) 시대 경전과 사서에 나타난 소릿값

〈표 29〉에서와 같이 고구리(高句麗, BC 37~AC 668) · 고리(高麗, 918~1392)와 같은 시대인 당 · 송 · 원 시대에 여러 중요한 자료에서 '高句麗 = 고구리 · 高麗 = 고리'라고 읽어야 한다는 내용을 기록해 놓았다.

고구리(高句麗)와 고리(高麗)의 나라이름을 틀리지 않고 정확히 읽는 법에 대해 가장 먼저 기록한 사람은 육덕명(陸德明)이다. 진(陳) · 수(隋) · 당(唐)나라의 관리이자 경학자(經學者), 훈고학자(訓詁學者)인 그는『상서주소』와『경전석문』에서 추모(鄒牟)가 고구리(高句麗)를 세우기 전에 존재했던 구리(駒麗)의 소릿값을 정확하게 주를 달아놓아 후대에 그 나라이름을 올바르게 읽을 수 있는 귀중한 기록을 남겼다.

그 뒤『진서(晉書)』에 나온 주요 낱말의 소리와 뜻을 모아 낸『진서음의』, 사대서(四大書)가운데 하나인『책부원귀(册府元龜)』,『신당서』의 주요 낱말에 대한 소리와 뜻을 모아 낸『당서석음』, 전국시대부터 송 건국 이전까지 1,362년 동안의 역사를 294권 300만 자에 수록한 방대한 역사서『자치통감』같은 역사 관련 책에서 '高句麗＝고구리·高麗＝고리'라고 읽어야 한다는 주를 달아 강조하고 있다.

그리고 불교 경전을 해설하는『신집장경음의수함록(新集藏經音義隨函錄)』이나『법화경삼대부보주(法華經三大部補注)』같은 불서에도 '高句麗＝고구리·高麗＝고리'라고 읽어야 한다는 주를 달았으며, 시를 짓는 데 필수 운서(韻書)인『집운(集韻)』까지도 고구리(高句麗)의 '麗'는 평성이고 지운(支韻)인 '리'로 읽으라고 했다.

이처럼 고구리(高句麗)·고리(高麗)와 같은 시기 중국에서 동쪽 나라인 고구리(高句麗)·고리(高麗)의 소릿값에 대해 주의를 기울인 것은 고구리(高句麗)·고리(高麗)가 본디 한자 이름이 아니고 외래어였기 때문이다. 당나라 때 '麗' 자는 거성은 '례'로 읽고, 평성은 '리'로 읽었기 때문에 외래어인 고구리(高句麗)를 읽을 때는 거성인 '례'로 읽지 말고, 평성인 '리'로 읽으라는 주의였던 것이다.

따라서 경서를 읽거나, 역사를 배우거나, 불교 경전을 읽는 사람들은 읽는 도중 高句麗와 高麗라는 이웃나라 이름이 나오면 '高句麗＝고구리·高麗＝고리'라고 읽어야 한다는 이유를 알았고, 또 그렇게 읽었다. 하물며 후손이라고 자부하는 우리들이 '高句麗＝고구리·高麗＝고리'라고 읽어야 하는 것은 너무 당연한 이치이다.

	시대	지은이	책 이름	소릿값 주
1	唐 550~630	孔穎達·陸德明	尙書注疏	駒麗=구리
2	唐 550~630	陸德明	經典釋文	駒麗=구리
3	唐 747	何超	晉書音義	高句驪=고구리 高句驪=고구리 句麗=구리
4	後唐 931	可洪	新集藏經音義隨函錄	高麗=고리
5	宋 1005~1013	王欽若	册府元龜	高句麗=고구리
6	宋 1042~1091	從義	法華經三大部補注	高麗=고리
7	宋 1039	丁度 等	集韻	高句麗=고구리
8	宋 1106	董衝	唐書釋音	高麗=고리
9	元 1285	胡三省	資治通鑑注	句麗=구리 高句麗=고구리 高麗=고리

2) 조선시대 선비들의 고구리高句麗·고리高麗 소릿값 복원 노력

고구리(高句麗)와 고리(高麗)에서는 자기 나라 이름을 제대로 써왔으나, 그 뒤 모든 기록이 소리를 제대로 적을 수 없는 한문으로 되어 있어서 조선조에 들어와서는 고구리(高句麗)와 고리(高麗)를 고구려와 고려로 읽는 경향이 나타났으며, 조선 중세에는 고구려(高句麗)와 고려(高麗)가 일반화되기 시작해 지금에 이르렀다. 그러나 고구리(高句麗)와 고리(高麗)에 대한 역사와 진실을 제대로 밝혀주는 자료는 꽤 많다.

그 중에서 가장 이르고 대표적인 것이 훈민정음이 만들어진 뒤 최초로 한글로 엮어낸 『용비어천가』이다. 1445년(세종 27) 4월에 편찬되어 1447년(세종 29) 5월에 간행된 『용비어천가』는 그 권위와 신빙성에 있어서만큼은 독보적이다. 따라서 『용비어천가』에 기록되어 있는 '高麗=고리'는 이론이나 재론이 필요 없는 분명한 사실이자 우리 역사의 숨소리다.

또한 조선 성종 때의 학자 성현은『용재총화』에서 전 왕조의 이름을 잘못 읽는 조선 전기의 오류를 지적하기도 했지만 특히 고구리와 고리를 가장 강력하게 복원하려고 나선 사람은 18세기 실학자들이었다. 헛된 이론을 버리고 사실을 추구하여 실생활에 이용할 수 있는 학문을 주장하는 실학파(實學派)는 기존의 공리공담이나 잘못된 것을 바로 잡기 위해 실천적이고 진실에 가까운 논리들을 앞세웠다. 이런 실학자들 가운데 성호 이익은『성호사설』에서, 안정복은『동사강목』에서, 이덕무는『청장관전서(靑莊館全書)』에서, 박지원은『열하일기』에서, 김정호는『대동지지』에서 모두 고구리(高句麗)와 고리(高麗)에 대한 어원을 깊이 연구하여 강력하게 주장하였다 (〈표30 참고〉).

논의의 핵심은 ㉠ 高麗의 '麗' 자는 평성이냐? 거성이냐? 하는 문제인데, 평성이면 '리'이고 거성이면 '려'이기 때문이다. ㉡ 高麗라는 이름은 高句麗를 이어받아 高麗라고 붙였는가?, 아니면 산고수려(山高水麗)를 줄여서 붙인 것인가? 하는 문제인데, 결국 高麗는 산고수려(山高水麗)를 줄여서 만든 이름이 아니고 高句麗를 이어 받은 게 분명하니 당연히 평성으로 읽되, 고구려(高句麗)와 고리(高麗)는 반드시 '고구리', '고리' 로 읽어야 한다고 주장하였다. 한편 구한말에 국가가 직접 편찬한『증보문헌비고』에서도 실학파와 맥을 같이 해서 '高句麗＝고구리·高麗＝고리'라고 읽어야 한다는 주를 달았다.

이처럼 기록에는 논란이 있었지만 입과 입을 통해 전해 내려오는 '高麗 적 이야기'라는 말은 21세기까지도 '고리 적 이야기'로 쓰이고 있다는 측면에서 책으로 나온 언해본보다 오히려 진실에 가깝다. 아울러『동언고(東言考)』에서도 당시 사용되는 '고리'나 '구리'가 高麗나 句麗에서 왔다고 주장한 것도 입으로 전해 내려올 때는 '고리'나 '구리'는 변질되지 않고 민중의 의식 속에 전해 내려왔다고 할 수 있다.

	시대	지은이	책 이름	소릿값 주
1	1447(세종 29)	정인지 등	용비어천가	高麗=고리
2	1525(중종 20)	성현	용재총화	高麗=고리
3	1740(영조 16)	이익	성호사설	句麗=구리 高句麗=고구리 高麗=고리
4	1778(정조 2)	안정복	동사강목	高麗=고리
5	1741~1793년	이덕무	청장관전서	高句麗=고구리 高麗=고리
6	1780년(정조 4)	박지원	열하일기	高麗=고리
7	1861~1866년	김정호	대동지지	高句麗=고구리 高麗=고리
8	1903~1908년	박용대 등	증보문헌비고	高句麗=고구리 高麗=고리
9	1908(순종 2년)	박경가	동언고·동언고략	句麗=구리 高麗=고리

3) 조선 후기 이후 옥편과 자전에 나타난 고구리高句麗·고리高句麗 소릿값

조선 후기에 청나라에서 나온 『강희자전(康熙字典)』에서는 高麗를 '고리'로 읽어야 한다고 뚜렷하게 기록하고 있고 동양 3국의 자전에 큰 영향을 미친다. 조선에서는 정조 때(1776~1800) 우리나라 옥편의 시조라고 할 수 있는 『전운옥편(全韻玉篇)』이 나오는데, '麗' 자는 '려'와 '리' 두 가지 읽는 법을 분명히 명시하고 '리'로 읽는 예를 들면서 高麗는 '고리'로 읽어야 한다고 적시하였다.

일제 강점기인 1915년 조선광문회에서 펴낸 『신자전(新字典)』에는 '리' 자로 읽는 예로 '고리나라(高麗東國)'라고 읽어야 한다는 것을 분명히 밝혔다.

해방 후 나온 한글학회의 『큰사전』에는 고구리라는 단어가 실려 있고, 명문당 『명문신옥편』(1952), 사서출판사 『한한사전』(1956), 홍자출판사 『최신홍자옥편』(1958), 장삼식 『한한대자전』(1964), 동아출판사 『새한한대사전』(1963) 같은 많은

	시대	지은이·엮은이	책 이름	소릿값 주
1	1796	미상	전운옥편	高麗=고리
2	1846	윤정현	어정시운	高麗=고리
3	1915	조선광문회	신자전	高麗=고리 高句麗=고구리
4	1952	명문당	명문신옥편 한한대자전	高麗=고리 高句麗=고구리
5	1956	사서출판사	한한사전	高句麗=고구리
6	1957(3판)	한글학회	큰사전	고구리
7	1958	홍자출판사	최신홍자옥편	高麗=고리 高句麗=고구리
8	1964	장삼식	대한한사전	高麗=고리 高句麗=고구리
9	1963	동아출판사	새한한대사전	高句麗=고구리
10	1997	민중서림	한한대자전	高麗=본음 고리
11	1967	이상사	한한최신표준옥편	高麗=고리 高句麗=고구리
12	1968	권영달	(국한전초)최신옥편	高麗=고리 高句麗=고구리
13	1983	춘원 · 태평양출판공사	최신대옥편	高麗=고리 高句麗=고구리
14	2007	성안당	(라이브 한+)한자사전	高麗=고리

자전이나 옥편들이 나왔는데, 모두 '麗' 자는 '려'와 '리' 두 가지로 읽는다는 내용을 밝혔고, '리'로 읽는 경우는 '나라이름'을 쓸 때는 '리'로 읽어야 한다고 명기하였다. 그리고 그 예로 高句麗, 高麗를 들고 '고구리', '고리'로 읽어야 한다고 수없이 강조하였다(〈표 31〉 참고).

다만 최근 해방 후 각종 서적들이 '고구리'를 '고구려'로, '고리'를 '고려'로 쓰고 있는 현실을 반영하여, 민중서림의 『한한대자전』은 '나라이름 려'라고 쓰고, 주를 달아서 '려'의 본디 음은 '리'라고 하였으며, 동아출판사의 『신한한사전』에서는 '나라이름 리'와 '나라이름 려'를 모두 집어넣었다.

한 가지 우려할 만한 사실은 현재 일반인들이 가장 손쉽게 쓰는 인터넷 사전에서는 소릿값이 두 개 있다는 사실조차 기록하지 않고, 모든 것을 '려' 자로만 표시하여 두었으니 옛날 천자문 시대로 되돌아가는 느낌이다.

4) 다른 나라 자전·옥편에 나타난 고구리(高句麗)·고리(高麗) 소릿값

'高句麗=고구리·高麗=고리'라고 읽어야 한다는 내용은 우리나라 자전이나 옥편뿐 아니라 다른 나라 자전에서도 대부분 인용되고 있다.

앞에서 본 청나라『강희자전』을 비롯하여 1936년 중화민국의『사해(辭海)』와 1972년 대만의『중문대사전(中文大辭典)』, 1982년 판 대만의『사해(辭海)』를 보면 '高句麗=고구리'라고 했으며, 일본의 유명한『대한화사전(大漢和辭典)』(1959) 이나『신한화사전(新漢和辭典)』에서도 한결같이 '高句麗=고구리'라고 읽으라고 강조하였다. 심지어는 베트남에서 나온『고금한월어자전(古今漢越語字典)』까지도 비록 현대 중국어 음으로 'kao-li'라고 했지만 '麗' 자의 소리에서 '리' 음을 내는 보기로 '高麗'를 들었다.

〈표 32〉 다른 나라 여러 자전·옥편에 나타난 구리·고구리·고리의 소릿값

	시대	지은이	책 이름	소릿값 주
1	1716	淸 陳廷敬 等	康熙字典	高麗=고리 高句麗=고구리
2	1936	中華民國	辭海	高麗=고리
3	1959	일본	大漢和辭典	高句麗=고구리
4	1972	대만	中文大辭典	高句麗=고구리
5	1982	대만 中華書局	辭海	高句麗=고구리
6	2000	베트남	古今漢越語字典	高麗=가오리
7	2002	일본	新漢和辭典	高句麗=고구리

2. 진지한 토론을 거쳐 '高句麗=고구리, 高麗=고리로 바꿔써야 한다.

1) 이제 바로 잘못을 바로잡을 수 있는 때가 되었다.

이 글을 쓰면서 필자는 이렇게 많은 자료들이 '高句麗=고구리, 高麗=고리'로 읽고 써야 한다는데 왜 아직까지 잘못된 이름이 그대로 쓰일까를 생각했다. 1960년대까지는 신문을 비롯한 모든 책들이 한자를 사용했고, 특히 홀이름씨(固有名詞)는 거의 한자로 쓰고 있어서 이에 대한 불편이나 문제제기를 하기 어려웠다.

1970년대 글쓴이가 학문을 시작할 때는 간신히 『삼국유사』[146]·『삼국사기』[147]나 이미 영인된 『조선왕조실록』[148]을 직접 구입해서 25사나 경전의 원문 같은 자료들을 접하기에는 책값이 너무 부담스러웠다. 1980년대 이후 원전에 대한 영인본이 나오기 시작했고, 1990년대부터는 일본과 대만, 더 나아가 중국 본토의 자료들을 접할 수 있으면서 다행히도 시야를 넓혀 심도 있는 연구를 할 수 있었다. 우리나라 학자들이 25사를 자기 집에 쉽게 소장하고 마음대로 연구할 수 있었던 것은 1970년대에 시작하여 1995년 아름출판사가 중화서국(中華書局)에서 낸 33권을 모두 영인해서 보급한 뒤의 일이다.

그 뒤 2000년대에 들어와서는 컴퓨터 검색만으로도 중요 자료들을 쉽게 활용하게 되면서 학문 영역도 새로운 단계에 들어섰다. 따라서 이제야 이슈화된 이 문제는 때가 늦었다기보다는 모든 자료를 섭렵하고 깊은 토론을 거쳐 바로잡을 수 있는 시기가 바로 지금이라는 생각이 든다.

---

146) 민족문화추진회, 『校勘 三國遺事』, 민족문화문고간행회 「한국고전총서」(1), 1973.
147) 민족문화추진회, 『校勘 三國史記』, 민족문화문고간행회 「한국고전총서」(2), 1973.
148) 국사편찬위원회, 『조선왕조실록』(태백산본) 축쇄영인 48책, 1955~1958년.

물론 그동안 옥편에 '高句麗＝고구리, 高麗＝고리'라고 나와 있는 사실을 들어 문제를 제기한 학자들도 있었고, 이에 동조한 시민들이 온라인에서 꽤 많은 토론이 이루어지기도 했다. 그러나 조선시대부터 굳어진 기존 사용관습을 바꾸기에는 깊이 있는 연구결과가 절대적으로 부족한 탓에 소수의견으로 남아 있었다.

글쓴이는 2007년[149]에 이미 이에 관한 논문을 발표하여 지난 10년 동안 어느 정도 논의가 진전되었다고 본다. 이번에 2007년에 찾지 못했던 많은 자료들을 새로 찾아서 출간하게 된 〈고구리·고리사 연구〉 총서 발간을 계기로 좀 더 깊은 토론이 진전될 수 있으리라고 본다. 이제부터는 학술적인 측면에서 더 깊이 있고 진지한 논의를 거쳐 이 논의가 일반화되어서 역사 관련 교과서에도 올바른 내용이 실리고 마침내는 남북이 모두 고구리와 고리로 쓸 수 있기를 바라는 바이다.

2) 중국 자료만 쓰고 고구리高句麗 때 자료가 없다.

2016년 새로운 자료를 더 발굴하여 학회 논문집에 실으려 하였으나 그만두었다. 심사에서 수정을 요구했기 때문이다. 여기서 심사위원들이 수정을 하라고 요구한 부분을 제시하고 이에 대한 논의를 간단히 하고자 한다. 왜냐하면 앞으로 이 문제가 논의 될 때는 실제 이런 반론이 반드시 있을 것이기 때문이다. 수정을 요구하는 내용은 다음과 같다.

---

149) 서길수, 「高句麗'와 '高麗'의 소릿값(音價)에 관한 연구」, 『高句麗研究』(20), 2007.

고리(高麗) 사람이 직접 남긴 확실한 증거를 이미 제시했다. 앞에서 본『용비어천가』는 조선시대 발간된 것이지만 쓴 사람들이 고리(高麗) 시대 때 태어난 사람들이기 때문이다. 여기서 좀 더 자세하게 검토해보기로 한다.

- 고리(高麗) 멸망, 조선 건국 : 1392년

① 안지(安止) : 1377~1464. 고리(高麗) 우왕 3년에 태어났다.

　　　고리(高麗)가 멸망할 때 15살이었다.

② 권제(權踶): 1387~1445. 고리 우왕 13년에 태어났다.

　　　고리(高麗)가 멸망할 때 5살이었다.

③ 정인지 : 1396~1478. 고리가 멸망하고 4년 뒤에 태어났다.

조선 건국이 1392년인데,『용비어천가』를 쓴 안지는 고리(高麗) 우왕 3년(1377)에 태어났으니 고리가 멸망할 때 이미 15살이었고, 권제는 1387년에 태어났으니 고리가 멸망할 때 5살이었다. 마지막을 정인지가 태어났을 때 고리가 멸망한 지 4년밖에 되지 않았다. 그러므로『용비어천가』에서 '高麗=고리'로 읽으라고 주를 단 것은 고리(高麗) 시대 태어나 자라 자기 나라 이름을 어떻게 불렀는지를 아는 안지와 권제로서는 너무 당연한 일이었고, 이 기록은 '高麗=고리' 라는 것을 명명백백하게 증명하는 움직일 수 없는 증거다. 정인지도 고리가 멸망한 지 불과 4년밖에 되지 않았기 때문에 '高麗=고리' 로 불렸다는 것을 너무 잘 알고 있었을 것이다.

『용비어천가』는 1445년(세종 27) 4월 편찬하여 1447년(세종 29) 5월 간행하였다. 조선이 멸망하고 50년이 넘었기 때문에, 이때 이미 '高麗=고려'로 읽는 사람들이 늘어나자 고리(高麗)에서 태어난 저자들이 주를 달아 바로 잡았던 것이다.

이렇게 명백한 자료를 제시했지만 '그것은 왕건이 세운 고리(高麗)에 관한 증거이고, 추모가 세운 고구리(高句麗)에 관한 자료는 없지 않는가?'라고 반문할 수도 있다. 이것은 고리(高麗)가 고구리(高句麗)이름을 이어받았다는 것을 부정하는 것이다. 〈고구리·고리사 연구〉 총서 2권에서 아주 자세하게 논이하겠지만 고구리는 장수왕이 즉위하면서 나라이름을 고구리에서 고리로 바꾸었고, 그뒤 255년간을 고리(高麗)라고 불렀다. 그렇기 때문에 왕건이 세운 후고리(後高麗)는 '고리' 라고 불렀고, 장수왕이 바꾼 전고리(前高麗)는 '고려' 라고 불렀다고 보는 것은 앞뒤가 맞지 않는 논리다. 그러므로『용비어천가』의 기록은 후고리(後高麗)는 물론 전고리(前高麗)에도 당연히 적용된다. 이 문제는 재론이 필요 없을 만큼 아주 뚜렷하다.

고구리(高句麗) 당시 기록된 것으로 광개토태왕비를 비롯한 몇 가지 명문이 남아있지만 나라 이름을 어떻게 읽어야 한다는 자료는 없다.『고구리·고리사 연구』2권『장수왕이 바꾼 나라이름 고리(高麗)』에서 자세히 보겠지만 당시 나라 이름을 쓴 충주고리비(高麗碑)나 불상 같은 몇 점의 유물을 가지고는 나라이름의 소릿값을 알 수 없다. 모두 한자로 되어있기 때문이다. 우리나라에서 삼국시대 역사를 본격적으로 쓴 『삼국사기』나 『삼국유사』 같은 사료들도 모두 몇백 년 뒤에 편집된 것이고, 그런 역사책들도 중국의 기록들을 많이 인용하고 있다. 현재 『삼국사기』나 『삼국유사』에 나온 『「고기」』같은 사료가 발견되지 않는 한 당시의 사료를 찾는다는 것 자체가 불가능하다.

'고구려[고려] 당대에 고구려[고려] 사람이 남긴 기록에 이에 대한 언급이 아직 없기 때문에 고리로 해야 하는 지에 대해선 의문이다'고 했는데, 설령 그 당시 기록이 나온다 해도 훈민정음 이전에는 모두가 한자로만 기록되어 있기 때문에 나라이름의 소릿값에 관한 자료를 찾는다는 것은 불가능하다. 『진서』나 『신당서』처럼 다른 정사에서 외래어를 읽는 법이 나오는 것은 너무 당연한 일이라고 할 수 있다. 그들이 이웃나라의 나라이름을 본디 소리대로 읽으려고 기록해야하기 때문이다. 그러나 자기 나라에서는 정확하게 자기 말로 자기 나라 이름을 틀림없이 쓰고 있었을 터인데, 무엇 때문에 자기 나라 이름을 읽는 법을 기록하겠는가?

중국 사료를 인용하지 않고 우리나라 사료만으로 고대사를 논의한다는 것은 사실 불가능하다. 우리가 중국 측 사료를 해석하는 데 있어서 진지한 분석이 필요하지만 중국 사료이기 때문에 믿을 수 없다는 식의 주장도 현실성이 없다.

만일 이 심사자의 주장을 뒷받침하려면 고구리(高句麗)나 고리(高麗) 때 자기 나라 이름을 고구리(高句麗)나 고리(高麗)로 읽지 않았다는 자료를 찾아서 제시해야 할 것이다. 그것이 가능할까?

3) 지금 와서 '고리(高麗)'라고 할 필요가 있는가?

2번 심사위원

총평 高麗를 주목하되 그 소릿값인 고리라고 부르고자 한 점이 특징적이다. 그런데 高麗의 소릿값이 고리였다고 해서 지금도 고리라고 불러야 하는 지에 대해서는 회의적이다. 이미 고려로 읽는 것이 일반화되었기 때문이다. 이 점은 여러 한자어 또한 마찬가지이다.

글쓴이가 10년 전 이에 관계된 논문을 썼으나 지난 10년 동안 학술논문을 통해 글쓴이의 논리를 반박하거나 반론을 쓴 글은 단 한 편도 없었다. 그렇다고 나의 주장을 받아들여 과감하게 '고구리'나 '고리'라고 쓰는 사람들도 없었다. 반론이 없는 것을 보면 글쓴이의 주장에 동의하지만 2번 심사 위원처럼 '高麗의 소릿값이 고리였다고 해서 지금도 고리라고 불러야 하는지에 대해서는 회의적이다. 이미 고려로 읽는 것이 일반화되었기 때문이다.'라고 생각하고 있기 때문이라고 본다.

학문이란, 특히 역사학이란 새로운 자료가 나타나면 학계에서는 이에 대한 집중적인 논의가 이루어지고, 만일 지난 것이 틀리고 새로운 사료가 옳다면 과감하게 받아들여야 한다. 이것은 어떤 사람의 성씨가 '김' 씨지만 잘못하여 '감' 씨로 쓰고 있었는데 새로 옛날 족보가 나타나서 '김' 씨라고 밝혀졌다면 당연히 '김' 씨로 바꾸어 써야 하는 것과 같다. 앞에서 보았듯이 '악랑(樂浪)'을 '낙랑'이라고 읽고, '현토(玄菟)'를 '현도'라고 읽고, '계단(契丹)'을 '글안'이나 '거란'이라고 읽는 것은 모두 그런 자료들이 나타났기 때문이다. 그런데 어찌하여 자기나라 이름은 올바른 새 이름이 밝혀졌는데도 바로 잡지 않고 틀리게 읽는단 말인가?

무엇보다도 '고구려'와 '고려'란 우리가 잘못 알고 있었던 이름이고, '고구리'와 '고리'가 진실이라는 사실을 모두 알게 되고, 선조들이 찬란하게 이룬 나라의 이름을 바로잡고 바로 쓰는 중요한 계기가 될 것이다. 그렇기 때문에 글쓴이가 제시한 사료가 틀렸다는 입장을 밝히든지, 그렇지 않으면 역사학자들부터 올바른 선조들의 나라이름을 써야 한다. 이는 역사를 하는 사람들이 가져야 할 최소한의 기본자세라고 생각한다. 역사를 하는 사람은 물론, 후손들이 자기 선조들의 나라 이름이 틀렸다는 것이 밝혀졌을 때 바로 제대로 바꾸어 써야지, 지금까지 썼으니 틀렸지만 그래도 쓰자고 하는 자세는 후손들의 도리가 아니다. 그렇다면 무엇 때문에 역사를 하는가? 자문해 보아야 할 일이다.

만일 '조선'을 '조산'이라고 쓰고, '한국'을 '헌국'이라고 잘못 쓴다면 우리 역사에서 이런 큰죄가 또 있을까? 더군다나 수많은 자료를 통해서 본디 발음이 '조선'이나 '한국'이라 밝혀졌는데도 '오래 전부터 써 왔으니' 라는 이유 하나로 그대로 가자고 주장해서는 절대 안 될 일이다.

단제 신채호 선생은 "정신 없는 역사는 정신 없는 민족을 낳는다"고 했다. 바꾸어 보면 정신 없는 민족은 정신 없는 역사를 낳는다는 말이 된다. 아버지 일대기를 쓰면서 아버지 이름을 틀리게 쓰면 어찌 자식이라 할 수 있겠는가?

나가는 마당

〈고구리·고리사 연구〉 총서 둘러보기

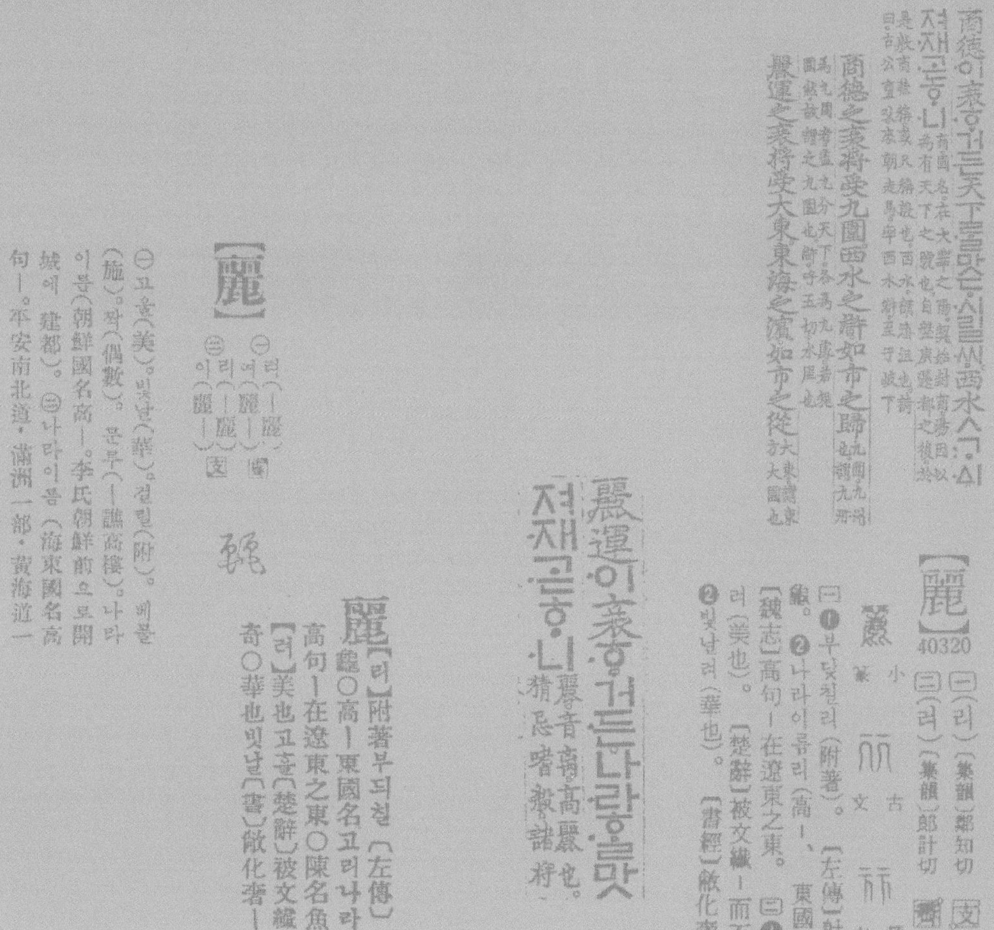

이 책은 다음과 같은 고구리·고리사 연구 시리즈의 첫 번째 연구결과다.

1권 : 고구려 본디 이름 고구리(高句麗)

2권 : 장수왕이 바꾼 나라이름 고리(高麗)

3권 : 세계 속의 고리(高麗) - 몽골 초원에서 로마까지

4권 : 실크로드에 핀 고리(高麗)의 아이콘 닭깃털관(鷄羽冠)

5권 : 남북국시대의 고리(高麗)-당(唐)은 고구리 땅을 차지하지 못했다.

6권 : 후고리(後高麗)와 조선시대의 고구리·고리

앞으로 나올 5권의 내용이 어떻게 전개될 것인지 보기 위해 각 책의 내용을 간
추려 본다.

1권 : 고구려 본디 이름 고구리(高句麗)

이 책에서는 『경전석문』 『상서주소』 같은 6-7세기 자료와 『진서』 같은 정사의 기록을 새로 발굴하여 '高句麗=고구리', 高麗=고리로 읽어야 한다는 것을 다각적으로 증명하였다. 1권이 내용은 이미 읽었기 때문에 더 간추리지 않는다.

2권: 장수왕이 바꾼 나라이름 고리(高麗)

이 문제도 나라이름을 고구리로 바꾸어야 한다는 주장과 함께 고구리 연구를 시작할 때부터 제기했던 문제다. 그리고 1998년 『서길수 교수의 고구려 역사유적 답사』(사계절, 1998)에 처음으로 이 사실을 밝혔고, 2007년 나온 「'高句麗'와 '高麗'의 소릿값(音價)에 관한 연구」(『高句麗研究』20)에도 실었다.

6권으로 구성된 이 연구의 시리즈 제목이 '고구리(高句麗)·고리(高麗)사 연구'이다. 여기서 고리(高麗)는 왕건이 세운 고리(高麗)가 아니다. 장수왕 때 나라이름 고구리(高句麗)를 고리(高麗)로 바꾸었기 때문이다. 다시 말해 장수왕 이전에는 고구리(高句麗), 장수왕 이후에는 고리(高麗)였다. 그러므로 고구리 705년 전체를 아우르려면 고구리(高句麗)·고리(高麗)라고 해야 한다.

1장과 2장에서는 고구리의 나라이름 역사 전체를 다룬다. 1장에서는 추모(주몽)가 기원전 37년 나라를 세우기 이전에 이미 구리(句麗)가 있었고, 추모가 태어난 부여의 시조 동명은 '고리'라는 나라에서 나왔음도 밝힌다. 2장에서는 추모가 나라를 세운 뒤의 나라이름을 정리하여 나라이름을 역사적으로 조명한다. 3장에서는 고구리(高句麗) 시대의 유물이지만 '고리(高麗)'라고 새겨진 충주 고구리비, 불상을 비롯한 갖가지 유물들을 소개하고, 『삼국유사』에도 고리(高麗)로 나온다는 사실을 밝혀 고구리 시대 이미 고리가 일반화했다는 문제를 제기한다.

4·5·6장에서는 25사 가운데 고구리 · 고리 역사와 관계있는 16개 사서를 집중적으로 분석한다. 4장에서는 고구리가 고리로 이름을 바꾸기 전의 사서들을 모으고, 5·6장에서는 고리로 이름을 바꾼 뒤의 내용을 분석한다. 그리고 7장에서는 이 책에서 가장 중요한 내용, 곧 나라이름을 바꾼 시기를 연구한다. 2007년 논문에서는 423년쯤으로 보았는데, 이번 연구에서 장수왕이 즉위한 413년으로 끌어올렸다. 이 점이 이번 연구의 고갱이로 앞으로 논의의 주제가 되리라고 본다.

마지막으로 이처럼 고구리가 나라이름을 고리(高麗)로 바꾸어 250년이나 사용한 사실이 역사학계나 일반에게 알려지지 않은 원인을 살펴보고, 학자들이 고리(高麗)로 나온 자료들을 어떤 편법을 써서 기록했는지를 살펴보았다. 그리고 이런 중대한 사실이 밝혀진 이상의 내용이 교과서에 실려야 한다는 점을 강조했다.

3권 : 세계 속의 고리(高麗) – 몽골 초원에서 로마까지

3권에서는 먼저 몽골 초원의 돌궐 비문에 나타난 고리(高麗)를 주목한다.

몽골 초원에서 발견된 퀼 티긴 비문(732년)과 빌게 카간 비문(734)에 고리(高麗)에 관한 기록이 나온다. 그들 선조의 장례식에 고리(高麗)의 조문단이 왔다는 기록이다. 그 선조는 부민 카간(552), 무칸 카간(572), 이시태미 카간(576) 같은 세 명의 카간 가운데 하나로, 기사에 나온 시기는 552~576년이 된다. 지금까지 한문으로 된 사료를 빼고 고리(高麗)의 나라이름이 가장 많이 논의된 것은 바로 이 돌궐비문에 나온 뷔클리(Bükli)다. 지금까지 연구 결과는 뷔클리(Bükli)는 '맥+구리(貊+句麗)'로 해석되고 있다. 발굴부터 연구사까지 정리하여 고리와 돌궐의 관계를 밝힌다.

다음으로 6~8세기 천축국(天竺國)에서 쓰인 고리(高麗)=무구리(Mukuri)를 살펴본다. 일본에서 당나라 때 편찬된『범어잡명(梵語雜名)』이라는 한어(漢語)-산스크리트 사전이 발견되었는데, 그 사전에 고리(高麗)라는 올림말(標題語)이 나오고, 고리(高麗)는 산스크리트로 '무구리(Mukuri)'라고 했다. 이 '무구리(Mukuri)'는 돌궐비에서 본 '맥+구리(貊+句麗)' 다. 이 장에서는『범어잡명(梵語雜名)』의 원본이 인도에서 6세기에 순례 승려들에 의해 편찬된『당범양어쌍대집(唐梵兩語雙對集)』임을 밝히고 그 내용을 분석한다.

첫째, 그 사전에서 보면 천축국(印度)이 중국(中國)이고, 북쪽의 현재 중화인민공화국은 변두리 나라(邊國)라고 했다는 중요한 사실을 밝혔다. 둘째, 가운데 나라(中國)인 천축과 페르시아, 돌궐, 고리(高麗) 같은 변두리 나라들을 검토하여 중국(中國)=천축(天竺) 위주의 천하관에서 고리(高麗)의 위상을 확인한다.

세번째는 로마제국의 역사책『역사(Historiarum)』(613년)에 나온 고리(高麗)를 살펴본다.

동로마 헤라클리우스 황제 때인 613년(고리 영양왕 24년) 테오필락티 시모캇타(Theophylacti Simocattae)가 쓴『역사(Historiarum)』(613년)라는 책에 고리(高麗)가 무크리(Mouxri)라는 이름으로 나온다. 정확히 소리 나는 대로 옮기면 무크리(Mukri)로 위에서 본 '맥+구리(貊+句麗)'이다. 유연(柔然)이 돌궐에 망했을 때 일부가 고리(高麗)로 갔다는 내용에서 나온다. 그리스 원문과 라틴어, 불어, 영어 같은 언어로 번역된 문장에 나온 고리(高麗)이름을 비교 분석하고, 연구사들을 검토하여 당시 유연과 고리의 관계를 종합적으로 고찰한다.

마지막으로 티베트 문헌에서 나온 무그리그(mug-lig)를 살펴본다.

프랑스 국립도서관 돈황문헌(敦煌文獻) 분류번호 1283(Pelliot tibetain 1283)은

티베트어로 된 문헌 사료인데, 이 문헌에 고리(高麗)가 나온다. 북아시아에 파견한 5명의 위구르 사신 임무 보고에 "여기서 동방을 보면 Dru-gu(돌궐)인이 Mug-lig라고 하고, 당인(唐人)이 Ke' u-li(高麗)라고 부르는 자가 있었다"고 해서, 위구르는 고리(高麗)를 티베트 말로 Mug-lig라고 불렀다고 했다. 이 Mug-lig도 '맥+구리(貊+句麗)'임을 밝혀 나간다.

4권: 실크로드에 핀 고리(高麗)의 상징 닭깃털관(鷄羽冠)

4권은 의정(義淨)의 『대당서역구법고승전(大唐西域求法高僧傳)』에 나온 "고리나라(高麗國)는 닭신(鷄神)을 공경(敬)하고 높이 우러러보기 때문에 그(닭의) 깃털(鷄羽)을 머리에 꽂아 겉을 꾸민다고 한다"는 새로운 기록의 발굴부터 시작한다. 이 책 초반에서는 지금까지 새 깃털 관(鳥羽冠)이라고 했던 깃털이 닭의 깃털임을 증명하는 데 많은 쪽수를 할애한다. 그리고 실크로드에서 고리(高麗)의 상징이 된 닭깃털관(鷄羽冠)을 쓴 인물상을 찾아 일본에서 양나라 수도 건강(健康: 현재의 南京)을 거쳐 실크로드 어귀인 장안(현재의 西安)을 찾는다. 이어서 돈황(燉煌)의 막고굴을 지나 멀리 사마르칸드(옛 康國)까지 직접 찾아가 확인하고 연구 성과를 분석하여 종합했다.

1992년 호류사(法隆寺)의 국가중요문화재인 아미타여래(阿彌陀如來)상 대좌에서 먹으로 그린 인물화를 발견했다. 지금까지 양나라를 비롯한 서녘에서는 고리(高麗)의 닭깃털관(鷄羽冠)에 대한 보기가 많았지만 일본에서 나온 것은 이례적이라 할 수 있다. 가장 동쪽에서 발견된 닭깃털관 인물상이기 때문에 가장 먼저 소개한다.

양(梁)나라 직공도(職貢圖)에 그려진 고리(高麗) 사신이 쓴 닭깃털관(鷄羽冠)에는 고리국(高麗國)이라는 나라이름이 뚜렷하게 나오고 신라와 백제의 사신까지 나온다. 그러므로 고리 사람의 특징을 표현한 상징이 닭깃털관(鷄羽冠)을 쓴 인물상임을 가장 완벽하게 증명해 주는 그림이다. 이 그림은 실크로드에 새겨진 수많은 고리(高麗) 인물상을 밝혀내는 잣대가 되었다.

장안에서 발견된 고리 인물상은 꽤 많다. 유명한 장회태자(章懷太子) 이현(李賢)의 무덤벽화에 그려진 닭깃털관(鷄羽冠)을 자세히 분석하고, 이어서 장안에서 발견된 유물들을 살펴본다. 그 가운데서도 가장 으뜸은 고리나라(高麗國) 이름이 또렷하게 새겨진 도관칠개국육판은합(都管七個國六瓣銀盒)을 철저하게 분석한 것이다. 그 밖에도 백옥으로 만든 사리그릇(舍利石函), 법문사(法門寺) 사천왕 은보함(四天王銀寶函), 경산사(慶山寺) 사리보장(舍利寶帳), 센오꾸박고관(泉屋博古館)이 간직한 사리석함(舍利石函) 같은 유물에 새겨진 닭깃털관(鷄羽冠) 쓴 인물상을 자세히 분석한다.

둔황(敦煌) 벽화속에 그려진 닭깃털관(鷄羽冠) 인물상은 40개쯤 보고되었다. 이 인물들을 시대별로 분류하여 그 변화 과정을 분석, 정리하였다.

끝으로 사마르칸드의 아프라시압 벽화에 그려진 2명의 고리(高麗) 사신에 대한 논의를 발굴보고서에서 최신 연구까지 종합 분석하고, 실제 고리 사신이 언제, 어떤 경로를 통해서 갔는지를 밝히고, 특히 사신이 직접 가지 않고 그림 본(模本)을 가지고 그렸다는 설을 집중적으로 연구한다.

5권: 남북국시대의 고리(高麗)
—당나라는 고구리(高句麗)를 지배하지 못했다.

5권에서는 먼저 당나라는 고구리(高句麗)를 지배하지 못했다는 사실을 밝힌다. 668년 고리(高麗) 왕을 비롯한 조정이 당나라에 항복했지만 당나라는 고리(高麗)를 지배하지 못했음을 당나라 정사가 기록하고 있다. 752년 발행된 당나라 『구당서(舊唐書)』「지리지(地理志)」는 다음과 같이 증명한다.

■ 지금의 요동(遼東)은 당(唐)의 영토가 아니다.
■ 고종 때 고리(高麗)·백제를 평정하여 요해(遼海) 이동은 모두 (당나라의) 주(州)가 되었는데 갑자기 다시 배반하여 다시는 봉지(封地)로 끌어들이지 못했다.

고리(高麗) 조정(朝廷)은 당나라에 항복했지만
고리(高麗) 영토(領土)는 당나라에 들어가지 않았다는 말이고,
고리(高麗) 조정(朝廷)은 망했지만
고리(高麗) 나라(國家)는 망하지 않았다는 것을 솔직하게 기록한 것이다.

그렇다면 고리의 조정이 항복하여 당나라로 끌려간 뒤 당나라가 차지하지 못한 옛 고구리 땅은 어떻게 되었을까? 당나라 세력에 저항하여 30년 뒤 마침내 진나라(震國, 나중에 발해)를 세워 남쪽의 신라와 함께 남북국시대를 이루는 과정을 자세하게 다룬다.

그런 뒤 삼국통일의 허구성을 논한다. 삼국통일이란 세 나라를 통일했다는 이야기다. 그런데 신라와 백제는 하나가 되었지만, 고구리의 홀본, 국내성, 평양성

같은 수도 가운데 단 한 곳도 차지하지 못했다. 더 중요한 것은 옛 고구리 땅에 고구리의 후손들이 진(나중에 발해)나라를 세웠다는 사실이다. 삼국통일이란 말은 발해의 존재가 없을 때만 가능하다. 따라서 삼국통일이란 말은 북국인 발해의 존재를 부정하는 이율배반적인 논리를 낳는다.

마지막으로 발해는 고리(高麗)를 이어받았음을 밝힌다. 앞에서 당나라 스스로 고리(高麗) 영토를 차지하지 못했다고 했다. 그리고 그 영토는 모두 발해 땅이 되었다. 이에 마지막으로 발해의 고리(高麗) 계승성을 다루고, 특히 국호를 발해로 바꾼 뒤에도 일본에 간 사신들이 스스로 고리(高麗) 사신이라고 자부했던 사실을 깊이 다룬다.

6권: 후고리(後高麗)와 (후)조선시대의 고구리(高句麗)·고리(高麗)

이미 고구리 시대 413년부터 시작하여 최소한 250년 동안 고리(高麗)라는 이름을 써 왔기 때문에 왕건이 세운 고리(高麗)는 자연히 후고리(後高麗)가 된다. 따라서 왕건의 후고리는 고구리에서 구자를 빼고 쓴 것이 아니라 추모가 세운 옛 고리(高麗)의 이름을 그대로 이어받았다는 점에서 의의가 크다.

이에 6권에서는 후고리(後高麗)가 세워지는 과정에서 일어난 발해인들의 고리(高麗) 귀화 같은 옛 고리의 계승성을 자세히 검토한다. 한편 『삼국사기』와 『삼국유사』를 비롯한 후고리 시대의 사료를 통해 왜 추모의 고구리가 장수왕 때 고리로 바뀌었다는 사실이 잘 알려지지 않고 '고구리(高句麗)'로 단일화되었는지 그 까닭을 분석한다. 그리고 현재 국제적으로 우리나라를 대표하고 있는 코리아가 고리(高麗)에서 비롯되었다는 사실을 분석하여 밝힌다.

조선 태조는 1392년 나라를 세우고도 다음해 2월까지 7개월 동안 계속 고리(高麗)라는 이름을 썼다. 그리고 나라 이름을 조선으로 바꿨지만, 조선 500년 동안 대외적으로는 고리(高麗)에서 비롯한 코리아가 대부분 조선을 대신했다. 이러한 사실에 입각하여 조선왕조실록에서 고구리와 고리를 사용한 예를 검토하여 결론을 도출하고자 한다.

한편 외국에서 나온 지도나 지구의 따위를 가능한 한 많이 검토하여 조선시대 외국에서는 고리(高麗)에서 비롯한 코리아라는 이름이 우리나라를 대표했다는 사실도 밝히고자 한다. 만주지역에 퍼져 있는 고리(高麗)라는 지명을 추적하고, 일제강점기에 한때 시도된 고리국(高麗國)에 대한 사실도 검토한다. 아울러 상해임시정부와 대한민국 정부 수립 당시 거론되었던 고리(高麗)까지 검토대상이 된다.

1권과 2권을 펴내는 2019년 12월 현재 3권은 80%, 4권은 70% 집필을 완료했다. 그렇기 때문에 2020년 3, 4권을 출간하고, 나머지 5, 6권도 자료 수집을 마친 상태로 집필 기간을 1년쯤 잡고 있으니 2021년 출간할 예정이다. 〈고구리·고리사 연구〉 총서 6권을 순조롭게 완간하여 고구리·고리사 연구에 이바지할 수 있기를 바란다.

| 참고문헌 |

사료

『後漢書』
『三國志』
『晉書』
『舊唐書』
『新唐書』
『資治通鑑』.
『册府元龜』

漢 孔(安國) 氏 傳, 唐 陸德明 音義, 孔穎達 疏,「周書」『상서주소(尙書注疏)』(17).
唐 陸德明 撰,『經典釋文』卷4,「尙書音義」(下).
唐 何超 纂,『晉書音義』.
宋 丁度 等 編,『集韻』, 권1, 上海古籍出版社, 1985.
可洪 撰,『新集藏經音義隨函錄』(卷13~30), 高麗藏 第35冊, No. 1257.
宋 從義 撰,『法華經三大部補注』, 卍新續藏第 28 冊 No. 0586.

金正浩,『大東地志』.
李德懋,『靑莊館全書』.
朴慶家,『東言考』.
朴齊家,「熱河日記」.
安鼎福,『東史綱目』.
李瀷,『星湖僿說』.
『飜譯 老乞大·朴通事』(小學諺解·四聲通解 合本), 大提閣, 1985.
민족문화추진회 고전국역총서『대동야승』,「패관잡기」4권, 1984.
御筆『御定詩韻』(上), 硏經齊板.
鄭喬,『東言攷略』(上)「古談」, 大韓皇城鐘路古今書海館, 隆熙 2년(1903).

『三綱行實圖)』, (경남 유형문화재 제160호, 소재지 : 경남 양산시).

『삼국사기』

민족문화추진회, 『校勘 三國遺事』, 민족문화문고간행회 「한국고전총서」(1), 1973.

『增補文獻備考』, 卷14, 「輿地考」, 歷代國界, 高麗國, 弘文館(朝鮮) 編, 1908.

한국학중앙연구원, 『한국민족문화대백과』.

周法高 외 3인 편찬, 『漢字古今音彙』, 中文大學出版社, 홍콩, 1974년 초판, 1982 3차 인쇄본.

임종옥, 『중국역대인명사전』, 이회문화사, 2010.

저서 논문

申采浩, 『朝鮮上古史』, 鐘路書院, 1948.

李丙燾, 『韓國古代史研究』, 朴英社, 1981.

공명성, 『조선의 력대 국호』, 사회과학출판사, 2003.

사회과학출판사 편집부, 『조선말 력사』(1), 사회과학출판사, 1990.

박형익, 『한국 자전의 역사』, 도서출판 역락, 2012.

Bernhard Karlgren, Analytic Dictionary of Chinese and Sino-Japanese, Ch'eng-wen Publishing co., Taipei, 1966.

Bernhard Karlgren, Grammata Serica Recensa, Bulletin of the Museum of Far Eastern Antiquities, No 29, 1957,

白鳥庫吉, 「高句麗の名稱に就きての考」, 『國學院雜誌』 2-10, 1896.

서길수, 「高句麗'와 '高麗'의 소릿값(音價)에 관한 연구」, 『高句麗研究』(20), 2007.

辛睿龍, 《晉書音義》研究評述」, 『滄州師範學院學報』 (3l-3), 2015.

李丙燾, 『高句麗國號考-句麗名稱의 起源과 그 語義-』, 『韓國古代史研究』(9), 1956.

임병준, 「고구려 언어에 대하여」, 『고구려연구』(9), 2000.

최남희, 「고대 국어 표기 자료 '支'의 소릿값」, 『한말연구』(3), 1997.

자전류

權寧達 著, 『(國漢篆草)最新玉篇』, 陶山書院, 1979, 1981, 1982.

權寧達 著, 『(國漢篆草)最新玉篇』, 硏修社, 1968.

權寧達 編, 『(國韓篆草)最新大玉篇』, 錦湖書館, 1985.

權寧達 編, 『(國韓篆草)最新大玉篇』, 혜원출판사, 1992.

權寧達 編, 『(國韓篆草)最新玉篇』, 新文出版社, 1984.

金東吉 編, 『(敎學)漢字 活用 辭典 : 한자 · 한문 학습의 길잡이』, 교학사, 2008.

金赫濟, 金星元 共編著, 『(明文)漢韓大字典』, 明文堂, 1984.

檀國大學校 附設 東洋學硏究所 編, 『韓國漢字語辭典』, 檀國大學校出版部, 1992(초판), 2002(개정초판).

檀國大學校 附設 東洋學硏究所 編, 『漢韓大辭典』, 檀國大學校出版部, 2008.

大漢韓辭典編纂室 編, 『敎學大漢韓辭典』, 敎學社, 1998, 2003, 2006.

東亞出版社辭書部 編, 『漢韓大辭典』, 東亞出版社, 1963.

동화사편집국 편, 『(21세기)漢韓大字典』, 同和社, 1999, 2009, 2010.

民衆書館編輯局 編, 『漢韓大字典』, 民衆書林, 1979.

民衆書林編輯局 編, 『漢韓大字典』 民衆書林, 1997. 2014.

辭書出版社編輯部 編, 『漢韓辭典』, 辭書出版社, 檀紀4289[1956].

辭書出版社編輯部 編, 『漢韓辭典』, 辭書出版社, 檀紀4293[1960].

유근, 『新字典』, 朝鮮廣文會, 1915.

李炳俊 編, 『漢韓大字典』, 民衆書館, 1965.

李炳俊 編, 『漢韓大字典』, 民衆書館, 1965.

理想社編輯部 編, 『漢韓最新標準玉篇』, 理想社, 1967.

張三植 著, 『(韓日英中 兼用)漢韓大辭典』, 범우사, 1992.(국립중앙도서관).

張三植 著, 『大漢韓辭典』, 敎育書館, 1987. (국회도서관, 국립중앙도서관).

張三植 著, 『大漢韓辭典』, 博文社, 1975. (국회도서관, 국립중앙도서관).

張三植 著, 『大漢韓辭典』, 三榮出版社, 1985 (국회도서관).

張三植 著, 『大漢韓辭典』, 進賢書館, 1979, 1980. (국립중앙도서관).

張三植 著, 『大漢韓辭典』, 集文堂, 1983. (국립중앙도서관).

張三植 著, 『漢韓大辭典』, 敎育圖書, 1990, 1991. 1992 (국립중앙도서관).

張三植 編, 『大漢韓辭典』, 省文社. 1964(초판), 1965(재판), 1968(3판), 1971(4판), 1972(5판), 1973(6판). 1965년 재판.

조선광문회편, 『신자전(新字典)』, 신문관, 1915.

崔世珍 著; 崔南善 編, 『訓蒙字會』, 朝鮮光文會, 1913(국립중앙도서관 소장판).

『最新大玉篇』, 문화출판사, 1983.

편집부, 『플러스 활용옥편』, KG미디어, 2007.

한글학회 『큰사전』, 을유문화사, 1957.

한자사전편집위원회 편저, 『(라이브 한+)한자사전』, 성안당, 2007, 2014.

홍현의 외 지음, 『찾기 쉬운 컴퓨터 옥편』, 씨쓰리, 1997.

羅竹鳳 主編, 『漢語大詞典』, 上海辭書出版社, 2014.

辭海編輯委員會 編, 『辭海』, 上海辭書出版社, 1979年版(縮印本, 1980年 1版 1985年 6次 印刷)

舒新城 · 沈頤 · 徐元誥 · 張相 主編, 『老辭海』, 新星出版社, 1936.

諸橋轍次, 『大漢和辭典』, 大修館書店, 1959년 초판발행, 1986년 재판 발행.

諸橋轍次 · 渡邊末吾 · 鎌田正 · 米山寅太郎, 『新漢和辭典』, 大修館書店, 2002년(新裝大型版).

中文大辭典編纂委員會, 『中文大辭典』, 台灣省立師範大學國文研究所 所藏, 景仁文化社 1981년 초판 영인.

陳和祥 主編, 『사체대자전(四體大字典)』, 上海掃葉山房, 1926.

漢語大字典編輯委員会, 『漢語大字典』. 四川辭書, 1990(초판), 2010(2판).

| 지은이 소개 |

보정(普淨) 서 길 수 (徐吉洙)

1944년 : 전남 화순에서 태어남.

광주 사레지오고등학교, 국제대학 졸업.

단국대학교에서 경제학 석·박사 학위(한국경제사 전공).

서경대학교(전 국제대학교) 경제학과 교수(2009년 정년퇴임).

사단법인 고구려연구회 회장 · 이사장 역임

세계 에스페란토 협회 임원(본부: 네딜란드 로테르담) 역임

2009~2012년 : 영월 망경산사에서 정토선 수행·집필.

(현) 고구리·고리연구소 이사장

(현) 고구려·발해학회 고문

(현) 맑은나라 불교연구회 이사장

(현) 세계에스페란토협회 명예회원, 한국에스페란토협회 지도위원

저서

① 『고구려 성』 ② 『고구려 축성법 연구』

③ 『한말 유럽 학자의 고구려 연구』 ④ 『백두산 국경 연구』

⑤ 『고구려 역사유적 답사』 ⑥ 『유적유물로 보는 고구려사』

⑦ 『대륙에 남은 고구려』 ⑧ 『세계문화유산 고구려』

⑨ 『한국 학자의 동북공정 대응논리』(공저)

⑩ 『중국이 쓴 고구려사』(번역) ⑪ 『동북공정 고구려사』(번역)

⑫『알타이의 자연과 문화』⑬『아시아의 진주 알타이』

⑭『시베리아 횡단열차』⑮『시베리아횡단열차로 가보는 유라시아 문화』

⑯⑰『동유럽 민박여행』(Ⅰ·Ⅱ) ⑱『살루톤, 호주 뉴질랜드』

⑲『엄두를 낸 것은 할 수 있다』(수필집) ⑳『에스페란토 초급 강습서』

㉑『에스페란토 중급 강습서』

불교 관계 저서

①『아미따경』(전자책) ②『만화로 읽는 아미따경』(번역)

③『淨土와 禪』(번역) ④『極樂과 淨土禪』⑤『極樂 가는 사람들』

⑥『극락과 염불』

논문

1. 경제사상사 및 경제사

「공자의 경제사상」「율곡의 경제사상」「이자사상 연구」

「한국 이자사 연구」같은 논문 22편.

2. 고구려사 연구

「평양지역 고분벽화의 분포현황과 보존방향」같은 논문 74편.

3. 불교관계

「寬淨의 淨土禪 수행에 관한 연구」

서길수 연락처 : koguri@hanmail.net